浙江省社科规划课题成果（16NDJC039Z）

中国书籍学术之光文库

江南武术文化史论纲

郭守靖 | 编著

中国书籍出版社
China Book Press

图书在版编目（CIP）数据

江南武术文化史论纲/郭守靖编著.—北京：中国书籍出版社，2020.9
ISBN 978-7-5068-8011-4

Ⅰ.①江… Ⅱ.①郭… Ⅲ.①武术—地方文化—文化史—研究—中国 Ⅳ.①G852

中国版本图书馆 CIP 数据核字（2020）第 185710 号

江南武术文化史论纲

郭守靖　编著

责任编辑	毕　磊
责任印制	孙马飞　马　芝
封面设计	中联华文
出版发行	中国书籍出版社
地　　址	北京市丰台区三路居路 97 号（邮编：100073）
电　　话	（010）52257143（总编室）　（010）52257140（发行部）
电子邮箱	eo@chinabp.com.cn
经　　销	全国新华书店
印　　刷	三河市华东印刷有限公司
开　　本	710 毫米×1000 毫米　1/16
字　　数	278 千字
印　　张	16.5
版　　次	2020 年 9 月第 1 版　2020 年 9 月第 1 次印刷
书　　号	ISBN 978-7-5068-8011-4
定　　价	95.00 元

版权所有　翻印必究

前　言

江南武术文化史论纲的主要内容包括江南的武术技术器物文化史、武术流派的社会文化史、武术教育精神文化史以及武术人物传略与武术文化交流等四个范畴，本书分章节探索了每个武术文化丛在不同历史时期所反映的武术文化特质。江南武术的技术器物文化史包括武术技术起源与发展、武器器械的功能衍化与应用发展以及武术理论形成与典籍；武术的社会文化史包括武术流派的制度、组织形式、传承方式和社会关系及武术民俗文化；武术的精神文化史包括武术的意识、功能和价值观及武术教育。

江南地理复杂，民族风情各异，导致武术风格不同，自春秋战国就有差异，只有完成江南域内的实地考察，收集江南武术的资料和相关研究成果，概况其武术起源、发展、现状，才能分析江南武术文化在不同历史时期的特征与地域环境关系。人文环境和社会环境的影响是武术文化的心理层差异的诱因，随着中国社会的转型、中外文化交流的深入和中国新文化的萌生与发展，江南武术文化精神出现现代化转化现象。

在本课题研究内容中涉及的文化圈有长江下游水乡文化、长江以南的荆楚武术文化、吴地武术文化和越地武术文化；对拳种个案研究中将涉及四明内家拳、水乡船拳、江南南拳、江南象形拳以及古拳遗风岳家拳、戚家拳、绵张短打、刘将军刀法，等等。以社会史学为研究视角，突破历史学上的时间约束，利用地域空间的典型文化要素，通过江南武术文化在不同历史时期的现象研究透视江南武术文化的地域特征。

本书是浙江省哲学社会科学发展规划办公室重点资助的课题成果，课题组成员发扬了上海体育学院郭志禹教授的地域武术文化研究精神。凝聚了台湾地区郑少康博士、浙江师范大学行知学院副教授金塞英副教授和刘曙亮副教授等的智慧，以及浙江师范大学民族传统体育学硕士研究生陈柏强、常振鲁、康亚峰、刘玉娇、陈旭霞、赵焕娟、邓云杰、郑将栋、杨兴、夏锦艺、段周远、庞苏杰、于涛涛、施战伟等同学的辛勤汗水。详细分工如下：第六章由台湾地区郑少康博士执笔，第五章由浙江舟山旅游与健康职业学院郑将栋硕士执笔，第四章由丽水学院康亚峰硕士执笔，第三章由义乌市荷叶塘小学赵焕娟硕士执笔，第二章由金华市第六中学杨兴执笔，第一章由浦江县实验中学邓云杰执笔，第五章第一节"江南武术器械历史发展梳理"由庞苏杰执笔。最终由郭守靖修改统稿，广州茂名市第一中学陈柏强参加组稿工作。笔者在此对本书出版提供帮助的师生友人一并致谢。

　　江南水乡，人杰地灵，地域文化丰厚深邃，武术文化深厚，尤其近现代的江南武术传播与发展，可谓厚积薄发，对新中国的体育事业开展起到了积极作用。从事地域武术文化研究的工作者需要不断深入探究，发掘江南武术优厚历史文化，弘扬和传承民族体育文化正能量。作者竭力探索江南传统武术文化真谛，但深感才疏学浅，学力有限，认识尚浅。虽然用心致力于地方武术文化探骊，但步履艰辛，收获甚微。持谨慎之心，也难免错误疏漏，望读者批评指正。

郭守靖

2019 年 10 月

目录
CONTENTS

绪 论 ·· 1
  第一节　提出问题　1
  第二节　研究理论与方法思路　2
  第三节　相关概念阐释　3
    一、文化　3
    二、地域文化　4
    三、武术文化　5
    四、江南地域　7
    五、江南武术文化　7
  第四节　江南武术文化研究文献梳理　8

第一章　江南武术流派的社会文化 ······················· 15
  第一节　武术流派与习武团体的表里关系　16
  第二节　武术流派、习武集团、社会文化史的基本阐释　18
    一、武术流派　18
    二、社会文化史　18
    三、习武集团　19
    四、表里关系　19
  第三节　武术流派社会史研究文献梳理　19
  第四节　清末民初习武社团的社会影响力　25
    一、武术流派的组织文化　26
    二、武术流派的表里关系释义　34

1

三、武术流派社会影响力　35
  第五节　近现代习武社团的社会背景　40
　　一、习武社团的规章制度　41
　　二、精武体育会的发展脉络　41
　　三、民国中央国术馆的发展脉络　44
  第六节　近现代习武社团核心人物的社会影响力　47
　　一、武术集团呼唤民族英雄——霍元甲　47
　　二、让武术社团改弦更张的国民中央国术馆馆长——张之江　50
　　三、习武社团的社会背景　52
　　四、习武社团的表里关系释义　53
  第七节　当代习武集团的传统表象分析　54
　　一、习武集团的正面社会价值　55
　　二、武术拜师的今昔对比　56
  第八节　传播习武集团的正能量价值观　57

第二章　江南武术的精神文化史论　60
  第一节　武术精神文化的研究目的和意义　61
  第二节　历代武术精神的文化内涵梳理　63
　　一、古代武术精神文化内涵　63
　　二、近代武术精神的文化内涵　72
　　三、当代武术精神的文化内涵　74
　　四、武术运动的国际化　76
  第三节　不同时期江南武术的文化精神　78
　　一、尚武轻死的剑胆精神　79
　　二、能击善舞的娱乐精神　81
　　三、敢为人先的开放精神　83
　　四、尚武强国精神　85
　　五、自强不息的拼搏精神　87
　　六、尚武崇德的谦让精神　88
  第四节　江南武林侠肝义胆的甘凤池　91
  第五节　精忠强国的浙中武将宗泽　93

第三章　江南武术教育文化 …… 99
第一节　武术教育文化研究目的和意义　99
第二节　相关概念阐释与研究文献梳理　101
  一、武术教育的概念阐释　101
  二、武术教育发展历程　102
  三、江南武术教育史研究文献梳理　104
第三节　近代江南武术教育发展状况　111
第四节　当代江南武术教育发展状况　116
第五节　历代江南武术教育制度　118
第六节　江南武术教育社会组织制度　124
第七节　历代江南武术教育形式　130
  一、师承形式的武术教育　130
  二、学校武术教育形式　130
  三、军事教育形式　131
  四、民间武术教育形式　133
第八节　当代武术教育江南的地域优势　134
  一、江南经济发展对江南武术教育的影响　134
  二、江南政治制度对江南武术教育的影响　135
  三、教学内容对江南武术教育的影响　136

第四章　宁绍平原武术及民俗体育的文化空间论 …… 141
第一节　研究目的和意义　142
第二节　相关概念阐释　145
  一、民俗体育　145
  二、文化的空间理论　146
  三、民俗体育的文化空间演变　149
第三节　民俗体育的研究文献梳理　150
  一、民俗体育与相似概念的辨析　151
  二、民俗体育的结构、功能与价值　152
  三、民俗体育当代发展的依存条件　153

四、民俗体育文化空间的研究多元化　153

第四节　场域理论的应用　155
　　一、在场——武术民俗原生态的文化空间　156
　　二、脱域——武术民俗拓展中的文化空间　157
　　三、重构——武术民俗发展成熟后的文化空间　158

第五节　戏剧中的民俗体育文化空间　160
　　一、民俗体育元素渗透其中的戏剧　160
　　二、具有双重身份的"调吊"　161
　　三、戏剧中的民俗体育因素　162

第六节　武术的文化空间　162
　　一、水浒名拳　163
　　二、余姚木偶摔跤　164
　　三、四明内家拳　165
　　四、当代的武术文化空间　166

第七节　舞龙的文化空间　167
　　一、龙文化起源　167
　　二、舞龙运动的文化空间　168
　　三、龙舟竞渡的文化空间　169

第八节　舞狮运动的文化空间　171
　　一、狮舞运动的起源　171
　　二、狮舞运动的发展现状　171
　　三、狮舞运动的文化现象　173
　　四、狮舞运动的变革展望　173

第九节　江南民俗体育的文化空间变迁规律　174
　　一、区域地理环境是首要条件　174
　　二、人文情怀是变迁的需求方向　175
　　三、政治因素是变迁的决定力量　176
　　四、创新是变迁的内部灵魂　176

第十节　武术及民俗体育文化空间发展困境　177
　　一、民俗体育自身发展滞后　177
　　二、民俗体育的传承出现断层　178

三、个别地方政府部门忽视对民俗体育的拯救和引导　178

四、社会多元文化对民俗体育的强烈冲击　179

第五章　江南武术器械之龙泉剑文化　　186

第一节　江南武术器械历史发展梳理　187

第二节　剑文化研究的目的与意义　194

第三节　剑文化研究文献梳理　196

第四节　江南剑器论　200

一、剑产生的历史背景　200

二、出土先秦古剑　202

三、古代江南剑器　205

四、当代剑器　208

五、剑器材质论　210

六、剑形论　212

第五节　江南剑术论略　214

一、从《越女论剑》透视先秦剑术　214

二、从《汉书》中《剑道》三十八篇发掘秦汉剑道　216

三、从"公孙大娘舞剑器"透视唐代剑术的功能演变　218

第六节　江南剑文化内涵论　219

一、剑谱剑经论　219

二、剑的权杖论　221

三、剑的符号论　224

第七节　剑文化的现代价值　226

第六章　武术典籍《拳经》之武术技术变迁论　　232

绪 论

第一节 提出问题

江南武术文化是指江南一带以武术技击技术为核心，以江南地域传统哲学思想为基础，包括与江南武技密切相关的器物、技术、传承形式，以及由它们所蕴含的江南武术精神共同组成的江南传统文化。同中国其他地域文化一样，江南武术文化是中国地域文化的一部分，它的形成和发展与江南的历史文化息息相关，江南武术文化史论纲就是从历史视角梳理江南武术的产生、发展的地域文化历史脉络。将江南区域的武术文化的起源、演进历程、影响因素等做了完整的论述和验证，并对江南地区的特色拳种进行了个案研究。纵向分析不同地域江南武术文化的历史变迁，横向研究不同时期江南武术文化的社会形态、人文背景，探讨江南的自然环境和人文环境对武术文化的影响，以梳理提炼出该地域武术文化在不同历史时期的思想观念、信仰崇拜、武风习俗、社会关系和武术流派特征，丰富和完善江南文化史研究。

目前，相关江南武术文化研究较为散落，试想针对江南武术文化的历史脉络进行梳理，规划江南武术文化史研究，用地域文化的划分方法将江南武术文化史细分，再运用社会学、历史学、历史地理学、哲学、文化学等研究方法研究江南地域内武术的渊源、历史沿革、演变与发展规律、重大武术事件、重要武术人物、拳种及其风格特点、文化内涵、价值观念、功法、礼仪、道德规范等要素，从而总结出这一地域武术文化的个性特征及其成因。通过对不同地域的武术文化在不同的历史时期进行研究，旨在揭示地域武术文化差异，领略地域武术文化史的独特魅力。

第二节 研究理论与方法思路

借助历史学史料，利用网络和图书查阅武术相关资料，从中国传统史学的史料中获得一些有价值的史料。武术文化以及民俗传统文化的那部分，也应该受到重视。因此，本课题还把"社会文化史"作为研究视角，通过实地考察、人物访谈，借助"口述史"资料以及第二手资料，"自下而上"设计一个个具体的个案，研究江南武术文化在不同历史时期的社会形态、人文背景、信仰崇拜、武风习俗、技术发展规律及其所反映的民族精神。

研究路径上，探索江南武术文化地域特征分布规律，依此划分江南武术文化圈，确立武术文化圈中与江南武术文化相关的地域优秀文化以及主武术文化丛，对其进行个案研究，探讨其武术文化特质，最后归纳提炼江南武术文化在不同历史时期的特征。在研究江南武术文化的过程中，首先通过对江南地区当代武术活动情况进行实地调研，进一步调查江南武术文化的地域分布状况，研究江南境内武术文化与越文化、吴文化、江南水乡文化的关系，研究江南地域典型文化对江南武术文化的影响。将四明内家拳、水乡船拳、江南南拳、江南象形拳以及古拳遗风岳家拳（岳飞岳家军传承的）、戚家拳（戚继光在江南抗倭的士兵传承的）等作为武术文化圈中的"主武术文化丛"进行个案研究。重点放在挖掘江南地域不同历史时期的武术文化特质，难点主要是对武术文化的史料研究，对江南武术史料的发掘与整理。正史中几乎没有记载武术的文献资料，而世上流传的武术文献资料大多以抄本或非正式出版的拳谱形式存在，其他有价值的文献资料则散落于各类典籍、名人笔录、石刻碑文及地方志之中。因此，笔者引用文化层次方法论，划分了江南武术文化的四个层次，将江南武术文化史分成江南武术技术器物文化史、武术流派的社会文化史、武术精神及教育文化史以及武术民俗文化史四个范畴，研究江南武术文化丛在不同历史时期的武术文化特质。

第三节 相关概念阐释

一、文化

在我国古代，文化要从两个方面来阐述，即"文"和"化"。"文"的本意是文错、纹饰、纹理，衍生后包含自然之美、文字制度和善德之行。"化"在甲古文中是两个人正反相向，故可以引申为一个事物的两个方面。"化"的本意是生成、造化、改易，也指事物形态或性质的改变。所以在古代，"文化"是人化、化人之意，是文治和教化的合成意。文化的英文是 culture，源于拉丁语，由拉丁语"cultura"和"colera"演化而来。两者的意思是"在土地上耕作"和"身体与精神上的护理和修养"，这样看衍生词"culture"的意思就是"物质和精神的文化"。在欧洲文艺复兴时代，人们将农业、手工业、商业、教育等活动都归入了文化范畴，使得文化的领域和范畴有了第一次扩充。在1871年英国的人类学家泰勒对文化进行了完整的定义后，有关文化的研究成为人文学科领域一直以来所关注的重点。随着现代众多学科的交叉影响和发展以及社会问题的日趋复杂化，文化已然超出了它原有的领域和范畴，以不同的形式更广阔地活跃于各个学科研究之中。

据专家考证，"文化"是我国古代语言系统中就已经出现的词汇。"文"和"化"有着不同的含义，战国末年就已经发现它们被并联使用出现在《易·贲卦·象传》。西汉以后，"文"与"化"合成一个整词，在我们汉语的词汇系统中，"文化"原来的意思就是指"以文教化"，它所表达的意思对我们来说就是培养品德、陶冶性情，本来就是属于精神领域的内涵。但是随着时代的发展和变迁，现代的"文化"已经发展成一个有着丰富的内涵和宽广的延伸的多层次的概念，已经成了一个众多学科探讨和研究的对象。

我们所理解的"文化"，可以参考《辞海》做出的比较权威的解释："文化，广义指人类在社会历史实践过程中所获得物质、精神的生产能力和创造的物质、精神财富的总和；狭义指精神生产能力和精神产品，包括一切社会意识形态。"① 有民俗学家则具体指出:"我们人类在社会生活的生产经营中,为了达到更好的生存或者是发展需要的目的,有意识有目的地进行开发、创造、享用和传承一些东西,都可以称为是文化的范畴。它不仅有一些外在的物质比如说工具、食、衣、住等一些物品,还有一些内在的精神内涵比如说常见的语言、艺术、文学、哲学、风俗、道德、宗教等等,不仅如此还有一些物质生产活动和各种的家族构成以及还有其他的一些组织的机构。"②

尽管"文化"所涵盖的领域越加广泛,但离不开两个主要方面,创造文化的"人"和人所创造的产物(物质的或精神的)。因此,本章的研究正基于此,即认为"文化指人类社会历史实践过程中所创造的物质财富和精神财富的总和"。

二、地域文化

地域文化,最初的定义是《国际社会科学百科全书》内的界定:地域文化是原始人类文化学科体系范畴内的重要分支,它指在一个大致区域范围内持续存在的文化特征。但是现在由于地域文化研究的增多,不同学科、不同的学派、不同的学者对"地域文化"产生了不同的理解和定义,或者说是一门学科,一种文化形态,传统、区域、模式等观点各不相同,但是都将对地域文化产生推动作用,有助于相关研究的开展。夏志芳在《地域文化·课程开发》中写道,地域文化包含两方面含义:第一,文化的客体存在,即特定地域之上各类文化事项的总和。第二,概括性的抽象的"地域文化",描述的是一种"想象的共同体",是指人们将一地域内的多元的文化体系视作统一的有机的文化体系并构建出或真实的或扭曲的反应文化体系的文化"意向"。③

地域文化在目前还没有一个准确的定义,在我国一般认为是在一定的区域内就有悠久历史、与众不同、绵延至今但是仍然有着影响力的文化传统,它是该区域里面的民俗、生态、习惯、传统等文明传统的体现。地域的环境在一定程度上对其影响很深,因此带有鲜明的地方特色,地域文化当中的地域和文化可以分开解读,"地域"所包含的范围可以大也可以小,而且它还是文化形成原

---

① 辞海编辑委员会. 辞海 [M]. 上海:上海辞书出版社,2010:1975.
② 陈建宪. 文化学教程 [M]. 武汉:华中师范大学出版社,2004:14-15.
③ 夏志芳. 地域文化·课程开发 [M]. 合肥:安徽教育出版社,2008.

因的地理背景。关于"文化"的形成原因,我们可以认为不仅是单因素的,还可以是多种因素的。

在地域文化长期形成的过程中,虽然它在不断发展和变化,但是在一定时期中有一定的稳定性。同时由于其与地域环境在相互融合过程中受到了很大的影响,因此有非常鲜明的地方特征,具有一定的独特性。

三、武术文化

武术文化是近几十年的新兴词汇,众多学者对其有不同的看法,尚无统一确切的定义。我国武术学者王岗曾在《传统武术文化在武术现代化中的价值取向》(2006)中给武术文化进行这样的界定:"武术文化是中国文化的产物,是中华民族几千年来人们所创造的物质文明和精神文明在武术方面的综合反映。它在长期的发展过程中,融会和汲取了诸多社会领域中的营养,有着丰富的内涵。因而,可以说武术文化是一个以武术为载体的、其内容具有哲理性和艺术性,其方法具有科学性的独立完整的文化体系。"[1] 邱丕相教授在《中国武术文化散论》中写道:"任何体育项目虽然都会具有文化意义,但没有一个体育项目像武术那样具有浓郁的民族文化特征,具有武术那么大的文化包容量和负载能力。""中国武术之所以能被称之为武术文化,不仅在于它的广博的内涵、多元的功用,还在于它强大的生命力和独立性。"温力教授在《武术与文化》一书中阐释,武术文化是以技击技术为核心,以中国传统哲学思想为基础,包括与武技密切相关的器物、传承形式和民俗,以及由它们所蕴含的民族精神共同组成的中国传统文化。[2] 在武术文化的形成过程中,由于受到不同区域的文化、地理环境等诸多因素的影响造就了不同地域间的武术文化具有各自特点。[3] 中华武术源远流长,孕育在我国优秀传统文化土壤当中,因此武学思想的内涵十分丰富,包罗万象,既有中国传统的哲学又有中医学、文学、美学、民俗学、宗教等文化内容,吸引诸多学者进行相关的研究。

旷文楠在1990年所写的《中国武术文化概论》一书中说:"所谓'武术文

---

[1] 王岗,郭海洲. 传统武术文化在武术现代化中的价值取向 [J]. 广州体育学院学报,2006,126(3):75-78.
[2] 温力. 武术与文化 [M]. 北京:人民体育出版社,2009:31.
[3] 邱丕相. 中国武术文化散论 [M]. 上海:上海人民出版社,2007.

化',在本质上既是研究对象,又是一种研究方法,这一概念是中国武术作为一种整体的文化系统来对待,而不仅仅是将其作为一类技术技能体系来看待,它必然地不容置疑地浸透和蕴含着它本身所赖以产生、形成和发展的那个特定历史环境和文化背景的全部基因和成分。换句话说,在特定的一段历史时期的动机、需要和价值取向支配和趋势下各种不同的历史和文化等种种因素的总和是我们如今对武术的看法和观点,这可以说是一种文化上的合力和选择。"他这种把中国武术不仅作为一类技术技能体系来看待,还把它作为一种整体的文化系统来对待的看法,对我们认识武术文化是很有启发的。

虽然到目前为止,武术文化还缺少一个标准的定义,但是不管是从内涵还是从外延上出发基本上还是没有脱离广义文化论的范畴。1997年由人民体育出版社出版的《武术理论基础》中对此进行了论述:"借鉴近年来流行的'文化三层次说'亦可将武术文化形态的结构分为'物器技术层''制度习俗层''心理价值层'三个层次。'物器技术层'是物质文化层面,它是武术文化形态的表面结构,它主要包括武术技术、武术器械、武术练功器具、场馆、服装等内容。'制度习俗层'是相对隐形的中间层,它主要包括武术传承方式、武术组织方式、武术礼仪规范、武术教授方式、武术比赛方式、武德的内容等内涵。'心理价值层'可以说是最里层或者是最核心的武术文化形态结构层,民族心理、民族情感和民族性格是武术文化形态主要所反映体现的内容。"[①]

地域武术文化,从地域文化的划分方法将我国武术划分成若干个区域,再运用社会学、历史学、历史地理学、哲学、文化学等研究方法,研究某一地域武术的渊源、历史沿革、演变与发展规律、重大武术事件、重要武术人物、拳种及其风格特点、文化内涵、价值观念、功法、礼仪、道德规范等要素,从而总结出这一地域武术文化的个性特征及其成因。通过对不同地域的武术文化进行研究,旨在揭示地域武术文化差异,领略地域武术文化的独特魅力,并从地域武术文化的多样性中寻找中华武术文化的统一性。[②]

我国的武术文化丰富多彩博大精深,各种拳种和器械套路数不胜数,是我们的祖先在不同历史时期和不同的地域环境中所创造的智慧结晶。武术作为民

[①] 华桦.试论武术文化的层次结构及其关系[J].湖北体育科技,1997(2):90-93.
[②] 郭志禹.传统武术历史与文化信息内容构架的研究[Z].2004年国家体育总局武术运动管理中心课题,批准号:WSH2004/B1.

族传统文化不可分割的一部分，在其形成和发展过程中不可避免地受到文化、地理环境等很多因素的影响，因而形成了有各自特征的地域武术文化，并与当地的地域文化有着密切的关系，受其深刻的影响。

四、江南地域

"江南"这一概念不是一成不变的，笔者查阅资料发现，在不同历史时期，对于江南地区的划分有差异性，如今对于江南的划分主要以地理位置和文化源流为主。江南有"大江南"与"小江南"之称，大江南即广义的江南，囊括了江西省、湖南省和浙江省三个省份的全部区域，以及江苏省、安徽省、湖北省和上海市这四个省市长江以南的区域。小江南即狭义的江南，多指长江以南、钱塘江以北的江浙沪地区，特别是包括江苏省苏南地区、浙江省杭州市部分区域及嘉兴湖州两市、上海市大部分区域在内的环太湖流域。

五、江南武术文化

地域文化的萌生在一定程度上受地理位置的影响较大。江南文化作为长江下游的区域文化，萌发于春秋时期，起自吴国与越国，两国虽相邻，但在文化方面各不相同。直到越国兼并吴国，两国文化相互交融，秦汉之际，再受到汉族文化影响，吴越文化发展成具有共性的区域文化。"文化的地域特征主要取决于自然环境，生产方式，人文环境三个因素。"[①] 江南文化是自古代吴越地区发展至今，通过历史上长期的文化吸收、融合、创造、丰富而逐渐定型的一种区域性文化传统。江南武术文化是江南传统文化的一部分，而且江南武术文化具有自身相对独立且完整的文化体系，能够反映出江南文化的基本精神。

江南武术文化是在江南地域内，从古至今与武术相关的所有人、事、物的总和。基于上述的分析，本章将江南武术文化的概念界定为：在江南地域中，以中华传统文化为背景，以江南地域文化为核心，以武术技艺为外在表现形式，由江南地区的人们创造并贯串于人们的思维方式和行为习惯中，且与武术技艺有关的一切文化现象。

---

① 董楚平. 吴越文化概述［J］. 杭州师范学院学报，2000（2）：12.

第四节　江南武术文化研究文献梳理

早在汉代的司马迁就是中国"武术文化"史的先驱。他在《史记》中认为刺客"立意昂然，不欺其志"，理应"名垂后世"，故为其列传；"古布衣之侠""闾巷之侠"，"儒、墨排摈不载"，而导致"自秦以前，匹夫之侠，湮灭不见"，司马迁"甚恨之"，便为游侠列传。反映了当时的"侠士"阶层所处的文化背景。对武术文化史的地域研究，自近代民国就引起了学者的关注。

20世纪初，以梁启超为代表的新史学，就曾猛烈批判旧史学"知有朝廷而不知有国家""知有个人而不知有群体""知有陈述而不知有今务""知有事实而不知有理想"的种种弊端。面对"中国之历史，不武之历史也；中国之民族，不武之民族"，梁启超先生则从"文化史"的视角完成了《中国之武士道》一书，痛斥了泰西（西欧）及日本人对中国的蔑视。他在书的《叙》中写道："中国民族之武，其最初之天性。""环大河南北所谓我族之根据地，安所往而右武之天性所磅礴乎？""中国民族之不武，则第二之天性。"是由于"时势""地势""人力"造成的"自统一专制政体之行始矣"。

民国初期，唐豪、徐哲东、顾留馨等武术史先哲们开辟了中国武术文化史研究先河，如《少林武当考》《少林拳术秘诀考证》《内家拳》以及《国技论略》等著作向人们展示了中国武术文化历史的追根溯源精神。1982年年底，原国家体委组织"普查武术家底、抢救武术文化遗产"工作。在各级体委和武术工作者的共同努力之下，对全国范围内的武术历史遗产和现状做了普查、发掘和整理，陆续出版了《湖北武术史》《广东武术史》《淄博武术志》《四川武术大全》《岭海武林》以及广西、河南、宁夏、天津、陕西、湖南、河北、江苏、福建、山东、辽宁、黑龙江、内蒙古等省市体委所编撰的地方《武术拳械录》。1992年人民体育出版社出版了《中国武术拳械录》，此类研究成果仅是对武术拳种及特点和套路进行简单罗列，但是也在一定程度上促进了中国武术的地域特性研究的发展，此后，武术文化的地域性特征逐步受到人们的重视，针对此特征的研究成果开始出现，占鳌的《少林武术的由来》、秦文忠的《宁夏回族武术概要》、杨昌文的《贵州苗族武术的特点》等研究都是对研究区域内武术文化的简要概括介绍，并没有深层挖掘和系统梳理该地域武术文化。

20世纪90年代,已有学者运用文化学、历史学等相关学科和相关理论对地域武术进行研究和探索,有些研究成果已经面世,如李金梅、刘传旭的《敦煌传统文化与武术》,潘一经、罗焰的《对福建南少林武术历史的考察》。在这段时期内比较瞩目的一点是对于回族武术文化的研究相对较多。秦文忠、王春菊的《回族武术文化浅谈》、马宏的《青海回族武术》、马明世的《安康回族武术》、吴丕清的《沧州回族武术》和刘汉杰的《回族武术文化探析》这几篇文章从不同的角度论述了回族武术文化的起源发展、内容与特点和与回民族精神的关系,还有在回族民众迁徙定居地不同的文化对原有回族武术的影响。在这一时期,武术文化的地域性特征进一步凸显,但是对武术文化的地域特征研究成果较为零散,并未形成一定模式和规律,也没有系统性。

21世纪初,上海体育学院郭志禹教授主持体育总局课题"传统武术历史与文化信息内容构架的研究",以武术历史与文化的内容框架和地域武术基本理论为研究起点,结合当前中国武术发展的现状,提出传统武术历史与文化的新时期发展理论,即地域武术文化多元模式理论。在此基础上构建传统武术历史与文化的信息系统内容框架,初步勾勒了中国武术的地域分布:燕赵、中原、江南、吴越、荆楚、闽粤、秦晋、巴蜀、黔贵、西北、关东、西域、西南边疆、赣皖、广西地方、海南地方、港澳、台湾及其他区域武术,为今后开展地域武术文化的可持续性研究奠定了基础。经过十年的努力,其博士生完成了大半个中国的地域武术文化史研究。如韩雪的《中州武术文化研究》(2005)、陈振勇的《巴蜀武术文化探骊》(2006)、郭守靖的《齐鲁武术文化研究》(2007)、丁丽萍的《吴越武术文化研究》(2007)、申国卿的《燕赵武术文化研究》(2008)、王家忠的《荆楚武术文化研究》(2008)、徐烈的《关东武术文化研究》(2010)、张银行的《闽台武术文化研究》(2011)、杜舒书的《秦晋武术文化研究》(2011)、张银行的《闽台武术文化研究》(2012)、田海军的《漠南武术文化研究》(2013)、王明伟的《青藏武术文化研究》(2016)、刘祥友的《西域武术文化研究》(2018);等等,并于2012年主持完成国家社会科学规划课题,由学苑出版社出版了《中国地域武术文化现代阐释及其发展趋势研究》(2013)一书。

地域武术史的研究背景激发一些学者对武术文化的区域性探讨不断深入。如曹阳的《开封武术文化研究》(2010)、安凯波的《吕梁绵掌的地域文化特征研究》(2010)、李虎的《菏泽武术的地域文化特征研究》(2012)、李长英的

《皖江区域武术文化研究》(2012)、郭凯的《商丘武术文化研究》(2014)、赵天博的《杭嘉湖地域武术文化研究》(2014)、翟计贺的《苏鲁豫皖交界地区武术文化研究》(2015)、张乃文的《宜昌武术文化研究》(2016)、王飞飞的《梁山武术文化研究》(2017)、韩薇的《扬州武术文化研究》(2018)等硕士论文从文化学、历史学、地理学、社会学等角度出发对研究区域内的武术文化及其特征进行了全面而系统的研究。

还有一些比较细化的、针对单独的一类拳种或拳种发源地的研究,例如陈振勇的《川戏剧中的巴蜀武术文化管窥》、王彧的《孙膑拳与青岛武术文化传承》、王晓东的《论徽州武术文化发展的影响因素——兼与卢玉、王国凡先生商榷》、徐泉森和秦可国《湘西武术文化研究》、杨尚春和李胜恒的《壮族武术文化的基本特征及内涵》、郭守靖等的《浙江畲族武术的地域文化特征》等学术论文也是以文化学、历史学、地缘学等理论对武术文化史的研究成果。

对江南武术的研究,较为全面的有上海体育学院丁丽萍博士于2006年完成博士论文《吴越武术文化研究》,几乎涵盖了江苏长江以南、上海和浙江等江南大部分地区;还有安徽师范大学的王家忠于2008年完成的《荆楚武术文化研究》博士论文;郭守靖博士撰写了《浙江武术文化研究》(2015)一书,涉及先秦的吴越古代武技文化史到近现代竞技武术的发展与创新,列举典型的地域拳种和文化变迁,相对较全面,但就武术史论绎来讲,涉及的深度和广度还不够,没能全面阐释江南地区武术文化在不同的历史时期其思想观念、宗教崇拜、地域风俗、社会功能。另外,张超的《台州南拳的历史寻绎》和《台州武术的文化价值及产业开发研究》、黄永良的《论舟山船拳》、徐培兴的《四明内家拳文化发展现状和对策研究》、孙武军的《再论四明内家拳与松溪内家拳》、郑颖的《温州南拳的传承与发展》和《温州民族传统体育文化的研究——以平阳南拳为例》、朱跃《南拳:温州的代表拳种》、李冰《论温州南拳》等都对单独的一块地域的拳种进行研究。除此之外还有部分研究涉及了浙江沿海区域内的武术文化,例如周伟良的《试论明清浙东内家拳的权利技法及文化价值》《浙东内家拳历史源流考》、毛逸新的《江浙地区船拳历史源流及特征的探析》等。

季建成在《浅谈浙江地方拳》中认为:浙江地方拳技法源于春秋战国的战争年代,随着社会历史的变迁,浙江地方拳技法形成以古代军事武术为基础,融阴阳哲理、经络学说,并掺有宗教色彩与杂技艺术,既有临敌制胜的实用技法,也有大量美观的花法。浙江地域拳种独具特色的代表性门类有:温州地区的刚柔门、虎门、鹤门和中拦门拳法,台州地区的宿山门和雪山门拳法,宁波地区的金枪门、金锁门拳法,金华地区的步门、短手高桩门拳法,杭嘉湖地区的天罡拳、八仙拳等。上述拳法虽有不同之处,但均有下述共同特点:招式上均以手法变化为主,短马侧势,下盘稳固,要求气贯丹田、刚劲进击、近身撞靠、上打下取、招招成环。① 韩锡曾在《江南船拳源流及其实用价值》中认为:江南船拳始于吴越春秋,盛于明、清,发端于浙江吴兴,兴于双林镇,是吴越文化的产物;江南船拳独具吴越文化"习于水平,便于用舟"的特征,并集健身、观赏、实战价值于一身。② 马燕萍等在《浙江船拳及其文化成因初探》中认为:船拳为土生土长的浙江地方拳种,因受浙江地域民俗文化、地域环境等因素的影响,船拳动作名称多具一定的宗教特色,或以动物及历史人物命名。船拳的文化特点为南北兼容、各具特色但多注重礼仪。③ 吴剑在《后奥运时代民间体育发展趋势的研究——基于杭州市武术社团发展的现状调查》中认为:基于对杭州市武术社团的现状调查分析,发现杭州市武术社团存在人力资源匮乏、社团运作资金不足、社团管理不力、社团监管缺失等问题,提出民间体育未来的发展趋势应该向着制度化、休闲化、人文化和科学化的方向发展。④ 张智烽在《杭州民俗体育非物质文化遗产保护研究》中认为:杭州民间武术属于俗文化之列,并具有与杭州的历史紧密相连,其参加者多为下层民众;与民众生活习俗息息相关,有些民间武术是从日常生产劳动中演化而来的;受杭州地理环境的影响,表现出与中原武术不同的特点。⑤ 张超在《台州南拳的历史寻绎》中认为:从文化研究的视角,对台州南拳的历史缘起、拳理拳意进行分析,指出地方拳种的挖掘是对地域文化的传承和弘扬,并提出弘扬和传播地方拳种的建议及方法。⑥ 郭守靖等在《浙江畲族武术的地域性特征》中认为:浙西南地区畲族武术受地域文化的熏陶和滋养,除具有少数民族传统文化和体育文化

---

① 季建成. 浅谈浙江地方拳 [J]. 浙江体育科学, 1984 (4): 35-39.
② 韩锡曾. 江南船拳源流及其实用价值 [J]. 浙江体育科学, 1989 (2): 29-31.
③ 马燕萍, 赖剑慧, 沙莎. 浙江船拳及其文化成因初探 [J]. 搏击 (武术科学), 2009, 6 (1): 30-32.
④ 吴剑. 后奥运时代民间体育发展趋势的研究——基于杭州市武术社团发展的现状调查 [J]. 浙江体育科学, 2009, 31 (5): 1-4.
⑤ 张智烽. 杭州民俗体育非物质文化遗产保护研究 [J]. 浙江体育科学, 2009, 31 (6): 1-5.
⑥ 张超. 台州南拳的历史寻绎 [J]. 搏击 (武术科学), 2009, 6 (6): 35-36.

的共同特征外,还有着对自然环境和人文环境的适应性,呈现出民俗信仰与祭祀仪式的传承性以及民族生存与娱乐的广泛性等特征;建议地方政府将畲族武术作为非物质文化遗产进行保护与传承,促进少数民族传统武术的发展。[1] 姚应祥在《具有地域特色体育类非物质文化遗产的传承与发展——以湖州船拳文化探究为例》中认为:江南"吴越"文化孕育出来的具有水乡特色的船拳文化就是太湖流域湖州地区非物质文化遗产中的典型代表,探究湖州水乡船拳文化的由来,阐述湖州水乡船拳文化发展历程,旨在更好地传承和发展丰富的湖州水乡船拳文化资源。[2] 传统武术伴随历史一路走来,衍生出的各种民俗舞蹈也是精彩横溢。童芍素在《中国古老的士兵舞——瑞安藤牌舞》中认为:瑞安藤牌舞因实战而生,又因实战而演变,是一种以藤牌为主要道具而编排的古代练兵舞,是浙西南古邑瑞安优秀民间文化的缩影,并具有"矮、滚、实、劲、圆、活"的特点。[3] 贺晓武在《论瑞安"藤牌舞"的审美制度变迁》中认为:藤牌舞作为一种生动的民间审美文化,必定包含着超越了审美意识形态局限的丰富内涵。它审美交流的对象已经扩大到族群以外的所有人,而且社会功能内容上除了保留族群的审美交流外,也提升了其审美品位,尤其能满足外民族的异国情调式的审美交流。[4] 郑心雨在《戚继光抗倭史迹与余姚的武术运动》中认为:明嘉靖年间,倭寇屡屡侵扰我浙江沿海,戚继光被派抗倭,由于戚家军抗倭事迹屡佳,推动了当地武术运动的兴旺,自平定倭寇后,人们基于对戚继光的崇拜,纷纷习练戚氏长拳,戚氏长拳就在余姚地区迅速传播开来,武术事业日益辉煌并繁衍至今,余姚成为当今武术运动的名地。[5]

武术产业理论研究是武术事业产业化兴盛的标志。张毅在《浙江国际传统武术比赛市场运作分析》中认为:浙江国际传统武术比赛经 5 届市场运作,初步建立了一套吸引大众积极参与的武术赛事经营模式,但在赛事机制、规模、文化建设等方面尚待进一步完善,并提出以武术段位制来建构层级化武术竞赛

---

[1] 郭守靖,吴国正,慰升华. 浙江畲族武术的地域性特征 [J]. 搏击(武术科学), 2009, 6 (12): 11 - 13.
[2] 姚应祥. 具有地域特色体育类非物质文化遗产的传承与发展——以湖州船拳文化探究为例 [J]. 浙江体育科学, 2010, 32 (1): 10 - 12.
[3] 童芍素. 中国古老的士兵舞——瑞安藤牌舞 [J]. 文化交流, 2008 (4): 14 - 15.
[4] 贺晓武. 论瑞安"藤牌舞"的审美制度变迁 [J]. 美与时代(下), 2010 (10): 10.
[5] 郑心雨. 戚继光抗倭史迹与余姚的武术运动 [J]. 浙江档案, 1997 (11): 41 - 42.

表演市场,是发展武术产业,促进武术事业社会化、国际化发展的重要机制。①张超在《台州武术的文化价值及产业开发研究》中认为:台州独特的地域、人文、社会环境孕育台州人民不畏强暴、自强不息、尚武习武的传统民风,为台州地方拳种奠定了良好的文明基因、群众基础,提出把台州地方拳种用于文化产业开发,城市文明建设,促进社会和谐上来。②曹秀珍等在《浙江武术文化旅游开发策略研究》中认为:基于对浙江的武术文化旅游现状进行分析,提出要深入挖掘武术文化旅游资源,加强宣传,将武术和旅游市场有机结合,精心打造品牌产品,同时加强政府主导力量,加强武术文化旅游人才队伍开发,进一步推动浙江武术文化旅游的发展。③

对浙江"武术现状理论研究"现状的研究对武术事业的未来发展起到决定性的作用。林小美等在《杭州市高校武术发展现状及对策研究》中认为:自1961年武术被列为普通高校的教学内容,到今天高校武术已经形成其独特的教学模式,但杭州市高校武术教学依然存在很多问题。如教学内容单一、师资力量薄弱、学生学习兴趣不浓、宣传力度不够、场地设施缺乏等问题,并针对这些问题,提出转变思想观念、提高教师整体素质、改革武术教学内容等对策和建议。④李震在《浙江省普通高校武术课程结构设置现状的研究》中认为:从主观条件(普通高校武术课程目标、课程类型、课程内容、课程比例)与客观条件(人力资源、场地资源)两方面分析研究表明,普通高校武术课程存在类型较单一、课程内容以武术套路运动为主、武术教学场地紧缺等问题。⑤金建栋在《浙江省普通高校武术教学现状及发展对策研究》中认为:通过对浙江省普通高校武术教学现状内诸多因素分析研究,提出改善教学组织形式,加强师

---

① 张毅. 浙江国际传统武术比赛市场运作分析 [J]. 湖州师范学院学报, 2009, 31 (2): 58 – 62.
② 张超. 台州武术的文化价值及产业开发研究 [J]. 浙江体育科学, 2010, 32 (3): 8 – 10.
③ 曹秀珍, 童建民, 程立. 浙江武术文化旅游开发策略研究 [J]. 浙江体育科学, 2010, 32 (3): 11 – 13.
④ 林小美, 沈凤铭, 郑波. 杭州市高校武术发展现状及对策研究 [J]. 浙江体育科学, 2007, 29 (3): 33 – 36.
⑤ 李震. 浙江省普通高校武术课程结构设置现状的研究 [J]. 浙江体育科学, 2009, 31 (2): 114 – 116.

资培训，加强武术选修课工作等对策。① 徐培文在《浙江省武术段位制发展现状及其策略研究——基于浙江省武术段位制人员结构的调查》中认为：通过对浙江省武术段位制的人员结构特征分析，提出以增加入段总人数为工作重心，以增加女性入段人员为目标，以开辟青少年儿童武术市场为导向和以推进武术段位制在行业武术协会实施的计划等策略。②

---

① 金建栋. 浙江省普通高校武术教学现状及发展对策研究 [J]. 浙江体育科学, 2009, 31（4）：67-69.
② 徐培文, 吴剑. 浙江省武术段位制发展现状及其策略研究——基于浙江省武术段位制人员结构的调查 [J]. 浙江体育科学, 2010, 32（2）：100-102.

第一章

江南武术流派的社会文化

清朝末期，民间社团林立，清政府为了自己的统治，禁止民间人士练武，这一时代背景下，一些民间秘密社团逐渐成立起来，如"天地会"是较早的民间武术团体。随着社团的不断发展，社会上其他民间秘密社团也纷纷成了"组织"，如"大刀会""小刀会"等等。这些民间组织，表面上是开展武术活动，但背地里纠结势力，宣传反政府思想。本课题就是对江南地区武术流派社会文化史的梳理，并进行"表里"分析，得出结论。江南地区自清末开始，有史料可查的武术流派主要有："天地会""洪门"，其中洪门、天地会的名下又有很多分支，如三点会、三合会等。到了民国时期，江南地区的武术组织主要以武术社团的形式存在，主要有上海精武体育会和南京中央国术馆。以上武术社团基本都是在打破了武术门规戒律的状态下传习武术，而以谋取社会利益为主的当代的习武集团，在当前全民健身和国家大力提倡保护非物质文化遗产的背景下，很多习武集团又开始大兴拜师收徒之举，导致了武术文化的扭曲发展。为此，本研究旨在从江南地区武术流派的社会文化史的角度去挖掘、整理分析，结合当前习武集团的社会行为进行分析，以期提出对武术的发展有参考意义的理论建议。

本章主要运用文献资料法、归纳分析法、专家访谈法等对获取的相关资料进行分析，得出如下结论：清末民初武术流派的组织关系主要是师徒关系和兄弟关系。拉帮结派只是武术流派的一种"表"象，而其中的"里"，反映的是社会底层以无业游民为主的贫苦人民为了更好地生存，让自己的劳动成果能够有保障，或者是为求得一份安稳工作的一种媒介。清末民初习武社团的一系列复杂组织关系反映的是一种社会利益关系，是一种维护社团领导人进行资源维护的工具。当代武术集团的乱象是过去武术流派社会文化史的缩影。全民健身背景下的武术集团在其发展过程中，慢慢也开始走弯路，即武术神秘化、迷信化，一定程度上不利于武术的健康发展。当代习武集团，要求更好的生存环境，必须从自身进行变革，从本质上提高自己的技术理念，和时代紧密联系，才是当代武术发展需要着力思考的方向。当代习武集团的表里关系应与社会背景趋同，积极发扬武术的内在价值。相关的武术管理机构应该严格规范武术的发展，武术的拜师仪式应该随着社会的文化更新有所改进。当代的"拜师热"很大程度上扮演着为收取利益、笼络社会资源的工具的角色。"拜师热"导致门派意识的滋生，在当今开放学习的社会环境下，重走传统封闭式传授的老路，对武术发展的利与弊值得反思。

第一节 武术流派与习武团体的表里关系

武术集团是承载武术社会文化和武术精神文化的重要团体，蕴含着不同时期的武术制度、组织形式、传承方式和社会关系，映射出时代背景下的武术集体的意识、功能和价值观。研究江南武术集团有利于分析江南习武人群的社会史特质，了解江南习武人群的人文精神。早在春秋战国时期，春申君、孟尝君、平原君、信陵君等权贵"养士"已经是共识。不管什么身份的人都会成为他们的座上宾。在这其中肯定都有各自的目的，但这种为了建立和巩固自己势力的现象在后来一直不绝于耳。而这种意识在后来也逐渐融入了我国的传统文化和社团文化当中。[1]

俗话说"在家靠父母，出门靠朋友"，游走他乡的人们为了更好地生存，有时也迫不得已需要有一个属于自己的圈子，而这个圈子就是能够一起做事，相互帮助的朋友或者"兄弟"。恰好这种团体是带有一种扶危救难、崇尚义气性质的社团组织，它对初到城市的无业游民在物质和精神都有着巨大的吸引力。洪帮帮规中讲："目入洪门之后，手足相顾，患难相扶。"青帮的口号是："有饭大家吃，有衣大家穿，有福同享，有难同当。"正是这种四海皆兄弟的社团文化，给了离家奔波的无业游民提供了家的味道，在这里，可以避免遭人欺负，还可以挣得些许收入，使得这些游民在心理上都找到了家的感觉。[2]

---

[1] 李静怡. 中国帮会文化对黑社会性质组织的影响［D］. 重庆：西南大学，2011：7.
[2] 李静怡. 中国帮会文化对黑社会性质组织的影响［D］. 重庆：西南大学，2011：7.

清末民初流派盛行，每个团体各有各的宗旨和目的，他们团结一致，拥有一套较为完整的帮会内部管理方案。在帮会内部，多数人都和武术有关系，甚至有很多帮派的老大是武林高手，其中，规模最大的洪帮直接是以武术为两大灵魂之一，还有义和团内部人士也主要传习义和拳。他们都是具有严密组织性的武术流派，在社会上扮演过多种角色，有时积极维护大众的利益，有时又是损害大众利益的复杂群体，在帮会的文化核心里面，最主要的是借助了武术的师承关系和武术里面的一些文化习俗而进行帮会的管理。这其中，多有充满牟取暴利或者利用暴力的现象，而当代武术圈依然存在拜师热的现象，基于这样的现状，我们应该借鉴帮会管理的前车之鉴，继续发扬其有利的一面，而尽量避免不利的一面，如利用内部规则维护或牟取个人私利，甚至把部分不适合现在人们生活方式的一些仪式也要进行适当改编。

对江南地区主要武术流派的社会文化史进行梳理归纳，分析出其中具有相当代表性的武术流派的组织规律、运营方式等，结合过去武术流派的特点分析当代的习武集团的发展现状，旨在为当代的习武集团找到一些既不会脱离社会的发展目标，又能够使自己得到充分发展的参考建议。

通过对江南武术流派的社会活动史进行梳理归纳，对团体本身所蕴含的文化特征进行分析，如团体中的拜师仪式、歃血为盟、义结金兰、团结一致、帮会规矩、戒律等内部团体文化，团体中的这些文化现象一方面维护了少部分人的利益，但是，到后期很多形成了拉帮结派的现象，更有甚者，演变成了后来的黑帮组织。在对江南武术流派的社会史清晰认识的基础上，结合当前众多武术集团内部的拜师仪式等现象进行分析，我们现在流行的武术圈拜师仪式在继承传统文化的同时，是不是应该避免间接的形成派别之争。同时对习武集团的管理和运营提供一定的理论参考。

首先，通过研究武术流派的社会史，我们意识到武术流派里面的诸如拜师仪式等对武术的传承在一定程度上起到了积极的推动作用，但是随着社会变得更加的开放，诸如磕头、点香等仪式是不是有必要变成人们现在的生活更接近的礼仪方式呢？其次，对武术流派的研究发现，诸如洪门等武术组织借助武术里面的师承关系等笼络社会资源，后期发展成了巨大的黑社会组织。结合现在武术圈的拜师热现象，我们应该警惕黑社会的形成，杜绝现在的一些组织或者社会群体借着师徒的这种虚拟血缘关系而发展成对社会安定构成潜在威胁的可能。

梳理清末民国时期武术流派的社会文化史，主要以"洪门""天地会""青帮"等具有强大规模的武术组织为研究对象，对它们的表里关系和社会影响力进行分析。对近现代习武社团的表里关系和社会背景进行归纳分析，主要以上海精武体操学校和南京中央国术馆为代表，从习武社团规章制度的内容、内涵、主要人物的背景、生活经历、主要工作成绩及社会受众中的影响力的角度进行深刻分析。分析当代习武集团的传统表象，透视其隐射的社会影响因素，最后，归纳清末民初与当代习武社团的形式、内容、目的之间的时代差异。

江南的武术流派不仅对江南地区武术的发展起到了一定的推动作用，而且对于一定时期的社会稳定也是不可忽视的力量，如洪门组织参加太平天国运动，参加反清革命活动，进行反洋教斗争等。但是，这些组织也因为自生的封建性和落后性而被部分人利用，要么利用他们对付侵略者，要么被统治阶级作为工具而利用，要么维护小团体的私利而伤害大部分人的利益等。但是，从历史的角度客观分析，武术流派尽管对社会的影响力具有极端的两面性，但其正面价值远远超过其负面影响。由此，我们可以得知，武术流派的角色定位是错综复杂的，基于现在的习武集团的拜师热现象，我们应该反思其中类似于清末民初的武术流派的不符合时代的发展方向的元素，谨慎行事，避免武术流派自身消极文化的影响，充分利用武术流派为民服务的优秀文化。

第二节 武术流派、习武集团、社会文化史的基本阐释

一、武术流派

在本研究中，武术流派主要指以武术活动为载体，内部具有一定的规章制度或门规戒律的习武群体或者是借助参加这个习武群体为获取或者维护共同的私利而组成的一个具有一定的规则、运行机制等内部规定的团体。

二、社会文化史

社会文化史，即运用各种社会科学，特别是社会学的理论和方法对历史上的社会结构整体及其运动、社会组织（氏族部落、家庭、家族、社区、邻里、各种社会集团）及其运动、社会行为及社会心理的研究，是历史学的重要分支。

它与社会学的主要区别就在于前者研究往昔的社会整体及其各个侧面，而后者研究现实的上述内容。

三、习武集团

集团，是为了一定的目的组织起来共同行动的团体。本章研究中，习武集团主要指以练习武术为联系纽带组织起来的共同行动的团体。它和"习武群体""习武人群"之间的不同点在于：习武人群是指对会武术这项技能的一类人的称呼，重在表述个体性；习武群体是指经常练习或者会武术技能的一群人，重在表述群体性；而习武集团重在表述具有一套较为正式的规章制度及内部运行机制的具有一定的组织性的团体。

四、表里关系

从中医的角度，它是一个整体，可以达到由外在表象知道内在情况的效果。表和里是不可分割的一个整体，"表"是"里"的表现形式。表，指客观上能够看到的规章制度以及人物活动等；里，指需要透过表面的活动现象或者规则去看到内部的本质。这里表里关系主要指从表象和实际之间去发现其中对社会有利的一面和对社会不利的一面。

第三节 武术流派社会史研究文献梳理

网络搜索发现与武术有直接关系的文章有以下几篇。徐冬园的《清代民间武术组织的武术活动》指出："天地会是清朝时期最为著名的民间秘密武术组织，其主要的手段是传习拳术宣扬反清思想。"天地会所传习的拳术通常被称为"洪拳"，"洪拳"主要流传于南方。清代时期的武术，南方发展整体比北方更加良好，而且南方拳术和北方拳术风格不一，因此，逐渐形成"南拳"的说法，而在南拳这个整体概念的拳术之中，"洪拳"最为有影响力。[①] 林伯原在《清代民间宗教秘密结社与武术的传播》中这样写道：清代时期的民间宗教与秘密结

---

① 徐冬园. 清代民间武术组织的武术活动［J］. 兰台世界，2013（33）：83-84.

社比较普遍,许多民间宗教与秘密结社都或多或少涉及武术的内容。[1] 付兵在《浅谈我国武术社团发展的历程回顾与展望》中写道:"由于清政府严厉禁止民间练武,在这种背景下诞生了秘密社团,这些秘密社团都属于民间的武术社团组织。民间秘密武术社团的兴起,极大地促进了武术的发展,而且衍生出了不同的拳种,他们不仅具有强烈的排他性,而且具有较强的宗教神灵的观念。[2] 郭强、杨祥全、刘雅媚在《清末民初津门武术社团兴起的历史寻绎》中写道:从严复、蔡锷、梁启超等人对"尚武"思想的宣传,渐渐形成一股尚武的社会思潮,很多开明之士开始将"尚武"作为强种救国的良方,于是,这些一直具有尚武精神的民间武术社团得到了革命领袖和知识界精英的推崇,武术社团地位开始提升。[3] 周伟良教授在《义和团武术活动简论——义和团活动研究的一个新视域》中指出:义和团是由清代一个以"习演拳棒"为活动方式的民间拳会组织形成。[4] 综上,可以得知清代的秘密社团或者帮会多半都是以武术为纽带的产物。几大具有影响力的武术社团的起源问题,一直以来都具有争议。秦宝琦在《江湖三百年——从帮会到黑社会》写道:天地会是由洪二和尚万提喜创立于乾隆二十六年,并非郑成功、陈近南所创;哥老会是由四川武装抢劫集团"啯噜"演化而来,并非起始于传说中的郑成功所创"金台山明远堂";青帮诞生于清朝同治年间,并不是明代。

谈及武术社团的影响力的文章有以下几篇。徐冬园的《清代民间武术组织的武术活动》指出:据不完全统计,仅湖南一省就有多达数十万天地会成员参加太平天国起义军,太平天国的军事力量的快速增强主要原因是天地会的积极参与。由于长期进行武术传授活动,使得天地会在当时势力不可一世,天地会不是一个门派,只要是愿意参加的都进行教授,在这种环境的熏陶下,洪拳自然就成了南方最大的拳种。[5] 秦宝琦在《中国地下社会》写道:在清代前期,天地会为了避免统治者的打击和发展组织的需要,不断更换组织名称,所以后

---

[1] 林伯原. 清代民间宗教秘密结社与武术的传播 [J]. 体育文史,1992 (33):53.
[2] 付兵. 浅谈我国武术社团发展的历程回顾与展望 [J]. 新课程,2014 (9):167.
[3] 郭强,杨祥全,刘雅媚. 清末民初津门武术社团兴起的历史寻绎 [J]. 体育文化导刊,2014 (4).
[4] 周伟良. 义和团武术活动简论——义和团活动研究的一个新视域 [J]. 学术界,2011 (159):164–173.
[5] 徐冬园. 清代民间武术组织的武术活动 [J]. 兰台世界,2013 (33):83–84.

面产生许多的分支与别名。① 如关爷会、天地会、双刀会、潍兴会、边钱会、斋公会、捆柴会、斗台会、三点会、天罡会、沙包会、尚弟会、孝义会、红莲会、同心会天元会、竹仔会、徽义堂。其中，仅仅在浙江活动的武术社团就有：分布在衢州、金华、台州等地的终南会，台州地区的伏虎会，浙江南部平阳县的金钱会，温州白布会，金华龙华会，嵊县平阳党、乌带党、杭嘉湖一带青帮等。天地会的势力已经发展到可以与清廷军队对抗的程度，和他们长期从事武术具有一定关系，但是更多在于其组织的严密性。

刘红梅的《基于镖局兴衰的视角看清代武术传播》写道：武艺是镖师们的饭碗，尽管镖师们主要凭着自己的社会势力和口才是走镖，但前提拥有较强的武术功夫，否则也不能应付过关。② 乐正在《近代上海人社会心态（1860—1910）》中写道：帮会的两大灵魂分别是武术和反清仇恨。洪帮奠定了帮会的文化基础，据记载，洪帮起源于福建莆田少林寺，也就是南少林，南少林使它有了反清复明和武术两大灵魂。洪门有自己的十大帮规，如有人违犯任何一条规定，就会有杀身之祸。③

教门和帮会在实质上都是社会下层的民间秘密结社，只不过近代帮会中人吃血酒结拜义兄弟的仪式源于古代"歃血为盟"的习俗。在社会中流动的失业人群，他们没有什么可以依靠，为了生存，他们模仿家族中的兄弟关系组织起来，相互称兄道弟。同时，在思想上进行义气观的培养来达到组织内部的凝聚力。社团成员以"义"字为信条之首。社团组织提倡扶危救难，崇尚义气的价值观，一定程度上满足了那些背井离乡、物质和精神都处于无助的游民的需求。

洪帮帮规中讲："洪门子弟需要手足相顾，患难与共。"青帮的口号是：有饭大家吃，有衣大家穿，有福同享，有难同当。为了生存和发展，避免遭人欺负，大量游民渐渐加入其中，使这些移民或游民的心理和物质都找到了归属感。

旧时帮会吸收门徒，主要通过开香堂，门徒也需要引荐人介绍，团结会众主要用"义"文化。据相关资料记载，加入哥老会必须要有哥老会成员的介绍，介绍人还必须先查清楚被介绍人的身家是否清白，没有经过核查身份的人不能入会。郑永华在《如何客观评价历史上的帮会》中认为：帮会的兴起与发展与

---

① 秦宝琦. 中国地下社会［M］. 北京：学苑出版社，2005：1-19.
② 刘红梅. 基于镖局兴衰的视角看清代武术传播［J］. 兰台世界，2014（6）：102.
③ 乐正. 近代上海社会心态 1860-1910［M］. 上海：上海人民出版社，1991：189.

清代治理帮会的对策息息相关。异姓结拜文化在明代就流行,如《三国演义》中塑造的刘、关、张"桃园结义",以及《水浒传》中反复渲染的"不愿同年同月同日生,但愿同年同月同日死"。陆勇在《晚清社会变迁中长江下游青帮》中写道:"近代青帮是罗教水手行帮与长江下游盐枭的融合体。"各帮粮船舵工、水手各立教门,多收门徒,结为死党,逐步形成了一个以"师徒"为传承形式的帮会组织。

调解矛盾的方式,有斗狠、比实力"吃讲茶"的方法,而"吃讲茶"是帮会解决纠纷最为流行的一种调解方式。

陈寅恪认为,清代武术团体初始目的是相互扶持,以便求得既能独立生存又能抵抗外界挑衅。他们属于当时的社会底层民众结社,对土豪劣绅、贪官污吏、外国侵略者的一系列抗议活动,目的是争取属于自己的生存空间、维护社会公平的"民间正义"。周伟良的《义和团武术活动简论——义和团活动研究的一个新视域》写道:义和团进行武术活动的主要内容有梅花拳、义和拳、大小红拳、五祖拳、八卦拳等拳术。这些秘密社团促进了武术的传播,同时也维护了少部分下层劳动人士的社会基本保障。

据《中国大百科全书》记载,谭组庵表示:"国术馆是公开的,目的是让武术普及到全体民众。"[1] 此外,《省市国术馆组织大纲》和《县国术馆组织大纲》明确规定:各级国术馆、社的负责人由当地政府首脑人物担任[2];从组织属性看,中央国术馆应属于"民办公助"的民间社团。[3] 马廉祯指出,精武会以商业运作支撑武术社团发展,其优势在于远离政治而保持独立,获得了各方面发展的自由空间。

精武体育会不仅创办了《精武杂志》,而且出版了各类武术书籍教材数十种;上海中华武术会创办会刊《武术》。精武体育会和中央国术馆都有自己的口号,口号主要强调技术,武德,救国等内容。中华武术会不仅创办《武术》会刊,而且对会员的品德方面做出了明确要求,如不残杀、不偷盗、不欺妄,不

---

[1] 中国武术大辞典编辑委员会. 中国武术百科全书 [M]. 北京:中国武术百科全书出版社,1998:394,370-371.
[2] 精武体育会. 精武本纪 [M]. 上海:商务印书馆,1919:20.
[3] 林小美,厉月姣. 清末民初中国武术社团文化研究 [J]. 中国体育科技,2010,46(2):139.

斗狠等。① 林小美、厉月姣的《清末民初中国武术社团文化研究》指出：社团的规章制度是社团精神的体现，精武体育会的"十条会员行为规范"，上海中华武术会提出的"戒约"，中央国术馆的"馆训"等行为规范就是该社团精神的范畴。清末民初武术社团有着一个共同的目标——救国图存，强国强种。②

林伯原的《民国时期民间武术组织的建立与发展》指出：民国时期的武术组织大都建立在大中城市。如上海除"精武体育会"外，陆续成立的有：中华武术会（1918.8.7）、中华国技研究会（1920.1.23）、武术研究会（1923.6.4）、致柔拳社（1925）、尚武国术研究社（1930.4.1）、电报震强国术社（1931.9.3）、鉴泉太极拳社（1932）、得胜国术社（1938）、中华剑术研究会、郝氏太极拳社、武德会等多大几十家的武术组织。这些武术组织已经开始打破门规，采取公开传艺的方式授课。③

为了生计而从事"打码头"。民国时期，由于战争的影响，全国范围呈现民不聊生的状态。结社受到极大限制，武术家们只能弃武从事其他职业。其中，"打码头"就是众多武术家的首选。例如，蚌埠码头开埠以后，码头高价聘请外来拳师专为"打码头"服务，后又规定入班工人一律要拜师、学拳，随着蚌埠码头兴盛，其他码头首领也开始效仿，如二号码头的张云山一个粮班就请了七位拳师。

结合前面的社会史的梳理，我们可以梳理出相关江南的武术流派的一些与武术相关的主要信息。如天地会主要研习"洪拳"，"南拳"之中以"洪拳"最为著名。由此可知天地会促进了如今的"南拳"的发展，其中以"洪拳"最具有代表性。

从上面的几个团体的人物信息中，我们可以很清晰地捕捉到其中的关键人物都或多或少与武术有直接的关系，如：终南会首领刘家福拜拳师程铁龙为师学习武功；伏虎会首领王锡桐他为人耿直，胆气粗豪，常为乡人排忧解难，在群众中有较高声望等形象也颇具练习武术之人的特点。以上这些都说明了武术存在于帮会的现象。

---

① 林小美，厉月姣. 清末民初中国武术社团文化研究［J］. 中国体育科技，2010，46（2）：139.
② 林伯原. 民国时期民间武术组织的建立与发展［J］. 体育文史，1994，(3)：13-15.
③ 林伯原. 民国时期民间武术组织的建立与发展［J］. 体育文史，1994，(3)：13-15.

乐正在《近代上海人社会心态（1860—1910）》中写道：社团为了组织内部的团结一致，通过入伙仪式、义气等增强组织内部成员思想上的团结。① 如青帮有自己的口号、十大帮规、十大禁止、家规、入伙意识、调解矛盾方式等，洪门有自己《洪门三十六誓》、"斩香头"；民国时期主要以"国术馆"和"精武体育会"为代表的上海武术组织就有几十家；他们都具有较为完整的运行规章制度。

江南的武术流派不仅对江南地区武术的发展起到了一定的推动作用，而且对一定时期的社会稳定也产生了不可忽视的力量。但是，这些组织也因为自身的封建性而被部分人利用，要么被统治阶级作为工具而利用，要么维护小团体的私利而不顾大部分人的利益等。因此，武术流派的角色定位是错综复杂的，基于现在的武术习武集团的拜师热现象，我们应该反思其中的类似于清末民初的武术流派的不符合时代的发展方向的元素，应该谨慎行事，避免其中消极文化的影响，充分利用其中的优秀文化。

当前拜师仪式的程序大致如下：师父敬香，行跪拜大礼；收徒人跪拜祖师爷像；收徒人跪拜师父并敬茶；行叩首礼；主持人介绍收徒人习武经历及获得的与武术相关的荣誉；宣读门规，新入门弟子按排序向在场的嘉宾及同门师兄弟宣读拜师贴；顶贴跪拜，收贴，师回贴；弟子向师父（师母）敬茶，献花；新人表态发言；证师签名。②

与先祖时期的拜师不同的是，当今收徒仪式的参与者身份各异，除武林门人和拳友之外，还有较多的社会名人、商界人士以及文化学者。甚至还时常出现外国徒弟的身影，表明了现代武术的包容性。另外，当今拜师仪式上的徒弟人数有时多达几十人，这使得拜师仪式的严肃性受到了质疑。有的地方拜师仪式中还有师训这一环节，师父会对弟子说诸如"坚持共产党的领导，不违法乱纪、欺凌弱势、以武欺人"等关于武德的训话，同时还在仪式上给弟子们提出期望和要求，如"勤习练武，钻研技术"等对武术技术的要求。但是，在武术圈子的内部不免会形成小帮派，如同一拳种不同师父的弟子之间难免会有攀比或者歧视，进而会发生一些阻碍技术交流的障碍。或者是不同拳种之间相互攻击，为了一定的利益关系，都在鼓吹自己，而贬低他人。这些行为都会导致争

---

① 乐正. 近代上海人社会心态（1860—1910）[M]. 上海：上海人民出版社, 1991：189.
② 邢登江, 周庆杰. 武术拜师仪式变迁调查研究[J]. 体育文化导刊, 2013（8）：118.

强斗狠的局面的发生，不利于武术的良好发展。

　　拜师仪式十分重视仪式本身的意义和过程，这反映了我国尊师重教这一优秀传统美德。但如今拜师仪式，单独一次收徒就少则几人，多则几十人，这不得不让人怀疑拜师的诚意。现在个别拜师仪式存在借拜师之名行敛财扬名之举。这种现象肯定应该引起重视，拜师仪式成了间接的"拜金仪式"；内部团结也存在一定的非正常化，往往把内部人群的利益过于强化，如内部师兄与别人发生摩擦时，不问为什么就进行正面冲突，这种现象是存在的。另外，由于现在拜师人群的多样化，导致了拜师有时不是以习练武术为目的，而是为了融入一个有着较为丰富的社会资源的武术圈子，以便有利于自己在本地区的发展等；基于这种情况，会出现社会资源的不公平分配等现象，如师兄里有的是政府官员，于是就顾于师兄之情，而不分能力大小给予政府的工程项目等；甚至有同门师兄犯法，借助师兄情谊而包庇等现象。这种现象和清末民初的帮会组织就很类似。基于这些现象，我们要客观地看待武术拜师仪式，一定要谨记，拜师仪式重要的是提倡武术的有序传承，而不是做一些看起来热闹的形式主义。

第四节　清末民初习武社团的社会影响力

　　前文提到洪帮的两大灵魂分别是武术和反清仇恨，武术团体为了组织内部能够团结一致，通过入伙仪式和文身等外在标识来约束成员。从这段话中可以得出结论，洪帮是具有社团性质的武术团体，首先，它的一切活动都是以习练武术为纽带来团结会众，其次是社团内部具有严厉的门规戒律。

　　清朝时期最有影响力的民间秘密武术组织当属天地会，他们主要靠传习拳术来宣扬反清思想。天地会主要研习"洪拳"，"洪拳"又被称为"南拳"。林伯原在《清代民间宗教秘密结社与武术的传播》中写道：武术组织与宗教结社结合，揭竿而起的事由来已久，清代这种形式更为普遍。[1] 为了规范会众的行为，天地会制定了《二十一则》《十禁》《十刑》等处罚规则。由此，说明天地会同样属于武术流派的性质，其靠传习拳术宣扬反清思想，靠《二十一则》等

---

[1] 林伯原. 清代民间宗教秘密结社与武术的传播[J]. 体育文史, 1992 (3): 53.

制度约束人们的行为。近代民主革命家陶成章、孙中山等人认为，天地会的创立是明朝大臣们为了反清复明。因此，可以初步确定，天地会和洪帮具有同样的组织性质，甚至就是属于一个组织，只不过是名称不同而已。故天地会也属于本章中界定的具有一定组织性和具有浓厚武术文化的武术流派。

江南地区清末民初的武术流派虽多，但最具影响力的主要有洪帮、天地会、青帮等，另外主要有三点会、三合会等不同名称的帮会组织。虽然名称各异，但很多都是以洪门或者天地会的组织制度为根源，为了避免当时政府的绞杀而存在的以洪门为主的势力。结合本章对武术流派的社会文化史的概念界定，即"与武术流派有关的重大社会活动，关键人物事件，内部规章制度，起止时间，以及武术流派对社会的影响力等"。因此，本章在阐释武术流派时，将重点从洪门、天地会、青帮的起源、组织形式、运营模式、对社会的正面影响和负面作用等社会文化史的角度进行论述分析。

一、武术流派的组织文化

武术活跃于帮会的各个场合，码头主要的组织形式就是社团，码头社会的人们为着一个共同利益的争夺，成为码头社会的存在形态。① 中国传统社会是以家庭为单位的宗法性社会，即使脱离了固有环境以后，这种观念依然存在。大量离乡的游民为确保自身的安全及利益，要么以师徒为父子，要么互相称兄道弟，组建了一种新的"家庭"。② 社团组织属于自发性的"抱团求生"的行为，社团在物质和安全都没有保障的年代，一定程度上为这些游民提供了帮助。

例如，"东莞同乡国术团"主要负责人陈年柏，利用宗族关系，规定同乡只要参加"国术团"就可到永安码头工作。③ 再如，蚌埠码头开埠以后，包括很多武术拳师在内的北方游民纷纷到此求生，青帮首领曹杰臣与铁路工头张凤祥主持早期的蚌埠码头，他们出资聘请拳师来码头教拳授艺，练拳术是码头工人的必修课。民国时期受聘于蚌埠的拳师的武艺得以传承和发扬，形成了如今的蚌埠武术界的宋、郭、胡、房、时五大门。④ 码头为武术提供了得以施展与传

---

① 中国社科院. 孙中山全集第二卷 [M]. 北京：中华书局，1981：35-359.
② 邵雍. 中国近代帮会史研究 [M]. 上海：上海人民出版社，2011：109-110.
③ 中国社科院近代史. 孙中山全集第五卷 [M]. 北京：中华书局，1985：8.
④ 上海社会科学院历史研究所. 辛亥革命在上海史料选辑 [M]. 上海：上海人民出版社，1981：893.

播的空间，弱肉强食的码头生态环境使得优秀拳种在交流中得到升华，同时迫使武术更趋向于实战技击。①

从码头帮会不吝高价聘请外来拳师来码头传艺，再到规定入班工人一律要拜师、学拳等可以看出武术成了帮会里面的必备技能，武术可以为帮会服务。基于这样的情况，武术必然要以实用为主，各种拳种都需要经得起实战的考验才能继续被传播，这就促进了各种拳术的技击水平的不断提高。

1. 洪门组织

天地会自称洪门，源于反清民族英雄郑成功创立说。郑成功为了反清，在台湾操兵练武，因见明末时期的文武官员朝秦暮楚，反复无常，丧失民族气节，甚至降清求荣，就拟以异姓骨肉加强团结。于清顺治十八年九月，首倡"金台山明远堂"与文武大臣模仿梁山泊的故事，结盟为义兄弟。郑成功取《水浒传》的"准星辰为兄弟，指天地为父母"，于是把这个组织命名为"天地会"。郑成功在台湾创立"金台山明远堂"后，派遣部将胡德帝、马超兴、蔡德中、方大洪、李式开等人向大陆发展。于福建莆田县联合少林寺方丈智通，智通原为蔡德中旧时抗清认识的好友，精通武术，他劝蔡落发为僧，待机起义，于是蔡在寺中与众僧苦练，并仍四处联络有志之士。因寺中奸人马福仪通报清政府，结果少林寺遭到大难，清派兵三千趁夜袭围，火烧少林寺，百余人遇难，只有蔡等十人幸免。经过清兵的重重围堵，蔡等终于得以脱离险境。于是五人刺臂出血，喝血酒，重新盟誓，再行组织，尊洪英为始祖，并自称为洪门。

洪门也有"汉留"之说，取意为汉族的遗留。"洪门"有文献证实，清乾隆年间由福建的漳浦的洪二和尚提议创立天地会时，以他的"洪"姓命名为"洪门"的。"天地会"是以"拜天拜地"的"天""地"二字命名的。"三合会"之名传说在成立天地会之时，复取"天时、地利、人和"的三合之意。三点会，即在福建的天地会会员起义失败后，为了掩人耳目，隐藏于民间，遂取洪字的左边命名三点会。哥老会，以首领称为大哥，根据老大哥的含义改名为哥老会。袍哥，起源于汉留组织，与关羽的故事有关，关羽兵败被逼降曹后为了不忘却大哥刘备，穿袍时把刘备赐给的旧袍穿在外面，而将曹操赐给的新袍穿在里面，含有崇拜桃园义气和怀念旧主的寓意。袍哥流行于云、贵、川一代。红帮，与洪门组织大同小异，但实际行动却是盗匪性质，无所不为，为百姓所

---

① 周恩来. 周恩来选集上卷［M］. 北京：人民出版社，1997：151.

痛斥，以致洪门与红帮混淆不清；而其中头目常以红绸或红布裹为头巾，于是，被视为红帮。历史档案记载，小刀会属于天地会改名所得，"由于天地会受到封杀，必须换一个名目，以掩人耳目变为小刀会……并规定每人需要随身携带一把以牛角做手把的小刀，作为暗号传递信息"①。结合以上洪门名称的变化可以推理，"汉留""洪门""天地会""哥老会""袍哥""红帮""小刀会"等组织都是根据洪门的组织文化特点而命名的，由此，证明这些团体在组织文化上也有一定的相似性，尽管名称各异，但其组织文化大同小异。

为了团结同行或者维护同行利益，各个帮会都有属于自己的一些行话，由于地域广阔，口音差异，北方称为"春典"，南方称为"切口"，社会上则称呼为"江湖黑话"或"暗语"，早期的天地会、哥老会、三合会都是以封建性的帮会组织形式而散布在全国各地，主要转化为中国旧时势力最大的洪门。所以，在很多书籍中基本都认为天地会就是洪门，或者天地会、哥老会、三点会、三合会等都是属于洪门的分支。同时，也就可以这么认为，天地会，哥老会、三合会、三点会等组织也都是具有洪门帮会性质的武术流派。为此，在下文中我们就不再一一详细介绍哥老会和天地会等，而主要讲洪门。由于天地会是洪门的源头，所以，本书也会对与天地会相关的一些历史演变等问题进行相关论述和对比。

洪门的组织形式据说是模仿梁山泊忠义堂，所有人之间都以兄弟相称，每个组织都是单独成立，各自为政，仅有横向的友谊关系。每个山堂公所，自己成立自己的领袖班子，级别分明，纪律严肃，对组织里面的首领绝对服从和崇敬。

洪门主要分为两大派系，分别为闽广系（三合会）和中原系（哥老会）。天地会自从三合军起义失败后，幸存的会员纷纷潜伏各地，分头秘密进行反清活动为了避免消息走漏，在不同的时间不同的地点以"三点会""清水会""匕首会（又名小刀会）""双刀会"等名称继续存在。在江南地区较有影响力的为小刀会，广东人刘丽川联合福建小刀会会员及上海本地秘密结社成员等在上海创立小刀会，小刀会于咸丰三年（1853）率众起义，以"大明国统理政教招讨大元帅"的名义，攻占青浦、嘉定、松江、川沙、南汇等县，与清军和英法侵略者战斗18个月，被困于上海，终因内部将领不和而失败，刘丽川于虹桥战

---

① 邵雍. 近代江南秘密社会［M］. 上海：上海人民出版社，2013：10.

死,其余会众有的参加太平军,有的参加江西天地会起义。

洪帮于国民政府时期在上海建立了很多社团,如洪顺互助会、聚胜和体育会、新胜和体育会、永乐体育会、侠宜社、至光社。其中新胜和体育会属于上海三合会系统。会内有各种刀、矛、弓箭、铁鞭等器械供会员演练。凡是遇到与该会会员人事关系上发生矛盾而不能解决时,往往会聚众持械殴斗,迫使对方赔礼道歉,成员主要以赌博、械斗为活动,1937年11月上海沦陷后停止活动。①

春宝山是红帮的继承者,在长江一带流传颇广,影响深厚,其活动区域在长江上游一带,上到芜湖,下至长江口东海出,由于靠近海域,向来都是我国海盐产销之地。由于特殊的地理环境加上当时政府对盐实行专卖的原因,这里便慢慢地为私营的盐贩子创造了生存的空间,许多盐商主要集中在江苏的港口小镇上,如江都的嘶马镇、海州的板浦镇等地。盐商首领人物蔡镖和孙琪虎背熊腰,号称"九千岁",手下兄弟众多,专买私盐往内地贩卖,故势力较强,称雄一方。镇江人徐宝山,其父是个竹匠,15岁丧父,还有一个弟弟,因为家里条件艰苦,流落江湖,并习得些武术技能,尤其擅长枪击,能在黑夜之中用枪击灭香火头;对人爱讲江湖义气,在长江下游一带颇有点名气,但是其人性格暴躁,经常打架闹事,周围人都畏之如虎,被当地人称为"徐老虎"。

春宝山兴起的背后,可以得知主要领导人基本都是比较豪爽讲义气之人,并且一般还喜欢练拳耍棒,不过由于个人文化意识的局限,很多领导人都只是单方面讲义气,自身的领导弱点也很明显,如徐宝山虽然武技了得,爱讲义气,但其性情暴躁,经常打架闹事的特点也注定了他不可能走得长久,而且对社会的正面意义也被他的负面影响所掩盖。其会众多数是私盐贩子和游民,经济来源主要靠贩运私盐。从其领导层到会众的文化水平以及社会地位也能看出,春宝山的社会活动一定具有一定的封建性和落后性。再根据它的会规分析,表面很庄严,实际都是为了领导者的利益。

2. 天地会的管理方式及组织机构

根据中国第一历史档案馆的记载,清代秘密社会的名称就有包括天地会、三合会、三点会、哥老会、大刀会、小刀会、龙华会等215种,这些秘密社会的名称多半是在清乾隆二十年以后出现的,恰好此时正是中国封建社会走向没

---

① 邵雍. 近代江南秘密社会[M]. 上海:上海人民出版社,2013:178.

落的时期。尖锐的社会矛盾促使秘密社会得以飞速发展。

这里重点讨论会党系统的社会成分、组织机构、地区分布等。会党头目大多是江湖侠客、散兵游勇，辛亥革命前后有很多知识分子担任了各地会党的领导。其基本会众主要有破产的劳动者，此外会众当中基本以男性为主，女性很少。会党吸收会众的方式主要是开山立堂、结拜等。通常情况下，会党首领对会众有绝对的权威，其组织形式主要有横向的兄弟关系和纵向的父子关系两种。如青帮以纵向的父子从属关系发展徒弟，天地会以兄弟关系发展会众，分别有总理大哥、圣贤二哥、白房三哥之称。会党主要分布于南方地区，如天地会在福建、两广湘赣地区特别普遍。①

天地会的起源一直具有较强的争议性，例如，革命人士陶成章、孙中山等人认为，天地会是明朝臣子们为反清复明而创。另外，又有天地会起源于福建漳州地区，由漳浦县洪二和尚于乾隆二十六年首创之说。天地会统称洪门，用"五点二十一"暗隐洪字作为隐语暗号，均出自洪二和尚的"洪"字。清朝康熙、雍正以来，人口急剧增长，人多地少的矛盾渐渐形成，就在福建漳州地区产生了大量破产的农民和失业的盐民，这些失业问题政府也不能解决，于是出现大量游民异地求生的局面。他们涉及各行各业，但是迫于时代的压迫，外地生活极其不安定，生存随时受到威胁，脱离了原来家乡的家族、宗族和村寨等群体的保护，精神上极度不安，还常受到天灾人祸的打击和统治者的压迫。为了互相有个照应，他们渴望能有一个依靠的"家"，于是，三五结群，异姓结拜，就这样诞生了天地会。

天地会的首领如果到一个地方传会，通常会先发展数人为骨干，由他们建立几个分支机构，这些人分别充当这些机构的大哥，最初来该地传会的人就是总大哥。发展到后面出现了家族式的"五房"制，即一级首领称"大总理"，二级领导人称"二哥"，三级领导人为"先生"和三哥，四级领导人为"先锋"，五级领导人为红棍，负责执行会员之刑法，其他以下的人士总称草鞋。

为了体现会内的宗旨，天地会主要采取结拜誓约的形式。违反誓约就会受到相应的处罚。其中较有代表性的有《洪门三十六誓》，主要体现的都是兄弟同胞需要相互帮助，互不伤害，同舟共济的思想。这也是天地会维持会内秩序、约束会众的主要会规，天地会的同舟共济的宗旨在这里得到了体现。此外，为

---

① 蔡少卿. 中国秘密社会 [M]. 杭州：浙江人民出版社，1989：8-10.

了进一步规范会众的行为,天地会又制定了《二十一则》《十禁》《十刑》等处罚规则。但其主要内容还是在强调忠、义、孝等。暗号和隐语,是为了同会之人互相识别和联络而制定的。暗号主要通过衣着、纽扣、发辫的盘法、路上的盘问以及取茶、点烟、饮酒等方面的特殊操作来体现。另外,他们还有自己的隐字、隐语等,通过减笔、增笔、去偏旁、几个字合成一个字、一个字拆成一句话等方法造成许多隐字,让外人不能辨认进而起到保密的作用。隐语就是对一种事物的另外一种称呼,如集会叫作开台、放马,会员叫作洪英、豪杰,会所称红花庭等别称。

南京大学历史系蔡少卿在《中国秘密社会》一书中把天地会的历史发展分为六个时期。天地会1761年创立,初创时期为1761—1795年。这一时期主要在福建、广东、浙江一代活动,并发起反抗斗争。引起了清政府的重视,清廷开始对天地会严查封杀。第二时期是1796—1840年,由于社会矛盾尖锐,天地会进一步扩大传播范围,但是由于受到清政府的封杀,出现了三点会、三合会、仁义会、双刀会等改名的天地会组织。这时期的天地会势力也比较分散。第三时期是1840—1874年,活动特点有:在南方山堂林立、起义不断;主要围绕太平天国运动谋求自己的发展,比如有很多天地会人员直接加入太平军。第四时期是1874—1894年,反外国侵略、反洋教和抗英斗争。第五时期是1894—1921年,天地会系统的洪门组织与资产阶级发生联系,积极投入革命,例如参加孙中山创立革命团体兴中会,革命团体更趋向与利用或者改造会党系统。1905年同盟会成立以后,革命党人开始把联络会党作为一项政策,由于革命党人的努力,两广、福建、江西等地的三点会、三合会多被发动起来,举行起义和暴动,为辛亥革命的展开打下基础。但是民国建立以后,会党和革命党的关系也趋于破裂。辛亥革命以后,天地会由于失去了明确的目标,而且当时军阀混战,天地会消极作用开始蔓延,主要是被地主和军阀等利用。第六时期是1921—1949年,共产党人深入帮会组织内部,把他们引领到工人运动中来,进行罢工等斗争。第二次国内革命战争时期,共产党对天地会采取"孤立其首领,夺取其群众,瓦解其组织"的政策将他们改变为革命武装力量。1949年后,随着无业游民生活基本得到解决,天地会等社团失去了广泛存在的社会基础。

3. 青帮的历史渊源及组织方式

安庆道友会成立之后,许多地方的秘密粮帮组织不断加入这个组织中,其势力不断壮大。光绪年间,各地粮帮组织基本统一。"庆帮"由此改为"清帮"；对此，有多种说法，《安庆粗成》认为，把"庆"改为"清"是由于帮内的二十四个行辈里面"清"字居首的原因。《清门考原》则以为"清帮"一词源于乾隆时期的"清水教"。"青帮"的出现，同音代替是一个可能的原因。另外，青帮是哥老会的分支，与之长期共存的还有红帮，青帮是相对于红帮而言的，也有可能是粮帮秘密结社时曾经自称"青皮"，寓意为闯将、英雄好汉。另有一说，"清帮"均以青布裹头为标志，因此被称为青帮。

正式的青帮组织是在雍正初年出现，但追溯其历史，可推至明朝，它的形成和罗祖教有着密切的关系。青帮最初只是在官方粮帮的基础上形成的水手组织，并没有独立的名称，也没有统一的领导机构。翁岩、钱坚、潘清三人创立了青帮，此三人的师父叫陆师逵，江苏镇江府丹徒人。自幼爱读武术书籍，精于技击术。罗祖教的创教祖师罗祖是陆师逵的师父，真名罗清，甘肃兰州渭清人；罗德祖师叫金幼孜，明代永乐朝文学阁大学士。金、罗、陆三人，被青帮封为"前三祖"，后三祖则是翁岩、钱坚、潘清三人，也是青帮真正的祖师。从其三人的师父陆师逵的背景来看，翁岩、钱坚、潘清等三人应该是习武之人，或者对武术有所钟爱。同时，被青帮封为前三祖的金、罗、陆三人的关系也主要是师徒关系，这些作为青帮组织的上下级关系主要是武术里面的师徒关系，由此，青帮的武术流派的性质也就不言而喻了。

翁岩，江苏常熟人，秀才出身，在嵩山少林寺练习过武术，喜欢与各路豪杰来往，四海为家，性格刚毅，在少林寺习武以后加入天地会。钱坚，江苏武进人，为人聪明能干，16岁时父母相继去世，开始学习拳术，后来加入天地会。潘清，浙江杭州人，为人忠义勇敢，家里条件较为宽裕，幼年学习优良，喜欢研习拳术。翁、钱二人奉命来到安庆拜访潘清，三人由于性格、志向等趋同，算是同道中人，相见恨晚，于是结为异姓三兄弟。一次，三人一起偶然遇到陆在传经布道，三人同时对陆的为人和志向很钦佩，于是提出拜陆为师，陆经过一番考察，觉得他们比较有诚意，于是同意收为弟子。康熙驾崩，陆告诫他们三人："清廷对漕运十分苦恼，你们三个下山去为清廷效力，趁机可将原有的粮米帮组成一个大团体，表面上解决他们运输粮食的安全问题，实际上你们几个可以解决多数人的生活问题，借此又可以打下坚实的复国基础。"三人听从师父的命令，即刻开始行动，在河南开封召集各路天地会的首领举行会议，阐明此行的主要目标，请求帮助。于是便得到了一部分人的认可，并选他们三人担任首领，组成"道友会"，慢慢地，他们就联系原有的粮帮，并统一了粮帮组织。

雍正三年，清政府为了加强漕运的安全管理，开始招贤纳士，翁等三人便去向抚台田文镜道出整顿漕运具体方案，田与漕督一起向雍正上奏，经雍正批示，指定归漕运总督长大有节制，并听命于钦差大臣何国宗，为了粮务统一，允许开帮收徒。

不同时期的青帮，具有不同的发展特点，按照前、中、后三个阶段划分的话，大概可以这样划分：从明季至清道咸大约250年间的漕粮运河阶段为早期，主要是以粮船水手为主的组织团体；道咸之交至辛亥革命大约60年的时间为中期，以漕粮改为海运，主要是一个以私盐贩为主体的组织；民国以后到新中国成立为后期，它和反动统治阶级结合而沦为以流氓匪徒为主体的组织。

青帮的不同发展时期扮演着不同的社会角色，早期的青帮主要是为了维护漕运人员的利益而团结一致，形成一股与清廷对抗的力量，具有积极正面的作用。经过前期和中期的发展，青帮由原来单纯的漕运身份开始转变成具有反动性的武装贩卖私盐集团。这时候的青帮成员已经由原来的漕运人员变成了军官、知识分子、流氓等的不同阶层人物。而后期青帮在上海的威名更是如雷贯耳，"三大亨"的大名在上海几乎是无人不知，三大亨的时代已经极大地渗透了政治角色的成分，如蒋介石就曾借助三大亨之一的黄金荣来发展自己的政治势力。结合青帮的发展分析，青帮从最初的一个单纯地为了维护自身利益的劳动群体经过复杂的演变，变成一个具有强烈反动性质的武装组织，而其组织本身没有明确的组织目标，只是为了谋取自己的私利，也就造就了被少部分人所利用，从事着损害大部分人利益的社会团体，结合当代武术社团的特点分析，为了社会利益的争夺，门派之争依然相当严重，为此，管理者应该加强对社团的规范引导，避免武术的不健康发展。

4. 洪门与青帮的关系

青帮原来是以运河为起源根据地的，发展活动对象主要是在沿河一线的浙江、江苏、山东、河北等省的城镇中；而洪门的活动区域遍布全国。传说青帮原为天地会的一支，创办人翁德惠、钱德正、潘德林原为天地会会员，奉命伪投清廷效力，率领"粮米帮"为清廷运输漕米，待时机成熟，响应天地会的起义行动。不料，翁、钱、潘三人改组粮米帮为"安清帮"，叛变而投向清廷。导致一时间青洪帮水火不容。洪门的组织形式是哥弟平等，而青帮是家长式的管理，两者组织形式具有很大的差异性，洪门组织认为青帮是晚辈，凡是洪门的会众不得入青帮，否则会受到严惩，遂有"洪转青，剥皮抽筋"之说。为了分离青帮，又欢迎青帮人员投入洪帮。到了清末由于共同利益的需要，两帮化敌为友，相互利用。如任春山和徐宝山既是青帮的大字辈和通字辈，又是红帮"春宝山"的首领，民国以后，这种情况更加的普遍。如上海的杨虎就是青洪帮的大人物。所以后面遂有"青洪是一家"和"只有金盆栽花，没有青洪分家"的说法。

民国建立后，鉴于洪门组织的社会影响力，曾从事联络洪门会众参加革命的革命党人认为必须对他们进行改造，以正规的组织形式约束他们，以便克服散漫性和破坏性，使之成为对社会有益的组织力量。洪门出身的谭人凤等人建议执政当局成立一个"社团改进会"，后又在上海成立一个"中华共进会"，旨在联合各地青洪帮成员"协同共济、振作精神"，"从慈为善、共守法律"，结果均因执政当局的不予重视而慢慢解散。其后，为了减少帮派之间的矛盾，联络感情，在上海就成立过诸如"海内外洪门联合会""洪兴协会""中国新事业建设协会"，终因时局的急转、内部矛盾严重等被迫解散。

帮派之间的生存就如政治角逐，没有永远的敌人，只有永远的利益。从一开始青洪帮的水火不容到洪帮主动吸纳青帮成员，再到"青洪不分家"的发展脉络得知，主要原因在于共同利益的转变。等到革命党人主动对其进行改造时，由于政治环境的不稳定，没有政府的长期引导和支持，帮派的散漫性和破坏性是不可能在短时间内得以改变的。从春宝山参加革命再到革命成功以后，被革命党抛弃的实例来看，清末民初时期以洪门、天地会、青帮等为代表的武术流派在革命需要他们的时候，他们会成为革命派的武装力量，但由于其组织的散漫性和封建性，革命党成功以后便主动抛弃他们。所以，他们的社会作用是具有鲜明的双重性，有时是社会的管理者，有时又是社会秩序的破坏者，由此，对武术流派的正确引导是武术流派得以良好发展的根本保证。

二、武术流派的表里关系释义

武术流派自清末民初始主要以社团的形式呈现，而社团的组织关系主要是师徒关系和兄弟关系。由于社会环境的恶劣，拉帮结派只是它呈现武术流派性质的一种"表"象，而其中的"里"，主要反映的是社会底层的以无业游民为主的贫苦人民为了更好地生存，让自己的劳动成果能够有保障，或者是借助这个组织关系能够求得一份安稳的工作。而码头帮会人员要求会众必须拜师学武，所蕴含的"表"是为了维护员工争夺资源的利益，而"里"是通过"师徒"关系维护自己对员工的绝对权威。帮会喝血酒、盟誓等活动仪式的"表"是为了见证会员的忠心,"里"是通过活动的庄严性震慑和管理会众。帮会名称的不断变化的"表"是原组织不复存在,"里"是为了长久的斗争。帮会帮规的"表"是为了规范和统一行动,"里"是体现帮会领导人的意志的工具。洪门和青帮由差变好的关系说明,帮会的"表"是组织关系,"里"是各自团体的社会利益。

综上,清末民初习武社团的一系列复杂组织关系反映的是一种社会利益关系,是一种维护社团领导人进行资源维护的工具。

三、武术流派社会影响力

根据辩证法的原理,任何事物都具有相对性,没有绝对好的事物,也没有绝对坏的事物,同理,在分析江南地区清末民初以洪门、天地会、青帮等为代表的武术社团的社会影响力时,我们也需要全面客观地从正反两个方面去分析。因为,就整体印象而言,诸如洪帮、青帮等组织的社会形象就是充满打打杀杀,与偷、抢、拐卖、黄、赌、毒联系在一起的无恶不作的帮会组织,实际上也确实有所涉及,但是,也不能因为它的坏形象而对其进行全盘否定;因为这些社团在某一时期是为了维护社会中下层人员的生存利益而生,后期也参加了诸如太平天国等具有进步意义的农民运动,辛亥革命时期,以孙中山为代表的革命党人也曾受到武术社团的帮助,其对革命的顺利开展起到了极大的促进作用。

(1) 参加太平天国运动

从金田起义到定都南京,再到天津事变发生,这一阶段是太平天国的发展时期。这一时期,天地会在太平天国起义的号召下,在各地纷纷举行起义为太平天国增加军事实力。例如,刘丽川于1853年在上海组织了小刀会起义,建立"大明国"政权以后,刘丽川正式宣布奉行太平王的法令,他还自称"太平天国统领招讨大元帅"。在宗教问题上,主动向太平天国靠拢,但在鸦片问题上,小刀会仍是旧习不改,美国传教士罗孝全来访时,他承认了自己吸食鸦片的事实。而他的这些行为恰好和太平天国的《十款天条》的精神相违背,如严禁拜邪神、赌博、吸食鸦片、奸淫等陋习。上海的起义军就有两万人左右,但缺乏团结,如上海人与宁波人得到清军开抵消息后,私逃者不少。还有类似性质的宁波双刀会起义也是以失败告终。

(2) 进行反洋教斗争

1903年,浙江宁海伏虎会首领王锡同组织发动反洋教斗争,烧毁了宁海天主教总堂，击毙作恶多端的神父和教民。浙江新城的红帮"聚贤堂"在1905年聚集数百人，毁坏了松溪镇华教民房数间。1906年以后，农民阶级自发的反洋教斗争趋于低潮，逐渐让位于资产阶级领导的反帝爱国运动。① 最后以失败结束。

（3）参加革命

以春宝山为代表的洪帮组织，前期为清政府效力，之后又参加辛亥革命对付清廷。由于帝国主义攻陷北京，恰北方又发生"义和拳"运动，社会动荡不安。长江一代的官吏也都诚惶诚恐，看到长江中下游的盐枭私贩的嚣张行为，也开始心存畏惧，就采纳了当时长江水师提督黄开榜的建议，招抚徐宝山"归标"。由徐宝山把春宝山隶属的盐枭私贩编为一个"水师新胜缉私营"，由于任春山已经死去，就由徐宝山管带，徐宝山摇身一变成了清政府的武官，统帅春宝山的会众，竭力帮助清政府管制地方的治安，剿灭了许多不听从招抚的私贩和著名盗匪。一时间，"徐老虎"的威名老少皆知。徐宝山在官场稍微有点成绩以后更是野心勃勃，为了建功立业，对自己的旧部兄弟都是采用十分苛刻严厉的手段，一律采用军事化的管理。这样一来更是树立了他的威信。于是博得了清廷的重用，在辛亥革命期间，徐宝山率部参加了革命，出兵扬州、泰州、通州、淮安等城，稳定了光复局面，同时也配合江浙联军光复南京，袭击了清军张勋的后方阵地，取得较大的战果。民国时期，"春宝山"的势力逐渐衰落，仅在江淮一带的盐运码头活动而已。

清末时期，不少受过一定程度教育的革命人士，为了发动群众的力量，充分利用原有反清行为的天地会和其支流，模仿天地会的结盟立誓方式，组成具有相当影响力的革命团体，其中最具有代表性的有"兴中会""华兴会""光复会"，后来由于革命事业的需要，经过一系列的努力，这三个革命团体联合起来组成后面的"同盟会"。孙中山于1894年在美国檀香山创立兴中会就吸收了很多三合会会员加入，次年在香港组成总会。提出了"驱除鞑虏，恢复中华，创立合众政府"的纲领，从事革命，推翻清朝，组织起义。除了吸收广大爱国人士外，还联络了粤、湘、赣、鄂等地区的天地会首领，成立"兴汉会"的外围组织。孙中山为了革命能够得到天地会的帮助，曾经也加入了檀香山的洪门组织"致公堂"，被封为"红棍"的职位。

---

① 邵雍. 近代江南秘密社会 [M]. 上海：上海人民出版社，2013：51.

光复会于1904年在上海成立,起初是浙江绍兴人蔡元培担任会长,以反对封建专制,建立共和国为宗旨,会员多数为知识分子。后为了扩大会务,壮大实力,由陶成章负责联络各地的天地会分支。丽水有王金宝为首的"双龙会",衢州有刘家福为首的"终南会",台州有王锡彤的"伏虎会",绍兴有王金发的"平阳党"等。号称组成光复会武装力量的10万大军。清宣统三年,辛亥革命爆发。洪门首领张振武参加起义,除了由同盟会筹划的"新军"反正响应起义外,各地的天地会、袍哥、三合会等洪门组织纷纷参加起义,如四川的袍哥就组织了"保路同志军"击败当地清军,联军进攻成都和重庆。另外,浙江绍兴的王金发等也与洪门有密切的关系。

(4)青洪帮参与五四运动

瞿秋白曾经指出:"上海的工人几乎一半都属于青帮、洪帮等秘密社团的人。"① 陈独秀1920年在《四论上海社会》中这样描述:"从表面上看,西洋人掌握着政治大权,但社会底层却不尽然。由于受到青帮的控制,上海的底层社会秩序基本被大部分工厂劳动者、搬运夫、巡捕等操控着。他们的团结是与物质上的生活需要发生分不开的,消灭他们只需使工会的权利能够容纳他们,在物质上给予他们帮助,秘密团结自然就会失去存在的空间。"1918年5月,由青帮在上海发动数千水木锯工人参加了罢工,要求增加工资。这场罢工主要采取帮会的形式:主要领导人在罢工前召集大家在酒桌上讨论具体方案,强调纪律。有相关报道说:"青洪帮与上海罢市之日,由首领召集会规定,罢市期间,禁止所有盗窃扒手行为。若有违背者,帮规处罚。"帮会所控制的乞丐也不甘落后,在接下来的日子里也没有乞丐的踪迹,短时间内市面上都没有行窃之事。瞿秋白十分肯定地说过,五四上海第一次总罢工,帮会做出了很大贡献。

(5)革命党人对武术社团的改造和利用

积极争取武术社和参加抗日。1939年周恩来在视察皖南新四军工作时号召,应积极争取青帮、大刀会群众参与抗日。之后中共中央又发出了《关于哥老会青帮工作的初步指示》,明确指出争取哥老会及青帮大部分人士积极参加抗日,是统一战线与民众运动中最重要的任务之一。中国共产党认为很有必要争取哥老会及青帮中积极参加抗日,他们认为这也是完全可能的。于是共产党内部一些高级将领开始以帮会名义收徒,他们原本就是青帮的首领级别人物,共产党

---

① 瞿秋白. 瞿秋白文集政治理论篇第四卷 [M]. 北京:人民出版社,1993:470.

开始在青帮内外开展广泛的活动，如新四军就曾充分利用帮会渠道建立地下交通线，进行采购军用物资，护送干部、递送情报等。

革命党人根据帮会的特点在长江一代的城市码头招待帮会人员，如唐才常在上海开设了大同客馆和集贤客栈等；为了招纳会众，唐才常按照会党结拜的传统，开堂放票，他们仿照哥老会的开堂放票的办法，创办富有山堂，通过印"富有票"作为入会凭证，发给会众。①

创办了大通学堂，训练会党首领，培养革命干部。浙江哥老会的特点是山堂林立，较有影响力的有终南会、双龙会、白布会、龙华会等。龙华会在金华八个县城均有分布，有两万余人，并在台州、绍兴等地也有分布。② 1904年以后，经过陶成章等人努力，浙江的帮会斗争方向由笼统的排外变为排满。陶成章计划发动浙江会党袭取金华、衢州等地，响应华兴会的起义。双龙会首领王金发先行发出檄文，暴露了行动计划，王金宝被叛徒出卖牺牲。光复会成立后，原爱国学社社员敖嘉熊在嘉兴创建温台处会馆，作为江浙皖交界处会党的联络中心，并且敖准备创立"祖宗教"，作为联系会党的手段。在联络帮会的过程中，徐锡麟意识到了浙江哥老会的一些弱点，他认为他们这些人多半知识浅薄，如果不对其改造，不能为革命所用。于是在绍兴创办了大通学堂，学生皆为光复会会友。这是国内第一所把帮会首领训培养成革命干部的学校③。皖浙起义的失败和会党不守纪律是分不开的。如在金华的龙华会首领徐顺达的好友倪金不经意暴露起义计划，使得徐、倪二人遇难。

小结

以社团形式呈现的武术流派的组织关系主要是师徒关系和兄弟关系。由于社会环境的恶劣，拉帮结派只是它的一种"表"象，而其中的"里"，主要反映的是社会底层的以无业游民为主的贫苦人民为了更好地生存，让自己的劳动成果能够有保障，或者是借助这个组织关系能够求得一份安稳的工作。清末民初习武社团的一系列复杂组织关系反映的是一种社会利益关系，是一种维护社团领导人进行资源维护的工具。帮会具有以下特点。

---

① 蔡少卿. 中国秘密社会 [M]. 杭州：浙江人民出版社，1989：267-268.
② 中国近代史资料丛刊. 辛亥革命（三）[M]. 上海：上海人民出版社，1957：20.
③ 徐和雍. 浙江近代史 [M]. 杭州：浙江人民出版社，1982：237.

"专制"管理性质的社团。孙中山认为："《国史前编》上溯清朝秘密诸会党，都起源于明末遗民，其主旨在于反清复明，实际内部组织仍为专制，阶级甚严，于共和原理、民权主义，基本没有涉及，与共和革命关系也不深厚。"从孙中山对武术社团的态度就可知道，武术社团表面是一个较为团结的具有严格纪律的组织，但其成员领导仍然没有脱离封建统治的专制性特点，这样的组织不可能担当起领导社会运营的大任，而且自身具有极大的迫害性，所以革命党只能在困难时期对其改造利用，社会太平以后做主人的依然应该是革命党。

武术社团对社会变革起到了积极作用。首先，他们担任了人民群众反抗运动的组织者。封建统治阶级禁止人民结社，人民群众的力量不能得到汇聚，这时，农民阶级要起来造反，反抗封建的压迫和剥削，就得靠秘密社会这个有组织性的团体来发动。其次，会党在农民起义和革命斗争中都扮演着很重要的作用。如太平天国起义、义和团运动和辛亥革命等。再次，秘密社团在起到掩护和延续农民起义力量的作用。在农民起义失败的时后，他们又加入秘密社团，躲避杀身之祸。如太平天国起义失败后，许多战士转入天地会，继续进行斗争，义和团运动失败后，许多成员加入哥老会，积极投入辛亥革命时期的群众反抗斗争中。

武术社团促进了武术文化的发展。武术社团的活动极大地促进了武术技击能力的提高，同时，因为社团意识的存在，使得武术得到了较为广泛的传播。例如，武术和反清复明是洪帮的两大核心；天地会不但长期练习武术，而且在武术的传授上也完全是开放的。清政府禁止民间习武练拳，这种背景下恰恰诞生了秘密社团，这些都属于民间的武术社团组织，武术社团的兴起衍生出许多风格不一的拳种。在特定的历史环境中，武术社团因为自身的发展需要武术来进行联络和巩固自己的势力，同时，为了斗争的需要，武术本身又不得不进行自我革命，提高技击能力是武术在特定时代的不二选择。

武术社团是一种具有强烈的双重性质的社会组织，有时是革命党人武装力量的集合体，有时又严重地破坏革命党的事业。从历史的角度分析，从组织一开始成立，他们就没有明确的政治目标，只是笼统地为了争取自身的利益而斗争，于是，在利益的面前，就会成为金钱的奴隶。但是，总体分析，他们对社会的良性影响偏多，大部分武术团体转化成革命力量，促进了社会变革。

第五节　近现代习武社团的社会背景

辛亥革命前，全国各地就已经出现部分武术组织，如北京"四民武术社"，天津"中华武士会"，上海"精武体育会"，河北"蒲阳拳社"，青岛"中华武术会"等，他们的主要目的是团结武林同道，共同研习武术。但这样的组织数量并不多，活动范围也十分狭窄。自古以来，河北、北京一带素有习武传统，早在辛亥革命前，北京一带不仅有武术社，还有正兴、同兴、会友、永兴等众多镖局。以武会友的现象比较普遍。辛亥革命后，民间武术会社丛生，单独北京就有北京体育研究社（1911.2）、中华尚武学社（1912）、北京武术体育会（1918.10）、中华国技武术研究社（1912.12）、陶然武术团（1924）、国强武术研究社（1923.2）、群武社（1923.4）、大兴国术社、太极形意拳社、北京私立民议武术传习所（1930）、正义武术研究社（1932.10）、普光国术传习所（1937.2.20）、东华国术传习所（1938）、中国通臂拳研究社（1939）、北京健民国术传习所、国强武术研究社、中国武术社会等数十家武术组织。其他各地武术组织也纷纷成立，其中较为著名的有天津中华武士会（1911）、四川武士会（1912）、青岛中华武术会、山东武术传习所（1919）等。

辛亥革命使国民在精神上找到了自信。受到新文化运动的影响，科学与民主成了时代的强音，在全国范围内形成一股热烈的风潮，那就是要求进步、改革的声音席卷全国。在这种背景下，武术界的开明人士也纷纷组织武术团体，他们提出了"保存国粹，强国强民"，"提倡武术，增进民众健康"等口号。他们通过出版武术书籍、举行武术表演、举办比赛等方式宣传武术，推动了民间武术的发展，使许多人对武术有了新的认识。此时，大部分武术组织主要建立在大中城市，如位于江南地区的上海不仅有著名的"精武体育会"。而且，陆续成立的还有中华武术会（1918.8.7）、武术研究会（1923.6.4）、上海县民众教育馆体育部国术会（1928.11.10）、尚武国术研究社（1930.4.1）、得胜国术社（1938）、武德会等多大几十家的武术组织。这些武术组织已经开始打破门规，采取公开传艺的方式授课。随着上海一带以精武体育会为首的武术社团规模的慢慢扩大，具有官办色彩的南京中央国术馆也孕育而生。

武术社团的大量兴起主要是在帝国主义不断侵略中国的时期，所以，为了全面了解武术社团的发展脉络，本章对近现代的时间，划分为1911年到1949年。近现代时期武术社团虽然名目众多，但主要以国内最具影响力的两大武术社团最为有名，即上海成立的精武体操会（后改为精武体育会）和南京成立的中央国术馆。为此，本节主要以上海成立的精武体操会和南京中央国术馆为主要依据，分析这两个社团各自的管理特点，并结合时代背景分析它们能够把武术的影响力做大的主要原因，反观当前的武术集团的武术活动，并提出建议。在具体分析武术社团的表里关系时，主要从武术社团的宗旨、目的、口号、馆训、管理方式等角度进行深刻分析，归纳出武术社团本身的社会职能与当时社会背景下它所肩负的角色功能。

一、习武社团的规章制度

自1840年鸦片战争后，中国迎来了前所未有的民族危机，逐渐变成一个半殖民地国家。由于西方列强的入侵也带来了西方各种文化，而近代西方体育西方具有代表性的文化之一。西方体育的多样化在中国慢慢取代了以武术为主体的单一化的中国民族传统体育项目，对此，作为本土文化代表的武术受到了极大的冲击，在这种时代背景下，为了本土体育的生存和发展，在一些武术大家和知识分子的倡导下，武术社团纷纷兴起。辛亥革命以后，各种新的思想此起彼伏，以知识分子为主的社会精英们纷纷开始探索救国、强国之路，为此武术界的大家们也希望借助大好时机发挥武术报效祖国，武术社团慢慢兴起。如上海就有精武体育会、致柔拳、社中华武术会等数十家武术社团，北京有北京体育研究社、北京武术体育会、国强武术研究社等20多家武术组织。有的社团发展成熟以后，纷纷在海内外组建分会，由于特殊的社会环境，这些武术社团主要特点在于，它们提倡把中国武术发扬光大，不让其受到西方体育的影响而受到冷落。

二、精武体育会的发展脉络

在国家正处于危难的晚清时期，"强国保种"成为主流话语，体操、武术和体育成为救亡图存的重要手段。在这个背景下诞生的精武会，以武术为立会之本，以现代组织形式在都市中推广中国武术。从19世纪中期开始，中国遭遇外敌入侵，随着战争的屡次失败，中国的民族危机日益加重，尤其是中日甲午战争的失败，给国人带来深深的耻辱，同时掀起了列强瓜分中国的狂潮。在严重的内忧外患的背景下，进化论和达尔文主义在中国开始受到推崇。物竞天择、适者生存的思想使传统重文轻武的观念遭到批判，尚武思潮应运而生。蔡锷认为中国要由弱变强，必须"陶铸国魂""建造军国民"①，梁启超认为"国家的成立和文明能维持，主要在于尚武思想的存在"②，当时很多归国留学生也宣传和倡导救亡图存。

为了培养革命力量创办学校。精武体操学校的创立具有一定的戏剧性，不了解内幕的人都认为是霍元甲创办，而事实则不尽然。关于创办的说法大概有以下三种，第一种说法是霍元甲创办，这也是大众最为熟悉的一种；第二种说法认为其创始人为陈公哲、姚蟾伯、卢炜昌；第三种说法认为是陈其美、农劲荪、霍元甲等人创办。韩锡曾在《精武体育会创始人考辨》中运用了大量的史料，否认了前两种说法，文章经过史料论证，认为农劲荪、霍元甲等是精武会的共同创始人，而并非霍元甲一人所创。大量史料证明，精武会并非霍元甲一人所创，霍元甲是在革命党人的邀请下，来到上海发展，并在农劲荪等人的策划和支持下创办了精武会。而陈公哲、姚蟾伯、卢炜昌三人是精武会第一批会员，在霍元甲去世后，成为推动精武会的发展和传播的核心人物，被称为"精武三公司"，但他们并不是精武会的发起人。陈英士为精武体操学校的创始人。

1909年前后，同盟会成员计划集结上海各界人士当中崇尚武术技击的人物共同谋划创办学校，希望借此可以练成百余万身强力壮的具有一定军事水平的骨干青年，以快速提高军队的整体实力，利于革命运动的开展。正当此时，在天津的同盟会会员农劲荪和上海同盟会会员策划和资助下，已在天津小有名气的大力士霍元甲携其弟子刘振声来到上海。在上海各界热心人士的共同努力下，中国精武体操学校成立。从精武体育会发起人的社会背景分析，霍元甲虽然是精武体育会的官方代表人物，实际主要发起人则是革命党人。精武体育会最初具有鲜明的政治性，主要是为了培养新的革命力量。

1909年10月，精武会在《时报》中刊载了招生广告，明确说明了精武会的宗旨是提倡尚武精神。为了引起会员们对武德的重视，还提出了"以技击为根本，以武德为皈依"的口号。学校由农劲荪担任会长，霍元甲为主教练，教授技击，学校坐落于闸北王家宅。陈公哲曾说，精武会的建立，对于个人而言，

---

① 毛注青，李鳌，陈新宪．蔡锷集［M］．长沙：湖南人民出版社，1983：19
② 洪治纲．梁启超经典文存［M］．上海：上海大学出版社，2003：53.

能养成健全体魄；对于社会，希望祛除颓靡积习；对于国家，则以提倡武术帮助政府普及国民教育。后来，精武会又将自己的主张和理念概括为"大精武主义"，认为健康的精神应该以强健的体魄为基础，中国人应该传承和发扬我国传统技击术的精华，来增强我们的国民体质。在精武会成立十周年之际，孙中山先生题词"尚武精神"送给精武会，"尚武精神"这四个字至今还在精武总会会馆内挂着。从精武会的宗旨、口号到"大精武主义"，都是为了培养文武兼修的人才，而这些人才主要还是为国家当时的革命服务的，大精武主义更是体现了从整体上去纠正中国一度重文轻武的封建思想，并提出健康精神和健康的体魄的关联性。

"为了精武会长远发展，陈公哲、姚继伯、卢炜昌三人经过商谈另选会址，建立新会所。"① 1916年4月6日，精武会迁到租界内。迁入新会址后，"精武体操学校"更名为"精武体育会"。此时的精武会还只有技击这一科目，理应叫"拳术、技击或武术会"，但由于地邻租界，恐当局有所误会，于是以体育会称呼。另外，陈公哲认为把武术当作国民体育，一是把拳术当作体育活动，二是把搏击术运用于养生，武术发展之路才能长远。虽然陈公哲认为更名为"体育会"在当时并不十分恰当，但他并没有排斥"体育"二字，甚至他还认为武术也应该属于体育的范畴，和西方现代体育有相似的性质。② 从"体操"到"体育"的转变，是精武从单一向多元化发展的转折。精武会已经意识到不能将武术与兵操混为一谈，也不能局限于武术活动，要让传统武术和西方体育充分融合，以一种独立和开放的姿态去发展精武事业。

更名后的精武体育不久便在上海设立了三个分会，在上海以外，绍兴、汉口、广州、香港、佛山等地也相继成立分会。精武会还将选定的基本武术套路编辑、配图出版成书。1916年，谭腿第一路登载在上海商务印书馆发行的《学生杂志》的"技击丛刊"专栏上。

精武会重大事情都由董事会讨论决定。设会会员大会是最高组织机构，每年四月举行一次会员大会，平时有重要事务可由五位会员共同提议、二十位会员联合署名请会长组织临时会议。会员中选举十五人组成理事会，理事会和理事负责精武会的日常会务管理工作。理事再从会员中选举正副会长各一人和会

---

① 陈铁生．会址之历［M］．上海：商务印书馆，1919：8.
② 罗啸敖．精武内传［M］．上海：上海社会科学院出版社，2008：11.

董若干，正副会长总理会务工作，会董承担日常监督职责。在发展和变革的过程中，精武会逐步形成了以分权制衡为基本原则的内部组织结构和运行机制。在团体内部确立"组织体制的分权制衡"，以及"议事、决策的公开性、民主性"是晚清民国时期新式社团的一个重要特征。正是以这样的现代组织形式为媒介，武术得以在近代城市中广泛传播。精武会除职能部门外，共设武术科、文事科、交际科、音乐科和游艺科五科。精武会除技击教员是聘用的，其他文事、游艺、音乐科的教师多为会员中的志愿者。

在1949年前，精武会的财政基本都是自筹的。创立时主要依靠农劲荪等人的资助，之后依靠会费作为维持日常运营的经费来源。在发展过程中，精武会逐渐建立起多层次的会员和会费制度。1924年时，会员分为特别会员、通常会员、名誉赞成员、夏季会员四种。不同会员采取不同的收费标准并给予不同程度的回馈。另外，他们也出租会内的设施，创办实业，作为经济来源。如买下屈臣氏汽水厂等。

从1920年开始，精武会每年都会举行会员征求会，其本质是一次筹款大会。对捐助者，精武会给予一定回馈。如捐助百元以上可为会董，可介绍三人免费入会；捐助50元以上者，可以作为维持会员，可介绍两位免费会员；捐助25元以上的为赞助会员，可以介绍一位免费会员。此外，对团体组织捐助者，精武会也会根据捐助金额，允许该团体有人数不等的免费会员加入。排演京剧、粤剧和西乐的门票收入，也是补充收入的重要方式。基本上，精武会可以维持收支的平衡，每年经费会略有结余。

三、民国中央国术馆的发展脉络

随着鸦片战胜的爆发，中国这样一个泱泱大国逐渐成了被帝国主义瓜分的半殖民地半封建国家。面对这种生死存亡的境地，中国知识精英们开始反思，开始寻找改变当前命运的良方。于是，"强国强种"逐渐成了时代的召唤。辛亥革命推翻了几千年的封建王朝，但此后又面临长期的军阀势力争夺，时局动荡，但文化思想相当活跃，西方文化的冲击和融合，为中央国术馆的成立提供了思想上的准备。南京国民政府的建立巩固了南京政府的统治基础。这也为国术馆的成立提供了相对稳定的政治空间。中央国术馆的主要发起人蔡元培、李济深、张之江等均为民国社会各界大佬级人物，他们拥有丰富的社会资源。这些人的社会背景为国术馆的成立和运行提供了强大的政治平台。

中央国术馆秉承"提倡国术,增进全民健康"的宗旨。[①] 国术馆的主要目的还是服务于民众,如学员们统一的训练服上均绣有"强种救国,自强不息"标语,《国术同志歌》也唱道"强身强种族,卫国挽颓风",等等。中央国术馆以"术德并重,文武兼修"为馆训,提出具有时代特点的口号,即"强种救国,御侮图存"。中央国术馆通过以下途径弘扬武术,"研究中国武术与体育;教授中国武术与体育;编著关于国术及其它武术图书;管理全国武术事宜。"[②] 在教学上,他们打破传统的封闭式教学,而采取开放式的班级化教学,以实现武术的全民化。[③]

中央国术馆坚持摒弃门户之见,融各家之长。例如,国术馆不仅有太极拳、形意拳、八卦掌、八极拳等风格各异的拳种,还有刀、枪、剑、棍、大杆等各种器械。不仅学习套路,而且还特别注重实战能力的培养,主要实战项目有长兵、短兵、散打、摔跤等。术科内容多为各拳种流派名家亲自授课,如杨澄甫的杨式太极拳,孙禄堂与朱国福的形意拳。[④] 另外,还有气功、红砂手等功法课程。国术馆也注重技术水平的提高,还重视知识水平升造,如除了术科外,当时的学科内容包括国文、国术源流、生理卫生、解剖等。[⑤]

中央国术馆拥有广泛的武术书籍与刊物,并设有"编审处",其编撰书籍不仅涉及理论类、武术史、拳械套路、功法等,还有专门的救伤诊疗、纪事等。至1944年,就有健身操、军事教材、特种教材、普通教材等教材成果[⑥]。还有《国术月刊》等不定期刊物。各省、市各国术分馆基本都有自己的武术专刊。

国术馆的宗旨是"提倡国术,增进全民健康",以"术德并重,文武兼修"为馆训,以"强种救国,御侮图存"为口号。从他们的宗旨、馆训、口号就说明了,国术馆的目的就是希望从整体上改变"东亚病夫"的现状,从而达到强种救国的目的。在宗旨上分析,国术馆和精武体育会基本功能几乎一样,但在宣传上稍微有点不一样,精武体育会属于体育会,名称是避开政治的,而中央

---

① 黄连顺. 中国武术运动的开拓者之一:中央国术馆耆老张文广先生专访[J]. 国术研究,1994,3(2):81-91.
② 徐元民. 张之江的体育思想[J]. 国术研究,1998,7(2):1-30.
③ 中国武术大辞典编辑委员会. 中国武术百科全书[M]. 北京:中国大百科全书出版社,1998:394,370-371.
④ 周慧梅. 近代民众教育馆研究[M]. 北京:北京师范大学出版社,2012:334-340.
⑤ 范克平. 旧时国立南京中央国术馆写真(2)[J]. 中华武术,2004(8):8-10.
⑥ 范克平. 旧时国立南京中央国术馆写真(2)[J]. 中华武术,2004(8):8-10.

国术馆名称上就是为国家、政治服务的，即强种救国。结合实际背景分析，主要原因是国术馆是以国民党政府的名义举办，而精武体育会是同盟会为了培养革命力量举办，论其性质都大同小异，但精武体育会举办时期，同盟会尚且不具备成熟稳定的政治条件。

中央国术馆的管理方式是行政力主导下自上而下的逐级分管。实行参事会与理事会领导下的正、副馆长决策制度。省、市、县实行董事会领导下的正、副馆长管理，区、里、村实行董事会领导下的正、副社长管理。① 国术馆规定，各下属单位的教员需要通过由上一级单位指派，并且每年举行考试一次。国术馆的管理形式是采取公务员式的管理，主要是因为其经费主要来自国民政府拨款，其次是国术馆的主要发起人张之江等人也是当时政界享有名气的人，这也说明了它的初衷也是走官办的路线，希望得到政府的大力支持。

中央国术馆组织性质一直说法不一。有人认为它应当属于官办性质。如易剑东认为，相对精武体育会而言，它是政府教育机构，具有官办的色彩；林伯原②也有类似看法，其理由大致与《中央国术馆史》③所述相关，即民国官员李烈钧表示："国术馆干脆由中央国民政府直接领导，属于国民政府直属机构，经费由财政部管理，如有不足，可以自行筹措。"然而，有人也有不同的看法。如台湾学者徐元民④认为，就组织属性而言，中央国术馆应该属于民间团体，只不过是它的组织架构类似政府机构，政府负责其经费开支，但它不是国民政府的正式组织体系，对此，有学者认为，中央国术馆具有"民办公助"的性质，⑤ 应该属于民间社团。

蔡元培表示："国术馆虽然受到政府资助，但并非正式国立机关。"⑥ 陈公哲表示："中央国术馆的成立，主要考虑到北伐需要大量将领的支持。"为拉拢军人，才答应张之江的请求，具有一定的条件诱惑性质，当国术馆没有了利用价值，国术馆自然就受到了冷落。马廉祯认为，精武体育会以商业运作方式支

---

① 成都体育学院体育史研究所. 中国近代体育史资料［M］. 成都：四川教育出版社，1988：44.
② 林伯原. 中国武术史［M］. 台北：五洲出版有限公司，1996：447－448.
③ 中央国术馆史编辑委员会. 中央国术馆史［M］. 合肥：黄山书社，1996：34.
④ 徐元民，庄嘉仁，卓旻怡. 中央国术馆发扬本土体育的历史经验［J］. 体育学报第三十四辑，2003：215.
⑤ 李文鸿，陶传平，吕思泓. 中央国术馆组织性质新考［J］. 体育学刊，2016，23（3）：33.
⑥ 国术研究馆积极进行［N］. 中央日报，1928－04－24.

撑武术社团发展，因为远离政治而保持独立，获得了各方面发展的自由空间。①

综上分析，民国中央国术馆的定位一直处于尴尬境地的主要原因，是因为它是政治化的产物，它的发起人之一是西北军的将领张之江，发起之初，恰好蒋介石需要张之江的鼎力相助，而此时张之江恰好提出筹建中央国术馆，又考虑到当时确实需要一批为国效力的英勇青年，于是蒋介石就顺水推舟做了人情，随着政治力量的转变，国术馆的经费也就自然受到影响。

第六节　近现代习武社团核心人物的社会影响力

一、武术集团呼唤民族英雄——霍元甲

1868 年，霍元甲出生于天津的一个武术世家，父亲主要习练迷踪拳。其父霍恩第，身手不凡，主要从事镖师行业。霍恩第有三个儿子，分别为霍元卿、霍元甲、霍元栋。霍元甲从小身体体弱多病，父亲见其不是习武之料，便不让他学武，而让他认真读书。但霍元甲却对武术情有独钟，于是自己暗地观察父亲教授徒弟的动作，长期自己练习。当时，经常会有江湖习武之人上门切磋，名为交流，事实上如果击败强大的对手，自己就可以成名。1890 年，霍家来了一个上门请教的江湖习武之人，哥哥霍元卿与之交手，并没有获胜。正当父亲准备亲自出手时，霍元甲挺身而出，与对手切磋起来，经过几番比划后，对方被其战胜。从此，父亲对霍元甲刮目相待，并开始培养，他的名气也因此慢慢传开。

霍家家境并不富裕，除了耕种之外，闲时还会挑柴到天津卖，以补贴生活。霍元甲经常身挑三四百斤的担子，步行二十多里路前往天津。路上还会遇到索要"过路费"的混混，霍元甲凭借一身武艺轻松应付过去，也因而结识了天津一家脚行的冯掌柜，并得其赏识。后来，霍元甲开始跟从冯掌柜一起做事，先是做码头装卸工，后又做脚行的代理掌柜，在这里，霍元甲结识了天津怀庆药栈的掌柜农劲荪，没过多久，霍元甲就投靠农劲荪，在药栈打工。农劲荪，安徽宣城人，原籍河北，精通技击。他是负责在天津一代发展革命力量的同盟会

---

① 林辉峰. 张之江国术思想述略［J］. 广东社会科学，2014（6）：146.

代表。霍元甲凭其正直的为人和高超的武艺深得农劲荪的赏识。慢慢地，经过好友农劲荪推荐，霍元甲来到了上海。

1909年，西洋大力士奥皮音在上海北四川路（今四川北路）的亚波罗影戏院表演绝技，号称胸前承重千斤，并在台上展示肌肉的健美，连续进行了几天，最后一场时以蔑视的口吻宣称要和中国人角力。① 于是，在农劲荪等人的邀请下，已经41岁的霍元甲带着他的徒弟刘振声来到上海，准备与奥皮音比试，但是，奥皮音并没有出现。陈公哲说他亲自参与了该次比武前双方的商讨。结果是，奥皮音要求必须手戴拳套，只能击打上肢部位，且不能脚踢，而霍元甲则坚持中国风格的擂台打斗规则，手足并用，任何部分都可以击打，如有死伤，不追究对方责任，最终商议没有达成一致。后来双方再次找奥皮音商谈比赛事宜，采取摔跤方式，谁先跌倒就算谁输，经过几番商谈还是没有达成协议。这场比赛未举行，从客观方面分析，最主要原因是东西方拳术规则不同。比试虽未举行，但此事已被当时媒体报刊大量宣传。加之比赛当天举办方临时决定邀请现场观众上台比试，擂台连摆三天，师徒二人先后击败东海赵某、海门拳师张某。霍元甲师徒因此在上海有了一定名气。

1910年4月，霍元甲应沪上一些习武之人的邀约再次来沪，在张园再开擂台比武。东海赵某再次与之比武，两日的擂台下来，霍元甲的名气更甚。因此，霍元甲的成名并非是因为战胜大力士奥皮音，而是借助奥皮音名义来战，却连连战胜赵某等人而成名。能够数次战胜来挑战的选手，说明其实力也是不低的，但是影视形象的霍元甲多半也有夸张的成分。或许，从精武体育会的经费来源来分析，需要霍元甲这样的商业宣传效果，所以，不排除奥皮音这个人的出现也只是策划者的虚张声势罢了，当然这只是作者的妄加猜测。另外，从霍元甲成名的过程也可以推理出，霍元甲的成名主要是在那个西方文化盛行，而中国的传统文化受到极大冲击的时代背景下，中国人表达自己的民族感情的一种寄托。

1910年9月，此时精武会成立还不足三个月，霍元甲就去世了，时年42岁。关于霍元甲之死，流传了很多说法。陈公哲在回忆精武会的时候指出，霍元甲在天津时就有外号"黄面虎"，主要是他看起来熊腰虎背，健硕无敌，但却

---

① 陈公哲. 精武会五十年［M］. 沈阳：春风文艺出版社，2001：1.

面色泛黄。① 面色发黄，主要是霍元甲少年时因练气功，伤了肺部，以致得了咯血病的缘故。在上海时，霍元甲曾购买过日本人卖的药物，称可以医治咯血病，但服用后病情反而加剧。精武体操学校成立不久后，霍元甲病情加重，治疗无效，最终去世。是日本人卖的药直接导致了霍元甲的死亡吗？陈公哲没有这么说，但在其他的说法中，霍元甲则是被日本人秋野医生故意害死的。但霍元甲的死是否确实与秋野医生有直接关系呢？目前并没有找到相关史料能够说明。不管怎样，考察一下霍元甲之死相关传闻流行于中日关系紧张时期，或许对理解这一问题会有所帮助。② 据当时的《东方杂志》称，民众对于此次中日交涉愤愤不平，关于霍元甲被日本人害死的文本，正是在此后的1916年出现的，作者萧汝霖是新文化运动的参与者。另一位则是卢炜昌，卢炜昌在后来曾参加了李济深、李宗仁发起的抗日反蒋活动，说明这也和他的仇日情绪不无关系。1932年"一二八"事变，日本侵入上海，使得国人对日本的仇视情绪大增。说霍元甲是被日本人故意杀害是当时仇日分子所散布的，依据或许并不充分，但毋庸置疑，在将霍元甲之死与日本人联系起来的事件中，民族主义是绕不开的关键因素。

霍元甲之死，从他的"黄面虎"的绰号分析，虽然他武功了得，但其内脏是有病的，这或许从中医角度最能够说明这点，中医讲究望闻问切，而面黄就是通过望而感知其身体内部的情况。相关资料称霍元甲少年时因练气功，伤了肺部，以致得了咯血病，而当时的医疗条件十分落后，也就不难推理出霍元甲确实是因病而死。结合当时正处于中日敌对情绪高涨的时代背景下，自然霍元甲之死或许就恰好被当作爱国主义宣传题材。同时，霍元甲之死更是成就了精武体育会，因为霍元甲这样一个"民族英雄"被日本医生"毒杀"，会激发更多的国人一起反抗以日本为代表的侵略者，从而壮大精武体育会的势力，间接增强同盟会的革命力量。当然，如果从民族感情和精武体育会的宣传效果层面去分析，霍元甲是不是真的去世甚至也值得怀疑。因为精武会为了渲染事情效果完全可以让霍元甲配合，也就是假死，隐姓埋名，当然这个只是妄加猜测，但也不是不可能。

---

① 陈公哲. 精武会五十年 [M]. 沈阳：春风文艺出版社，2001：1.
② 杨媛媛. 近代上海精武体育会研究 [D]. 上海：华东师范大学，2014：51.

二、让武术社团改弦更张的民国中央国术馆馆长——张之江

张之江（1882—1966），河北省盐山县人（现划归黄驰县）。被誉为冯玉祥的五虎上将之一，一生久经沙场，1917年他率第十六混成旅骑兵营讨伐张勋复辟；1924年，任前敌总指挥，发动推翻曹锟政权的北京政变；1925年，任陆军第五师师长兼国民党前敌总指挥期间规定："西北军官兵，绝对不准拿老百姓的一针一线，而使社区秩序井然，军民团结，百姓安居乐业。"① 1928年，被任命为全国禁烟委员会主席，之后又任中央国术馆馆长。1929年在南京下关将四川省主席杨森为发货人的鸦片全部扣押，并进行销毁，得到了人民的称赞，后又被任命为江苏绥靖督办。在他离开西北军后，经常调节蒋介石与冯玉祥之间的矛盾，在国民党内部的混战中，不介入其争斗，而一心致力于国术事业。② 1949年后，他担任了全国政协委员，直至1966年逝世。他呕心沥血筹办中央国术馆，历经重重困难实现了自己的愿望，体现了他真正想要为国效力的赤胆忠心。

张之江素来爱好武术。1918年，武术家王子平来到张之江的幕下为他效力，张之江安排他在军中进行大刀武术训练。经过几年的训练，张之江的大刀队就在喜峰口用大刀大败日军，以至于后来日本兵为了防西北军的大刀，基本每人脖子上都带上一个铁脖套。这也就无形中增强了张之江对大刀队的钟爱和对中国武术的信任。大刀武术在多次的战斗中发挥了巨大的威力的事实，使张之江非常反对"武术无用"的言论。特别是张之江因疲劳过度而身体基本不能正常活动，后通过练习武术使自己身体很快得以康复。看到效果以后，坚定了他长期坚持习武的决心，之后一直不间断地练习武术，后来果然完全康复了。于是，他认为武术不仅可继续在战场上发挥作用，而且在平日里，也是一项锻炼身体、强种健身的好方法。③ 他说："武术真有祛病健身之效，不愧是国宝。"鉴于对武术深厚的感情，北伐结束后，他决定推广武术，呼唤社会对武术的认可，使之发挥出它应有的作用。为了增强国人对武术的重视，张之江1927年提出将"武术"改为"国术"。这个提议当即得到国民政府的批准，自此"武术"改称"国术"。在他的倡导下，中央国术馆最终于1928年3月成立。

---

① 庞玉森. 张之江传 [M]. 新加坡：1990：29.
② 阎团结. 梁星亮. 冯玉祥幕府与幕僚 [M]. 杭州：浙江文艺出版社，2010：128.
③ 中央国术馆史编委会. 中央国术馆史 [M]. 合肥：黄山出版社，1996：33.

张之江于1928年创办了中央国术馆,之后,1933年又创办国术体育专科学校。[1] 1936年带队参加第11届奥运会表演,使中国武术开始走向国际体坛。[2] 张之江使我国武术文化从颓靡走向振兴,从封建保守走向开放包容,为近代中国武术发展开启了新模式。首先是张之江[3]坚持"术德并重,文武兼修"。他强调学生或教员,除练习国术外,还应勤奋学习科学知识。他还让中国走出国门,提升中国武术的国际影响力。1930年,张之江亲自带领摔跤名家杨法武等到日本考察。这期间,杨法武运用中国摔跤的技术连续战胜日本柔道名将,大大提高中国武术的知名度。其次,促进武术在东南亚的传播。1936年中央国术馆组织"南洋旅行团"前往东南亚,陈嘉庚这样说:南洋旅行团给海外华侨增加了光彩。受此影响,大量武术机构在东南亚陆续成立,其中部分教师也源于国术馆。[4]

1936年,国术代表团在第11届奥运会场展现了的精彩武术表演,令观众声声喝彩。相关媒体评论中国武术精湛卓绝,具有艺术性,有着极强的内在旋律感,[5]、高潮绝妙国术代表团在奥运会场的精彩演出,极大地提升了中华民族的国际地位和形象,鼓舞了国人的民族士气。

另外,国术馆不仅直接参加抗日,还参与社会公益活动。中央国术馆的办馆口号即为"自强强国,御辱图存",[6] 大刀成为抗日战场威慑敌人的标志物。众多国术馆人员进入军队当武术教官,对提高抗日军队的杀伤力起到了重大作用,国术馆成员李凌霄,曾担任共产党河北沧州地下交通员,多次粉碎鬼子扫荡,[7] 彰显了国术馆队员积极救国救民的民族精神。此外,他们还进行义演,

---

[1] 张银行,郭志禹. 公共服务视域下的民国武术社团组织研究——以精武体育会为例[J]. 南京体育学院学报(社会科学版),2014,28(1):35-39.
[2] 肖林鹏,李宗浩,杨晓晨. 公共体育服务概念及其理论分析[J]. 天津体育学院学报,2007,22(2):97-101.
[3] 中央国术馆. 张之江先生国术言论集[M]. 南京:中央国术馆,1931:11.
[4] 释永信. 民国国术期刊文献集成(第9卷)[M]. 北京:中国书店出版社,2008:41.
[5] 庄建平. 近代史资料文库(第四卷)[M]. 上海:上海书店,2009:334-366.
[6] 编者. 中央国术馆派员往南洋教练国术[J]. 中央国术馆旬刊,1929,12(20):20-21.
[7] 傅砚农. 华侨参与振兴祖国体育事业的历史过程探析[J]. 体育文史,1995(6):16-18.

筹集经费赈济浙灾，改善战场上抗战将士的生活。① 在禁烟方面也有相关活动。中央国术馆和禁烟会共同组成禁烟旅行团督察禁烟情况，为了宣传吸毒之害与武术的健身效果，他们四处召集民众观看国术表演。

　　国术馆虽然随着战争的兴起慢慢没落，但是，它对武术的推广起到了空前绝后的作用。首先是把武术表演引进奥运会，让世界人民了解了中华武术；其次是通过大刀武术队，在实战中一次检验了中华武术的实效性，增强了国人对武术实战效果的信任，也增强了民族的自信心；再次，张之江"术德并重"的思想也为武术今后的发展提供了借鉴。总之，国术馆在历史上的角色虽然是昙花一现，但其历史影响力却是长期存在且不可磨灭的。

三、习武社团的社会背景

　　武术社团的发展随着社会背景的变化而变化。首先从武术社团的宗旨最能说明这一点，民国初年，随着帝国主义的不断入侵和中国大量国民受到鸦片的摧残，再加上军阀混战……众多的社会客观条件制约了中国经济、军事等的发展。这种关键时期，很多开明之士开始担忧中华民族的未来，开始寻找中国重新振作起来的良方，开始为中华之崛起而呐喊。如蔡锷认为中国要由弱变强，必须进行军事化的国民教育。② 梁启超认为国家的存在和文明的传承，与国民的尚武崇德分不开。③ 1904年，梁启超在《中国之武士道》一书中大力宣扬尚武精神。在这种时代背景下，不仅北方诞生了当时具有较大影响力的天津中华武士会，之后在南方又成立了以霍元甲个人名义筹办的精武体育会，从精武体育会的创立分析得知，精武体育会名义上是以提倡尚武精神为目的，并提出了"以技击为根本，以武德为皈依"的口号，注意会员的武德培养。但从其成立的主要发起人的革命者身份而言，它具有政治性的成分，主要为革命党培养后备人才。在这种为国家的强盛培养骨干力量的背景下，组织人聘请了当时上海具有相当社会背景的政界、商界知名人士作为主要领导人，得到了他们的大力支持；在武术的传承上也彻底打破了传统武术宗族传承的方式，而是采用开放式

---

① 吴文忠．台湾地区各级学校国术教学活动现况调查研究报告［J］．中华国术季刊，1985，2（2）：14-15．
② 毛注青，李鳌，陈新宪．蔡锷集［M］．长沙：湖南人民出版社，1983：19．
③ 洪治纲．梁启超经典文存［M］．上海：上海大学出版社，2003：53．

的班级化授艺方式。

和精武体育会不一样的是，中央国术馆在成立之初已经主要受国民党青天白日旗的统治，纵使也仍然存在很多军阀，但其他军阀尚且不可与国民党的整体力量抗衡。恰好国术馆成立之初正处于日军侵华的关键时期，全国上下，都亟须集中中华的全力保卫华夏大地的安全。"强国强种"成了这个时期的主旋律，为此，因为自己深得武术受益的张之江将军开始准备为武术做点贡献，为中华武术的发扬光大、中华儿女的健康体魄发挥自己的能量。恰好此时的大佬蒋介石正需要他的军事力量的辅佐，他的要求很快得到了蒋介石的同意，凭借其军事背景的身份也得到了当时包括蒋介石、蔡元培、李烈钧等社会各界知名人士的支持。中央国术馆的宗旨是"提倡国术，增进全民健康"①，并以"术德并重，文武兼修"为馆训，口号则是"强种救国，御侮图存"。从其宗旨、馆训、口号就能察觉是一种忧国忧民的政治思想，虽然宗旨是增进全民健康，其实质目的还是强种救国，御侮图存。在以张之江为首的领导人的领导下，中国武术得到了良好的发展，例如长期受武术传承文化的影响的"不外传"，"宁可失传，不可妄传"等观念开始得到改变，并走向同精武会一样的开放式班级化教学，而聘请了不同门派的核心代表人物聚集在一起授拳传艺。能够打破原来的家族式传播的原因当然也是多方面的，主要还在于国家整体需要和全民健康，并且同主持人张之江的领导也不无关系。

四、习武社团的表里关系释义

近现代习武社团最具有影响力的当属精武体育会和中央国术馆，而这两个规模空前的武术组织尽管不同时期扮演着各种各样的角色，但其始终主要围绕武术活动而展开。精武体育会诞生于西方列强大肆侵略中国的时期，所以，造就了一个担任"强国保种"使命的精武体育会，精武体育会是革命人士为培养军事力量创建的，所以精武体育会从成立开始，就具有一定的政治色彩。这就是本章中讨论的"里"所蕴藏的真实目的，而"表"是培养一个充满"尚武精神"的国度，培养一个身体强壮的民族，以这样的行动改变"东亚病夫"的形象。创办学校，提出明确的"宗旨"、各种不同的管理方式和经费来源，这些都是习武社团的"表"，他们的"里"都是相似的，即"强国保种"，这也可以说

---

① 编者. 本馆成立会纪事之国府训词［J］. 中央国术馆会刊，1928（1）：3-4.

是武术被称为"国粹"的原因之一，因为它不仅是传统文化的代表，更是和国人的民族感情紧密地联系在一起。所以，国家危难时期，武术人士总是能够挺身而出，为国效力。

小结

从精武体育会在"东亚病夫"背景下的蓬勃发展，到中央国术馆在军阀混战和外敌入侵背景下的曲折发展，武术扮演着多种角色。首先，它是一种工具，是一种培养革命力量、培养健硕国民、培养爱国主义情怀的实用性工具。其次，它是一种技术，一种防身自卫的、健心健身的运动技术。尽管也有许多武林前辈诚心诚意发扬武术，但其初衷依然离不开爱国主义的民族感情。霍元甲和张之江等武术前辈在武术社团的发展中起到引领作用，更为重要的是通过他们的努力极大地鼓舞了国民为国争光、为国奉献的爱国情怀。

第七节 当代习武集团的传统表象分析

回到本章对"习武集团"的定义，即习武集团是指以练习武术为联系纽带组织起来的共同行动的团体；习武集团重在表述具有一套较为正式的规章制度及内部运行机制的具有一定的组织性的团体。结合当前的武术社团现状分析，武术的社团形式主要有：第一，具有行政性质的地方武术协会，如中国武术协会领导下的各大省级武术协会，由省武术协会领导下的地方武术协会等；第二，单项拳种研究会，如太极拳、形意拳、八卦掌等拳种都有以拳种命名的研究会，甚至有以某拳种命名的分支系的研究会，如陈式太极拳研究会、杨式太极拳研究会、孙氏太极拳研究会等各种协会；第三，是具有营利性质的各大武术学校和武术馆等；第四，也有很多一定区域范围内的武术爱好者自发组织成立的以某拳种命名的协会，这种协会通常具有较强的公益性，主要为了会内人员的健身需要服务。武术协会、单项拳种研究会、武术馆、武术学校、各拳种协会等都属于本章界定的"习武集团"的范畴。武术在当代的发展一直以来都是令业内人士困扰的问题，鉴于全国上下都没有一套较为行之有效的实施方案，导致了武术的发展也呈现了"五彩斑斓"的景象。下面将针对习武集团本身的社会行为对其社会影响进行阐释。

一、习武集团的正面社会价值

王满福、施建明提出："众多地区武术协会和单项拳种协会的分布呈现不均衡状态。尤其到了县级单位这一层，很少有武术协会或太极拳等单项协会。他们的主要活动方式有以下五种，按照投入时间和精力的多少分别排列如下：一、举办拳种培训或者裁判员培训，这也是最主要的活动；二、参加表演活动，主办、承办比赛；三、举办或者参加武术学术研讨会；四、外出参加比赛、观摩学习；五、挖掘、整理民间拳种。"[1] 此外，社区体育社团也在自己社区范围内进行有规律的身体锻炼。就习武集团所开展的活动而言，可以得知他们的相关的社会作用。

第一，具有教育价值功能。武术追求"外练筋骨皮，内练一口气"，"未曾习武先习德"，这些谚语反映出武术的教育特点，即练就一身强健的体魄，以武德严格要求自己的行为举止，同时，武术也被我们视为"国粹"，我们要继承和发扬优秀传统文化。武术社团和社会之间相互依存，它起着一种黏合剂的作用。第二，推动了武术的社会化。武术社团不时地举行各种表演比赛，吸引各界人士积极参与，另外，很多武术社团也像民国时期的精武会那样，在各地成立分会，以便扩大自身的经营范围和影响力，从而推动了武术的社会化。第三，武馆也是武术研究者的重要场所。由于其自身需要盈利，就会促使武馆工作人员做出各方面的努力，以在竞争激烈的市场求得生存。第四，维持社会秩序的功能。习武者历来讲究以"武德"为皈依，既不欺凌弱势，也不示弱，相反，在遇到欺凌事件时，往往是挺身而出，这在一定程度上打击了不法分子嚣张的气焰。第五，武馆在与政府及社会的互动，在传统文化与近代文化的调适中也起了不可低估的作用。例如，各省、市武术馆校是严格按照中国武术协会的规章制度组织建立的。这体现了武馆成为传达和实践政府政策的一个载体。[2] 第六，彰显了中国"元素"的影响力。这不仅体现在武术动作精气神的高度统一性，而且在当代流行的舞龙舞狮更是向世人展示了中国丰富多彩的文化形象。并且，舞龙舞狮也被人们利用到了商业领域的庆典等场合，这也是习武集团对传统文化的贡献。第七，各武术馆社的纷纷成立，不仅为广大群众提供了强身健体的

---

[1] 王满福，施建明.山西民间武术社团现状分析［J］.体育文化导刊，2008（4）：83.
[2] 沈继松，郑勤.九十年代以来"民国"武馆研究综述［J］.体育文化导刊，2006（5）：95.

平台，也为武术的传承发扬奠定了物质基础。第八，根据拳种研究会章程以及拳种研究会举办的活动可以知道，武术单项拳种研究会促进了拳种自身的发展、传统文化的传播、推动全民健身计划的实施以及维护社会稳定等。① 第九，促进了武术的技术创新。任何行业都存在竞争，习武集团同样如此，在进行社会活动时，难免会有社会资源的相互争夺，这时就容易出现"正宗"与"山寨"的争论，然而，无论怎么争论，其结果就是加强自身技术水平的提高，这才是看家之本。所以，帮派意识的存在，一定程度上激发了习武人群进行不断地自我革命，只有不断地对传统文化去粗取精，不断加工，不断研发新技术才能使自己在行业中立足。

二、武术拜师的今昔对比

如今，武术圈的拜师有很多需要注意的细节，如有想要拜师的武术爱好者，首先需要向老师或者老师身边的亲朋好友了解相关的拜师程序和规则。然后主动找到老师表达自己想要拜师学艺的诚意。经老师考察同意之后，师父会选择一个好日子（一般很多人会选择自己的生日）举行拜师仪式。并邀请同门师兄弟或者师伯及师父的武林朋友等参加。在拜师那天，新入门的徒弟需按照本门规矩，亲自向师父递交拜师帖。台上需要供奉本门先人的牌位或挂像，并摆上相应的祭祀用品；门内的师兄弟坐成一排，社会各界人士另外坐一排，一般是面对面地呈两排落座。②

结合第三部分对清末武术社团的阐述，社团组织主要模仿武术的师承关系，以达到一个小圈子的团结一致。受到武术师承关系和武术社团的文化的影响，在社团中也就产生了社团的宗旨、师承关系、门规戒律、运行机制、团结一致、义字当头等文化。社团借助了师徒关系笼络社会人力资源，从而不管是擅长文化的还是擅长武技的，他们都被帮会这一组织给吸收进来，从而形成一个对社会有巨大影响力的综合体。当然，社团更多的是各种利益需求使不同身份、地位和职业的人走到一个群体中。可能很多社团的人不一定都像武术里面的拜师必须习武，讲究武德，但是却充分地利用了武术里面师徒之间情同父子的关系来发展自己的势力。这里再次体现了武术的"工具性"特点。

---

① 张善胜.北京市部分武术拳种研究会的现状调查[D].北京：北京体育大学，2007：5.
② 武术课堂.武术与拜师——仪式程序（简）[EB/OL].手机搜狐网，2017-11-09.

第八节　传播习武集团的正能量价值观

　　在物竞天择、适者生存的环境下，武术社团的活动极大地促进了武术技击水平的提高。浓厚的帮派意识，使得武术得到了较为广泛的传播。武术社团的社会文化史告诫当代习武集团，要求更好的生存环境，必须从自身进行变革，从本质上提高自己的技术理念，和时代紧密联系，才是当代武术发展需要着力思考的方向。

　　从精武体育会在"东亚病夫"背景下的蓬勃发展，到中央国术馆在军阀混战和外敌入侵背景下的曲折发展，再到当前体育强国、全民健身背景下的武术乱象，给人以深刻的启示：良好的社会背景是习武社团良性发展的基本保证，当代习武集团的表里关系应与社会背景趋同，积极发扬武术的内在价值，而不是使其蒙上一层神秘的面纱，相关的武术管理机构应该严格规范武术的传播。武术的拜师仪式应该随着社会的文化更新有所改进，而不是完全采取祖先们那套庄严"神秘"的仪式。

　　"拜师热"是部分人为了收取利益、笼络社会资源的工具。拜师导致了如今的师徒共演"隔山打牛"的乱象层出不穷；利益的诱惑导致门派之间内部斗争时有发生。究其原因，主要是当前商业因素的严重渗透，在利益面前，很多人丢掉自己的道德品质、武德等，为了利益不择手段；此外，制度方面的不完善也是有原因的，如对武术拜师的规范没有相关的明文条例，所以导致"大师"遍地是。

　　清末民初的武术流派属于秘密社团，他们黄赌毒无所不涉。当今社会属于信息化社会，各种资源都可通过快速的信息传递进行分享。协会与协会之间、社团与社团之间往往可以相互传递内部信息，在当今社会黄赌毒依然在一定范围内存在，甚至有的社团内部人员把国内相关的重要资料出卖到国外等非法行为也难免会发生，所以，在社团这样一种合法存在的组织中，应该规范其内部行为活动的管理，避免其他潜在的非法活动出现。

　　以洪帮、青帮等武术社团为例，他们团结在一起的主要原因是社会利益得不到保障，在外没有依靠，就连政府都不能提供他们最基本的安全保障和生存保障，为此，为了获取社会资源，他们只能拉帮结伙，以恶治恶，找到自己的一个安身立命之地。他们更多的是充满无奈，并不是他们喜欢打打杀杀的生活，但是在生存面前，他们别无选择，只有通过拉帮结伙的方式团结在一起才能生存。

以洪帮为代表的武术社团因为需要靠真功夫实战去生存，在社会环境形式的长期逼迫下，对拳师们的水平也提出了挑战，只有经得起实战的考验才可能在帮会中立足。因此，对拳师们的武技也会起到很大的强化作用，即物竞天择，适者生存的原理。在当今时代背景下，武术人必须认清自己的定位，即是健身武术还是搏击武术，还是两者都涉及，给自己清楚地定位以后，就不会有那么多人找麻烦了。

"国无德不兴，人无德不立。"习武集团在以武术为纽带所从事的活动中，处处强调习武人群自身的人格品质的培养，这种教育对国家起着促进社会和谐发展的作用，对个人起着增强人格魅力的作用。在技术领域，习武集团要求成员发扬吃苦耐劳的精神，不断提高自己的身体素质，一方面对自身能够起到一定的安全自卫的作用，另一方面又使参与人群的健康水平也得到改善。对国家而言，不仅减轻了国家的社会医疗负担，同时间接地为国家培养了大批潜在的军用人才，如习武之人多半具有过硬的身体素质和部队要求的散打技术等。

如今，武术拜师的随意性导致武术已经没有了武术本来的严谨性，武术文化的庄严性受到了极大的挑战。古代能够收徒的基本都是德高望重、才艺双馨的精通某一拳术之人，而如今业余学过几年武术的中年人，在经济利益的诱惑下也开始收徒。这不仅有损武术的权威性，更贬低了武术的人文价值。国家对武术的叩头拜师应该做出清晰的规定，进行登记考核，不达标者，一律不准收徒。这样就可以避免诸如街头师徒一同演戏的事例发生。

从全民健身、文化自信、体育强国的战略引导下，当代习武集团的正能量价值观是顺应时代的发展需求，也是寻求自身得以健康并长久发展的必然选择。为此，当代习武集团应该做好以下几点：一是拜师需要具有严谨的态度，需要有健康积极向上的门规，如有的师门在拜师时就明确规定坚决拥护共产党的领导，不做违法乱纪的事，不以武技欺人等；二是杜绝以武术的名义开展迷信活动，间接蒙骗他人的财物等；三是禁止门派之间相互诋毁，相互约架，在公共平台发布有损他人名誉或利益的信息；四是积极开展武术技术的开放性交流，而不是闭门造车，要把自己的核心技术加以推广和传承，摈弃"宁可失传，不可误传"的观念；五是武术人群应该传承和发扬张之江推行的"术德并重，文武兼修"思想,这样就可以在提高习武之人文化水平的基础上,增强习武人群的生存能力,进而减少习武人群以武术为生的依赖性,有利于武术非功利化地健康发展;六是坚决严惩"黑哨"事件,充分维护观众和运动员本身的利益,"黑哨"是扼杀全民体育精神的杀手,是把体育引向恶性发展的罪魁祸首,不利于一切体育运动的健康发展,因为没有公平和顽强拼搏的体育精神的体育比赛是在挑战观众的底线,势必会失去观众,如武僧一龙大战泰国拳王播求就让大量观众吐槽一龙。武术更是如此,当代无论是散打、拳击的打点得分,还是套路的带有明显个人主观色彩的审美评分,都因为政绩利益或者其他方面因素,导致比赛具有很强的功利性,比赛失去了观众,更失去了更多的参与者,与全民健身的理念简直是背道而驰。

第二章

江南武术的精神文化史论

江南武术精神文化是在江南地域中，以中华传统文化为背景，江南地域文化为核心，以武术技艺为外在表现形式，由江南地区的人们创造并贯串于人们的思维方式和行为习惯中，且与武术技艺有关的一切精神文化现象。

本章梳理了江南武术的精神文化内涵，对每个朝代的武术发展情况进行阐述，提炼江南武术的文化精神。研究过程中围绕着江南社会性质的历史背景，分为内乱、外患、平稳等不同时期进行论述。另外，通过罗列江南地区历代具有代表性的武林英雄人物，分析江南武术的人文精神。从而得出以下三方面结果。

江南武术的文化内涵：吴、越两国争霸是研究江南地区武术文化的历史源头。由于地理位置偏僻，战事相对于中原地区要少很多，为武术的多元化发展提供了机遇。而对江南地区的武术影响最大的是历史上三次重大的移民浪潮——永嘉之乱、安史之乱、靖康之难。大量的移民在带来优秀文化的同时，也加强了南北武术的交流与融合。重文轻武现象是历朝历代一直存在的现象，宋明理学的兴起，使武术的发展开始从尚武轻死逐渐向崇文敦礼转型。直到倭寇入侵和西方体育的流入，对武术的发展产生了巨大的冲击，新中国成立以后，武术走上竞技化路线，其健身、养生、娱乐等功能也逐渐得到人们的认同。

江南武术的文化精神在内乱时期主要体现为尚武轻死的剑胆精神和能击善舞的娱乐精神；在外患时期主要体现为敢为人先的开放精神和强国保种的尚武精神；在社会平稳时期主要体现为自强不息的拼搏精神和尚武崇德的谦让精神。武术文化精神属于价值层面的文化，最终的目的是服务于社会和习武受众。

江南武术的文化精神在典型人物中的不同体现：宗泽一生致力于抗金斗争，向世人展现了刚正不阿、淡泊名利、敢于反抗权贵、一身正气的个人品质，用其一生完美地诠释了什么是"爱国主义精神"；甘凤池体现出一种敢于斗争的

"侠义精神"，在为人处世中，秉持武德先行，给后世留下了"艺高德重"的美好形象，在其一生立志的"反清复明"中，体现出一种"爱国主义精神"。

第一节 武术精神文化的研究目的和意义

中华文化绚丽多彩，被称为"国粹"的武术文化是中华优秀传统文化的重要组成部分。中国国土幅员辽阔，民族成分复杂，在长期发展中武术的风格和表现形式产生了一定差异性。不同地域的武术文化深受时代背景和地理位置等因素的影响较大，从而挖掘出同一地区不同时代的武术文化内涵，进行纵向比较分析，提炼出武术文化精神。有助于丰富地域武术文化的内涵和中华民族精神。

在武术的漫长演变中，在不同的时期，不同的地域形成独特的武术文化。武术文化精神的价值便是这独特地域武术文化对当时乃至后世所产生的积极影响。通过对武术文化精神的提炼，既能提高人们对武术的重视，又能增强人们对于民族传统文化的认同感。

对地域武术文化精神的研究为时不长，目前研究大多都是局限于整体观和宏观性。本书试图从整体到部分，从宏观到微观，对江南地域内武术的精神文化史进行深入具体的研究。这不仅有利于江南地区传统武术的可持续发展，还有利于对中华武术整体结构的精细化把握。

研究江南地域内武术的发展脉络、相关人物或事件、武德与内涵等基本要素，剖析出该地区武术文化的形成原因与差异性。只有具体统一地深入对江南武术文化研究的各范畴，才能客观呈现出不同地域的武术文化在不同历史时期所包含的不同武术文化内涵，才能更深刻地理解武术文化精神的独特魅力与价值，才能更全面地解读地域武术文化史。故江南武术文化精神这一子课题的研究是江南武术文化史论纲这一母课题不可或缺的部分，具有重要意义。

武术的精神文化史是"江南武术文化史论纲"的一个重要组成部分。所以，我们要深入挖掘江南地域的武术文化，探讨江南武术文化的发展特征及其所反映出来的武术文化精神。地域文化反映的是不同地区特有的自然环境和人文背景，在时代的变迁中，地域文化是有区别于不同地区的独特品质。江南武术文化是江南文化的重要组成部分，了解江南的武术在不同历史时期的发展，能够清晰地梳理出武术精神对江南文化的内在影响,丰富人文情怀。加强人们对江南文化的全面了解,让武术运动更好地发展,让武术文化更好地融入人们的生活,让武术文化精神更好地激励人们。

从古至今,武术在不同历史时期的地位和作用各有不同。古代"国之大事,在祀与戎",习武的目的是为了上战场,夺取战争胜利,那时候的武术就是单纯的搏杀技能,在战火中武术的地位得到了充分提升。为了国家的胜利,人们不怕牺牲、自强不息的精神值得后人学习。统治阶级为了维护政权稳固而让民间禁武,但民间的习武之风一直存在。开宗立派,收徒授艺,习武之人特别注重武德的培养,行走江湖时行侠仗义,打抱不平,从而形成了"侠客精神"。武术从搏杀技到"点到为止"的友好交流,大大地提升了武术的文化内涵。习武者不仅仅要学习武术功法,更注重个人内在修养的培养。因此,要对不同历史时期的军事战争、英雄人物、英雄事迹等武术文化进行梳理,提炼出江南武术的文化精神,丰富武术的文化内涵,为后世提供积极的精神能量。

江南地区从以前经济和文化相对落后到现在全国经济、教育发展的领跑者,经历了历史性的转变,在与外界的交流和融合中形成了独特的江南水乡文化。武术在上千年的演变中形成了自身所特有的文化内涵,武术文化是江南文化的重要组成部分,对武术文化的梳理能够丰富江南的文化内涵。地域武术文化的发展受当地自然环境、人文环境的影响,地域武术文化精神是地域武术文化的凝结升华,也体现了不同地域武术文化的区别,所包含的江南武术的文化精神能够更好地丰富民族精神,提高人们的爱国情怀。

战争时期关乎民族存亡时,武术的精神文化主要体现在,人们通过习练武术,学习搏杀技能上战场报效祖国,立志为国家的存亡而拼搏;在各民族间的斗争中,江南地域经济和文化相对落后,武术的精神文化主要体现在与自然搏斗和部落斗争中形成的民族自觉和民族自醒。

非国家危难、外患入境之时,武术的精神文化主要体现在集众家技艺之所长,把武术的功能扩大,发掘武术的娱乐、健身、交际等社会功能。在经济、文化、制度落后的情况下,通过武术的精神文化来提升人们的精神能量。和平年代,文化国际化发展,武术与西方体育冲突与交融,武术的精神文化主要体现在体育精神、文化精神和民族精神中。武术不仅能够传承和发扬中华传统文化,也能起到健身、娱乐的作用。

第二节 历代武术精神的文化内涵梳理

一、古代武术精神文化内涵

武术由简单搏杀到形成文化体系，则是一个由"武"到"术"的过程，而最终达到"术道并举"才能升华为武术文化精神。学者郭守靖从文化学视觉，对中国孔子的武术精神进行研究，在《文化学视野下孔子的武术精神》中总结出："武术精神是武术的思想精髓，是武术的灵魂。孔子教育'六艺'中的武术价值观主要包含了仁义之勇的道德观，文武兼备的身体观。形成尚武崇德、服务社会、求和谐、爱祖国的武术精神。"[①] 陆小黑博士从哲学视觉全面地论述了武术精神，在《中国武术精神要义研究》中得出结论："中国武术的哲学精神是在武术技艺的修行过程中，感知宇宙和自然的规律与法则，通过经验的总结运用在个体行为和实践活动之中，把握武术中的哲学价值。"[②]

在不同英雄人物身上所体现的武术精神具有明显的个性特征，赵姗姗在《"李小龙武术精神"对大学生心理健康的正面影响分析》中，提炼出李小龙的武术精神。包括"强烈的爱国精神和民族情结，坚忍不拔的自强精神，集众家之所长、虚心求教的宽阔胸怀和强烈的创新意识，学无止境、精益求精、永不满足的武精神"[③]。苗杰在《"叶问"传达出的武术精神》中总结出叶问的武术精神，包括"宽厚谦让的精神，仗义济民的精神，自强不息的精神，尚武崇德的精神，勇于牺牲的精神，爱国主义精神"[④]。

而研究最多的就是武术文化精神对当代社会的影响及所表现出的时代价值。郑旭旭在《武术精神的当代价值》中提倡武术的技击性，认为武术精神体现出"'武德先行、刚健有为，诚信担当、义勇果敢，友善守礼、知行合一'精神。

---

① 郭守靖．文化学视野下孔子的武术精神［J］．北京体育大学学报，2009，32（4）：27-30.
② 陆小黑．中国武术精神要义研究［D］．苏州：苏州大学，2015：59.
③ 赵姗姗．"李小龙武术精神"对大学生心理健康的正面影响分析［J］．中华武术（研究），2011，1（3）：44-46.
④ 苗杰．《叶问》传达出的武术精神［J］．电影文学，2012（17）：52-53.

武术精神的当代价值,主要在于青少年'勇气与担当'个性的养成"①。初宇驰在《论武术精神在当代社会的价值体现》中提出:"武术在每个时期都有它不同的表现形式。"在当代社会,武术显然不能以一种"两肋插刀"的形式呈现出来,更多情况下,它应该以武术精神来指引我们的生活,具体表现为"自强不息"精神、"侠"精神、"爱国精神"和"和谐精神"等,以及"尊师重道""孝亲为民"等精神。②

武术精神在不同历史时期有着不同的时代价值,不论是从不同学科视觉,还是以武术人物为代表,都是为了让武术精神体现得更细致、更具体,所提炼的武术精神主要体现在个人意志品质方面和国家层面的民族精神。而中国武术文化有着明显的地域性,不同地域的武术所体现的文化精神具有差异性,本章试图从整体与部分的关系出发,以江南地域为切入点对该地域的武术文化内涵进行分析,从而提炼出江南武术的文化精神在不同时期的价值体现。既能丰富中华武术精神内涵,还能突出江南地域武术文化的独特性。

在原始社会时期,武术的发展还处在萌芽阶段,没有完善的技术与思想体系。恶劣的自然条件下,人类为了生存必须与野兽斗争,适应自然环境所带来的威胁,在这一时期武术只是简单的搏斗。

春秋战国时期,是江南地区武术发展的重要时期,主要体现在吴越两国争霸,这个时期中华传统文化的发展呈现百家争鸣的状态,是中华文明发展的萌芽时期,同时也丰富武术文化的发展。吴越争霸,让武术的历史地位达到一个新的高度,吴、越曾是一片荒芜的"荆蛮之地",人们不仅需要克服恶劣的自然环境,还要预防邻国的攻击。武术就是人们防身自卫、保卫国土的必练技能,统治阶级十分重视武术技能的训练,到处招贤纳士,储备军事力量。吴越地处东南沿海,水网密布,河流众多,两军交战时,主要是以陆战和水战为主,陆战要乘舆(战车),则需要提高士兵的击剑水平;水战要乘舟(战舰),对兵器的要求就是在远距离也有杀伤力,弓弩就是首要选择。而当时的局势是吴强越弱,越国为了提高军队作战水平,根据实际情况有针对性地发展兵力。范蠡听

---

① 郑旭旭,周永盛. 武术精神的当代价值 [J]. 中华武术(研究), 2015 (8-9): 90-95.
② 初宇驰. 论武术精神在当代社会的价值体现 [J]. 中华武术(研究), 2015 (8-9): 130-136.

说越国的南林有一位精通剑术的女子，就聘请她前来训练士兵。越女向越王介绍了用剑的道理和技术，其剑术的基本原则是："'内实精神，外示安仪'，外表有如温柔的女子，一旦攻击起来便似下山猛虎。"① 楚国有一位名叫陈音的射箭高手，越国聘请他到军队中训练射箭。通过专门的训练，士兵的战斗能力迅速提升，为越国破吴提供了军事保证。

吴越之战中年轻的勾践打败吴王阖闾，夫差成为吴国新的君王，而此时的越王勾践准备攻打吴国。两军在夫椒交战，越军死伤无数，大败而逃，被困于会稽山，这也是越王勾践卧薪尝胆的开始。吴王夫差四年，即越王勾践五年（前492），越王由君主变为奴隶，在那个舍身取义的年代，尊严比生命更加宝贵，但这也是保存性命和国家社稷的唯一选择。在范蠡的劝说下，为了国家的安危和争霸天下的理想，勾践忍气吞声，忍辱负重，每天小心地伺候着吴国的君臣，而且随时都有生命危险。在吴国的三年里，始终秉承着一个"忍"字，能忍人之所不能忍，而且忍得有水平，忍得有深度。在这三年里勾践对夫差表现出无比"忠心"，所做的一切都是为了回到越国，为了取得夫差的信任，在夫差生病时愿意给他"尝粪"来表示忠诚。也是因为此举彻底打破了夫差的心理防线，能够做到如此地步以表忠心，勾践所做的一切终于得到了回报，夫差决定放勾践回越国。勾践八年，吴国隆重举行了"勾践回国欢送仪式"。

勾践回国后，并没有享受荣华富贵，而是准备复仇计划。也正是在吴国卧薪尝胆的这三年让他明白了很多道理，他比以前更加坚强和隐忍。最后用了十七年时间，消灭了强大的吴国，使越国走向巅峰，勾践是一个真正的强者。

春秋战国时期，乱世纷争，各国之间的战争形式达到顶峰，军事理论不断丰富。其中的《孙子兵法》《吴子兵法》和《孙膑兵法》都是在战争中总结出来的军事理论。而且还渗透出中国古代的哲学思想。武器装备是军事战争成败的主要因素之一。剑是这一时期的主要兵器，因此出现了很多铸剑大师，如欧冶子、干将、莫邪等，打造出许多有名的宝剑，如吴王夫差剑、越王勾践剑、越王州句剑和鱼肠剑，等等，不断丰富了武术文化中的剑文化内涵。当时盛行佩剑和论剑之风，形成"剑崇拜"。太史公将论剑提升到与道同符的高度，这已大大超出了剑的实战性效应，侧重表达了"剑"所代表的人文精神、特殊文化

---

① 钱笠. 吴越春秋 [M]. 南京：江苏人民出版社，2012：270.

内涵和社会教化功能。① 越女论剑从内在层面来说展现的是一种不屈不挠的精神，从外在层面来说展现出来的却是安静祥和的状态，体现出当时的剑术发展已经逐渐理论化和系统化。文化的繁盛也不断地给武术注入了新的思想内涵。

公元前221年，秦始皇建立秦朝，进入封建主义社会。统治者为了保护政权不受威胁，防止百姓造反起义。曾下令严禁民间习武，把收缴来的兵器"销以为钟鐻，金人十二，重各千石，置廷宫中"②。这一举措限制了武术在民间的发展，使得应用于军事战争的武术逐渐与实战脱离。在备战军事之余，被宫廷拿来娱乐消遣，发展出一种娱乐模式，叫作"角抵戏"。武术的表现形式发生改变，促进了武术娱乐化的发展，为武术的发展开辟了一条新的道路。统治者为了强化中央集权，实行繁重的徭役、兵役、赋役等。黎民百姓只能揭竿而起，走上了推翻封建统治的道路，武术的实战作用又被重拾，受到重视。秦朝从建国到灭国短短十余载，却开发了武术的娱乐功能，在反对强权，抵制压迫的时刻武术能够继续发挥它的实战性功能，让人们为了保卫自己的家园为努力奋斗。

两汉时期内忧外患，西汉和匈奴的战争是中国古代史上很重要的篇章。战争规模巨大，延续时间长久，对当时以及后来中国历史的发展都产生了巨大的影响。匈奴以骑兵为主，机动灵活。而骑兵交战以砍杀为主，很少有击刺类动作。而剑在砍杀的时候没有刀来得方便，因此刀在战争中得到重视，逐渐取代了剑的地位，剑的军用价值大大降低。但是剑并没有因此没落，只是换了一种方式存在，从战场走向社会大众。佩剑成了社会风气，上至皇帝，下至文武百官，都会在腰间佩戴一把宝剑。

三国时期魏、蜀、吴三足鼎立，战争异常频繁，给诸家武艺创造了施展拳脚的天地。这一时期相当于春秋战国时期，军事战争主要目的是为了统一全国。"东汉时期，吴越地区人口数量逐渐增加，士族阶级形成，有了一定的文化成就。但在全国政治、经济、军事等方面，仍处于无足轻重的地位。"③ 公元229年，孙权正式称帝，通过一系列的政策和举措，招贤纳士，招募来自淮、泗地区的士人。他极力处理好江东豪族的关系，最后与江东贵族建立了密不可分的战略联盟关系。由张昭、周瑜等人辅佐，孙权在吴越地区建立的东吴政权，成

---

① 邱丕相. 中国武术史 [M]. 北京：高等教育出版社，2008：28.
② 司马迁. 史记·秦始皇本纪 [M]. 北京：中华书局，1999.
③ 董楚平. 吴越文化的三次发展机遇 [J]. 浙江社会科学，2001（5）：133-138.

为三国中的强国之一。从此吴越地区不再是无足轻重的荆蛮之地,而能够与中原地区的大国相抗衡。① 吴越之地从地广人稀到此时成为三国之一,大量外来的豪杰和难民正是当时所需要的人才和劳动力。人口的流动也促进了武术的交流与发展。国家战乱,社会动荡,生死无常。提高军队作战能力才能驰骋战场,提高自身武艺才能更好地生存,武术仍然是建立政权的主角。这一时期武术的价值再次得到提升,表现在军事素养、武术书籍和器械等方面的进一步丰富。

两晋南北朝也是战乱不断,导致大量的人口迁移,带来了别样的风土人情,使南北武术也得到了相互吸收、融合的机会,推动了武术的进一步发展。动荡的社会对武术发展的影响也有双面性,一方面两晋时期士族阶级腐化堕落,阻碍了武术的发展;另一方面,由于长期处于战乱中,谁的军事实力雄厚就可以称霸天下,从而提高了武术的重要性。

人口的迁移对吴越地区产生了巨大影响,最著名的就是"永嘉之乱"。永嘉南渡的移民不仅是数量多,而且移民的素质都很高,大多是皇室贵族、文学人士和官僚地主。人口的南迁使南方和北方在习武方面形成了对比。北方大多是游牧民族,善骑马射箭,勇猛彪悍。人口的流动,也把北方崇尚武艺的习俗带到南方,促进了南方武术的发展。南北朝时,佛教在吴越地区开始迅速发展,佛学与武学的融合,丰富了武术的文化内涵,促进了武术的发展。少林拳应运而生,开始了"天下功夫出少林"的传奇之路。

中国古代武术发展的又一朵奇葩,即养生导引术。于两晋南北朝时进入全新发展时期,葛洪(284—364)是吴越地区的养生家,也是养生导引术的代表人物,他主张把肢体练习和练意行气等各种养生方法相结合,达到"内外兼修"的效果。如果说技击有术、武舞有套、套路有谱的架构以前尚未成形的话,两晋南北朝时期的历史资料雄辩地证明,这种架构至此已经完成。② 这一时期的武术已经具有多种价值功能,如军事价值、健身养生价值和表演价值。武术文化内涵得到大量补充,在原有的基础上还出现了拳谱,是武术走向成熟的显著标志。导引养生术的发展,使武术能够达到内外兼修的效果。佛教文化传入并融入中国传统文化,武术文化从中汲取营养而不断丰富其文化内涵。

隋唐时期在中国历史上是一个承上启下的转折时期,结束了东晋以来两百

---

① 董楚平. 吴越文化的三次发展机遇 [J]. 浙江社会科学, 2001 (5): 133 – 138.
② 邱丕相. 中国武术史 [M]. 北京: 高等教育出版社, 2008: 28.

多年的分裂和战争，重新统一了全国。具有空前繁荣的经济、灿烂辉煌的文化和强大的统治者。特别是农业的发展，促进了社会分工明确，为政治、经济、文化的发展奠定了坚实的物质基础。历朝历代的社会更替和战争有着直接的关系，长期的战争也促进了军事理论的发展。在古代被称为"武经七书"中的《李卫公问对》就是唐朝李靖对多年战争军事的经验总结。

隋末唐初时期，军队实行"府兵制"。主要的兵员来自农民，兵农不再分离，要求在农忙之余苦练武艺，能够在没有战乱的时候保护自身安全，国家需要打仗时能够随时建立一支强有力的军队。武术的发展和社会发展是相互依存的，不断地向前发展。但是在封建社会中武术的发展总体趋势受统治阶级意志的影响，每当一个朝代建立，统治者就会想办法禁武。其目的是为了维护统治者的政权，每当权力受到威胁时又会培养为其效力的勇士。

唐朝灭亡之后，在中原地区以及附近区域形成了多个政权，合称五代十国。[①] 吴越地区是吴越国，由钱镠所建，定都杭州，远离中原并没有重大战事，国家相对安定。对吴越影响最大的是"安史之乱"，南北格局发生根本性改变。安史之乱是中国历史人口南北比重的分水岭，此前北方人口居多，此后南方人口逐渐超越北方，而且进一步向东南地区集中。[②] 繁荣的经济、安定的社会环境促使人们生活的物质水平逐渐提升。为了满足生活水平的需要，角抵戏在吴越国十分盛行。并且钱镠对于角抵戏也十分喜爱，史称其"少拳勇，喜任侠"。

随着隋唐五代社会的发展，武术文化的内涵得以充实和完善，社会的和谐以及习武成风的人文环境给武术的发展提供良好的保障。主要包括唐朝女皇帝武则天设立武举制使武术的历史地位得到了肯定，能够更科学地选拔武学人才。武术的发展逐渐规范化、系统化，从此武术的社会需求增加，规模也随之扩大。隋唐时期"角抵戏"再次兴盛。剑在隋唐已经退出军事舞台，但在民间开始兴起，剑开始被赋予神圣和神秘的特征，唐代诗人常常用剑来寄托他们的理想抱负。武术器械更加多样，分为射远兵器、长兵器、短兵器，分类更加细致，面对不同的战局能够运用不同的兵器应对。武术与艺术的结合产生了一种新的表现形式，那就是武舞，为武术的发展开辟了一条新的道路。武术与戏剧的融合，开创了武术发展的另一种新形式。武术发展从单元化开始走向多元化。

---

① 张泽咸. 五代十国史 [M]. 北京：中国大百科全书出版社，2012.
② 董楚平. 吴越文化的三次发展机遇 [J]. 浙江社会科学，2001（5）：133-138.

>>> 第二章 江南武术的精神文化史论

公元960年，北宋王朝建立。到1279年，元灭南宋为止，历时320年。元朝（1271—1368）从政权的建立到灭亡不足一百年，国家版图很大，但是统治者不善于管理，导致国家政权很快就分崩瓦解。宋元时期多个民族政权长期对立，并长期处于战争状态，北宋时期主要的战争是来自甘肃、宁夏一带的西夏，内蒙古地区的辽和东北地区女真族的金。首都都是位于中原地区，军队主要以步兵为主，武器方面逐渐开始出现"热兵器"，火器被应用于战场上，但是还不能完全取代冷兵器。为了政权的需要培养了大量的禁军，主要是驻守都城，十分注重武艺的训练，随时都要接受统治者的检阅。东京左右两厢禁军从各地军队和民间征召精于武艺和杂技百戏的人。他们习练武艺目的就是为了表演，包含了两人对练、多人对练、集体表演、剑舞和相扑等丰富内容。① 军事武艺的价值改变促进了武术的多元化发展，为民间武术的发展提供了更多的资源。在中国武术的发展过程中，军事武艺和民间武术在发展中相互影响，相互促进。都注重武术技艺的"技击性"，应用于实战中。只是军事武艺和民间武术在内容形式、价值功能、武术器械等方面产生了差异性。因此武术的发展更加多元化，习练人群复杂多样，有利于武术的发展。

宋元时期，武举制再度兴起，并不是一味地照搬照抄，而是在传承中加以创新和发展。考试科目分为两项武艺和程文，不仅要理解其中的内涵，还要学以致用，选拔要求十分严苛。武举制的产生也造就了武学体制的出现，对武学的记载文献开始涌现，《东京梦华录》《武经总要》《武经七书》《角力记》等文献的出现，为后人研究武学与历史提供了重要的资料。其中，"《角力记》是我国现存最早的一部角力专著，也是我国体育史上最早的一部体育史论著"②。

中国古代历史上，每一个新王朝的建立都会不同程度地对民间实行禁武。而元朝时期辽阔的国土面积和民族成分的复杂，实行民间禁武主要是为了保持国家稳定和政治权利的集中。对于民间私藏兵器不仅制定了禁条，还制定了精细的处罚条款。"枪若刀若弩私有十件者，处死；五件以上，杖九十七，徒三年……弓箭私有十副者，处死……凡弓一，箭三十，为一副。"③ 由此不难看出元朝的禁武力度是很大的。

---

① 于莹，董芳. 宋元时期的武术发展研究［J］. 搏击（武术科学），2006（6）：4-5.
② 邱丕相. 中国武术史［M］. 北京：高等教育出版社，2008：96.
③ 宋濂等. 元史·刑法志［M］. 北京：中华书局，1976.

宋元时期民间武术得到迅速发展主要是因为热兵器时代的到来，武术的实战性和表演性共存。内忧外患的社会环境，民间习武不仅能够保证自身的安全，强身健体，还可以上战场杀敌。特别是南宋时期，1127年，金国攻占了开封，北宋灭亡，在逃亡的过程中赵构称帝，开启南宋王朝的新篇章。迫于北方的压力，首都搬迁至临安（今浙江杭州）。历史上著名的"靖康之难"就是发生在这一时期，北方大量人口南迁，其中包括很多的精英分子。从此长江中下游成了各路英才的聚集地，中国经济重心的南移和海外贸易的发展，使吴越地区成了经济、文化最发达的地区。经济、文化发展，人们的物质生活水平提高。众所周知，"中国经济重心自唐代'安史之乱'以后逐渐开始南移，至南宋始告完成，此后再也没有发生过逆转。"① 物质生活水平的提高，精神生活也会随之改变，民间习练武术不仅是为保家卫国，武术在表演、强身健体、娱乐等方面的价值得到充分展现。主要包括民间结社组织的成立主要是为了抵抗金兵南侵，民间自发性的组织队伍保卫家园。其中，角社（相扑）、锦标社（射弩）、英略社（使棒）都是和武艺有直接关系的结社组织。而瓦舍勾栏的表演，使武术成了生存谋生的另一种手段。《梦粱录》载："瓦舍者，谓其，来时瓦合，去时瓦解之义。易聚易散也，不知起于何时。"② 就相当于街头卖艺，为了吸引更多的围观群众，每当在正式表演之前会穿插一些别的节目来预热。如"瓦市相扑者，乃路岐人集聚一等伴侣，以图手之资。先以女数对打套子，令人观睹，然后以膂力者争交"③。这种具有一定动作排列组合和按照顺序进行演练的"套子"表演在南宋已经形成，对后世的武术套路发展奠定了理论基础。

角抵戏从秦朝发展至今已经相当成熟，据《梦粱录》记载："若论护国寺南高峰露台争交，须择诸道州郡膂力高强，天下无对者，方可夺其赏。如头赏者，旗帐、银杯、彩缎、锦袄、官会、马匹而已。"④ 这种"角抵擂台赛"有专门的比赛规则、裁判和奖品。再说杂剧小说与武术的交流，"杂剧"初见于唐朝，到了宋代逐渐发展成为一种新的表演形式，内容更加丰富。"宋杂剧产生主要是融合了歌舞戏、参军戏、歌舞、说唱、词调、民间歌曲等艺术传统。"⑤ 而且杂剧

---

① 何忠礼. 南宋全史. 政治军事和民族关系卷［M］. 上海：上海古籍出版社，2011.
② 吴自牧. 梦粱录·瓦舍［M］. 杭州：浙江人民出版社，1980：179
③ 吴自牧. 梦粱录·角觝［M］. 杭州：浙江人民出版社，1980：195
④ 吴自牧. 梦粱录·角觝［M］. 杭州：浙江人民出版社，1980：195
⑤ 邱丕相. 中国武术史［M］. 北京：高等教育出版社，2008：28.

中包含了大量的武打内容。宋元时期，中国古代的导引、气功等传统养生术也发展了数千年，逐渐开始走向成熟。健身养生从中国传统哲学和医学中汲取营养丰富自身的文化内涵，在文化理论和方法中具有与众不同独特性。①

宋元时期，军事武艺和民间武术共同发展，与其他文化相互交融，相互吸收。体现了武术文化强大的兼容性和可塑性，加上宋元时期繁荣的经济和稳定的社会环境，武术的发展能够左右逢源，如鱼得水，充分吸收中国传统优秀文化的养分。在不同的时代、不同的社会背景、不同的社会需求下武术总能发挥它本身所拥有的价值。武学的出现使武术的发展更加系统与规范。武术不仅能够满足当时物质文化的需要，还能够满足人们对精神文化的需求。宋元时期的"角抵擂台赛"相当于现代的竞技体育，所以这一时期的武术不仅具有实战功能、健身功能、娱乐表演功能，而且还具有竞技功能价值。现代武术所包含的功能价值在宋元时期已经都具备了。

1368年初，朱元璋领导农民起义，消灭元朝统一全国，建立明朝，定都南京。明朝主要面对的军事压力来自北方的蒙古、后金少数民族以及倭寇的入侵。武术在宋元时期一直处于禁止和被打压状态，明朝时期为了满足战争的需要，武术再次得到政府的支持，民间的禁武条令得到解除。朱元璋在位期间并没有延用前朝的武举制，他不愿意文、武分途，希望能够培养出文武兼备的人才。直到英宗时期武举制才重新采用，一直沿用至明末，培养了大批军事人才，抗倭英雄俞大猷和戚继光就是武举制考试选拔出来的人才。

清朝时期为了维护政治稳定，武术再次受到打压，从台前走向幕后。军事战争中大量使用火器，使得武术的发展重心走向民间，军事武艺和民间武术的发展方向发生改变，军事武艺还是一如既往的"杀人术"，强调武术的实战性。而民间武术开始走向"花法武艺"，以表演性为主，技击性逐渐丢失。武举制在清末时期也被永久性废止。

明清时期武术进入多元化发展的鼎盛时期，火器的到来，彻底改变了武术在军事战场上的作用。以前军事武艺中的各种兵器被淘汰，于是摆脱了军事的束缚而流向民间，并发展壮大。由于地理位置、人文环境和交通不便等因素，武术也有了南、北之分。武术流派和帮派应运而生，说明武术的技击技术已经完善和规范化，有了逐渐稳定的技术结构体系和理论思想体系，并开始有了传

---

① 任海. 中国古代武术[M]. 北京：商务印书馆，1996.

承机制。古代流派一般按照拳种、地域和技术特点三种形式来划分。在武术内容设计上不再是以单纯的实战性为出发点，民间武术会根据自身的需要自由发展。武术的娱乐性、健身性、表演性得到人们的青睐。明朝定都南京，吴越地区作为政治、经济和文化的中心圈，其发达的商品经济提供了坚实的物质基础保障，使武术的各种功能得到迅速发展。

明清时期的武术文化内涵不仅是技术上的丰富，武术理论体系的完善更好地给武术技术提供理论支撑。拳谱的出现方便了武术的授学与传承，军事战争中总结出大量武术著作，《武编》《正气堂集》《纪效新书》《练兵实纪》《阵纪》《江南经略》等都是对于武术军事价值的总结。① 清代民间以宗教和秘密结社为形式的武术活动是主要的传承途径，如义和团、太平天国、小刀会、天地会、白莲教等。清代武术与导引养生的结合达到巅峰，内家拳与外家拳的出现影响至今，武术与中华传统哲学、兵学、美学、医学的融合为内家拳的技术特点和武学理论提供重要文化内涵。

二、近代武术精神的文化内涵

民国时期（1912—1949）历时38年，武术的发展所面临的最大挑战就是西方体育的流入和鸦片对国人的侵蚀。从宋朝以来的重文轻武现象一直延续至今，社会风气转向内敛，加上西方国家用鸦片蚕食着国人的身体和灵魂。而吴越地区的上海作为全国经济中心，是中国与世界交流的门户，同时便利的地理位置和繁荣的经济实力也成了侵略者攻击的目标。外有列强侵略，内又国贫民弱，内忧外患之际，先秦时期以来的尚武精神被重新点燃。人们对武术的重视日益提高，强种与救国的号召开始得到相应，救国需强种，强种需强身。武术回归校园为国家培养人才，提高身体素质，政府和民间组织为武术的发展创造了条件。

精武体育会是民间自发组织的社会团体，以霍元甲、陈英士为首于1909年在上海创办"精武体操学校"，1910年改名为"精武体育会"。民间响应者越来越多，社团日益壮大。精武体育会的分会如雨后春笋在全国各地兴起，以上海精武会为总会，向大中小城市以及海外华侨集聚的地方发展。"根据数据统计得知，精武体育会发展至1928年前后，总共成立分会42处，会员人数高达约40

---

① 邱丕相. 中国武术史［M］. 北京：高等教育出版社，2008：106.

余万人，为武术的发展和传播提供了更大的舞台。"①

摒弃门户之见，打破陈规旧俗，武术发展呈现新面貌。为了更好地发展精武体育会，组织者聘请各地有名的拳师来教授拳术，不争一家一派的输赢，荟萃黄河流域、长江流域和珠海流域的名师于麾下共同发展精武体育会，推动武术的发展。更值得注意的是积极鼓励女子习武。在中国传统的武术传承里只传内不传外、只传男性不传女性的习惯，使得各门各派闭门造车，男女习武比例严重失衡。精武体育会敢为人先，倡导武术大糅合，门派之间相互交流，相互砥砺，优者以兔、劣者以奋的新风尚。大力主张男女平等的观念。

精武体育会虽然只是民间社团组织，也没有得到政府的资金支持，但仍然能够不断发展壮大，推广至海外。武术的尚武精神就像是一针"强心剂"，为此时的病态社会治病疗伤。武术社团是社会的黏合剂，是提高人们凝聚力的媒介。精武体育会提升了武术的社会价值，改变了国人对于武术的态度，从而使武术的娱乐、审美等价值得以拓展，激起人们内心的尚武精神，提高民族凝聚力。②

1928年，在南京建立"中央国术馆"，强调武术的重要性，以增进全民健康为宗旨。直接由政府财政部拨款运行，以中央为主导，有目的、有计划、有组织地发展武术运动，具有强大的权威性。中央国术馆从建立到抗日战争前夕拥有十年辉煌时期，对武术的发展具有重大意义。在强种救国的意愿下，参与武术的习练对于个人来说，不仅可以提高身体素质，还可以提升意志品质，对于国家来说增强了国家竞争力，提升综合国力。如张之江所云：如果一个人的身体不健康，即使科学技术有了新的突破，如果没有健康的体魄这些都是无用的，还怎么去实现人生价值，怎么去抵抗外力克服困难？对于大众来说，如果体质太差的话做什么都不会成功。③ 因此为了全面提高国人体质，学校开展武术课程增强青年体质，且鼓励女性积极参与武术活动。

民国时期的武术发展以"精武体育会"和"中央国术馆"两大体系为主。两者都是以武术为主的体育社团，在组织方式、组织活动和组织成效上面有所

---

① 彭跃清. 精武体育会对我国武术发展的影响 [J]. 体育文化导刊, 2011 (6): 109 - 112.
② 易剑东. 精武体育会和中央国术馆的比较研究——民国武术的组织社会学探索 [J]. 体育文史, 1995 (6): 19 - 22.
③ 张之江. 中央国术馆馆长张之江先生范平欢迎记·张之江馆长讲演词 [J]. 体育月刊, 1936 (9): 19.

不同，但是在武术发展和重视的程度上都是一致的，三者在通过武术为媒介，提高人们的身体素质的同时，也激励了人们的爱国主义情怀，增强了人们的凝聚力和对于民族的认同感。为武术在新时代更好地发展找到了突破口，促进武术作为民俗文化向体育文化演进。国家层面，重新重视武术在军事战争中的价值，提高军人战斗力是关键，当时这种思想让武术重新走向历史大舞台。社会层面，武术运动的体育化是一种新的突破和发展方向，受到西方体育的冲击，武术并没有因此落寞，经历了外强凌辱的悲剧后，在复杂的社会环境中，人们对于武术强国的意愿更加渴望。个人层面，西方体育带来的巨大冲击，并没有取代武术的历史地位，反而使武术得到人们的更加重视，武术的尚武精神重新唤起人们的民族、文化认同感，为武术的传承与发展找到更好的归宿。

三、当代武术精神的文化内涵

中华人民共和国成立以后，武术的发展并不是一帆风顺，和国家的政治、经济、文化环境有着密切的联系。1950年，武术被正式划分到体育部门，成为体育运动的一个发展项目，成为学校体育授课的一部分。受竞技体育的影响，竞技武术率先发展，1987年第六届全国运动会上，武术被正式列为比赛项目。1990年，第十一届亚洲运动会上武术被正式列为比赛项目，武术成功进入亚运会，提高了武术的知名度。武术发展的社会化也是顺应时代发展的需要，随着生活水平的提高，竞技体育开展地如火如荼的时候，群众体育逐渐发展起来。为了更好地促进群众体育的发展，国家颁布了《全民健身计划纲要》，为武术的发展提供了更大的舞台。

学校体育作为学校教学大纲的重要组成部分。积极有序地发展学校体育，既能增强学生的身体素质，使学生掌握更多的身体技能，又能提高课余生活的趣味性。学校体育既能提高学生的身体素质，又能在体育运动中锻炼学生坚忍不拔的意志力。武术从古流传至今，一直顺应着时代发展的需要。为了能够让这项古老技艺一直传承下去，国家制定教学大纲，积极鼓励武术进校园，使武术正式进入学校教育的范畴。学校武术的培养对象主要是青少年学生，通过武术技能的练习和文化理论的学习进行有目的、有计划、有意识的针对性教育。

从武术教育的普及效果来看，武术教学主要在高等院发展。在江南地区最具影响力的当属成立于1952年的上海体育学院和成立于1958年的南京体育学院。自成立开始为全国输送了大量武术人才和科研人才，对武术的传承和发展起到了积极的作用。其中上海体育学院在1958年设立了武术系，加强了教学内容上武术课程的比重。1982年，上海体育学院拥有了武术理论与方法硕士学位授权点，经过不断的努力和对武术发展的贡献，上海体育学院于1997年成为全国唯一的武术博士学位授权点，这对武术的发展具有历史性的意义。

21世纪，学校教育中武术课程的教学内容由原来的一体化、统一化向多元化、多样化的方向发展。中小学的武术课程主要是普及武术基础知识和技能，让学生了解武术，并通过参与武术的锻炼对其产生兴趣。从小学、初中、高中有层次性地培养，才能使武术在学校教育中健全发展。在武术进校园的大背景下，鼓励以地方为单位，编写教材，把当地特有的武术文化编入教材，既能弘扬武术运动，又能展现地方特色。因此，江苏省苏州市的"越溪实验小学与苏州大学体育学院联手，编制了以船拳为素材的校本教材《溪小拳影》。并在2010年6月，越溪实验小学成为江南船拳文化研究中心"[①]。

武术运动作为体育项目的一部分，又是中国优秀传统文化的一部分，武术运动由刚开始的健身功能逐渐向竞技化发展，这为武术的发展增添色彩。武术在古代强调以和为贵，注重养生，竞争性较低。现如今开始借鉴现代竞技的发展，增强武术的竞技性。竞技武术主要以套路和散打两大内容为主，武术进奥运会是每个武术工作者的追求，为了适应奥林匹克赛场，参照奥运会项目中的体操，为武术运动量身定制了比赛规程。按照竞技体育的运行模式发展，分成不同组别，不同子项目。为了统一评分标准，对武术动作有了技术化规定，同样向"高、难、美、新"方向发展，武术的套路化充分挖掘了武术的表演性价值。而另一种散打形式，主要突出的是武术的技击性，继承了传统武术的实战性。中国武术职业联赛（Wushu Masters Association），简称WMA。以俱乐部的形式参赛，通过竞技化发展使武术产业得以发展。武术运动的竞技化也是在发展中不断自我创新，从实践中找到武术在社会主义新时期的发展方向，走向大众，走进生活。由于国家的发展重视，地方各单位积极响应，成立武术队，参加各类比赛。江南地区的竞技武术发展也顺应时代发展需要，积极投入武术训练工作中。如1958年上海为参加第一届全国武术运动会，成立了上海市武术集训队，全国运动会结束后正式成立市队；1958年江苏省体委召开了全省武术工作会议，随后在南京成立了江苏省武术队；等等。

[①] 秦琦峰. 苏州越溪船拳民俗体育文化的初探[J]. 出国与就业, 2011 (24): 146.

武术运动的社会化、大众化是时代发展的产物。不同的发展时期，不同的国际政治环境、经济基础条件下，一切事物的发展都离不开国家发展的需要。国家为了使竞技体育追赶上世界其他国家，模仿苏联发展模式，在整个国家完全处于生产资料公有制和计划经济体制的条件下，对体育的发展实行"举国体制"。在一定时期内，集中人力、物力、财力发展体育运动，武术的发展也走向竞技化。自从改革开放以来，市场经济占主导地位。中国体育的发展迅速走向世界的前列，已成为体育大国，并向体育强国前进。人民对于奥运金牌的意识逐渐淡化，而转向群众性体育。武术的发展也不再是一味地竞技化，现在武术的大众化发展才是主流。大众武术是竞技武术的基础，主要是普及和推广武术，增加参与武术活动的人口，为其培养后备人才。竞技武术能提高知名度，让社会大众更好地了解武术，为大众武术培养优秀的体育社会指导员（武术）。

全民健身计划为武术的社会化发展提供了更大舞台。在竞技体育全面登上世界大舞台的时候，促进群众体育的发展成为体育工作的首要问题。1995年，由国务院正式发布《全民健身计划纲要》，这是一个"功在当代，利在千秋"的宏伟计划。全民健身是社会进步和经济发展的需要，是体现一个国家和民族的活力表现。强盛的体育不仅能够体现出社会的文明和进步，还能为建设特色社会主义注入正能量。[①] 武术运动是全民健身运动中的重要组成部分。不受场地、器材的限制，而且可选择的内容十分丰富，练习形式多种多样；具有强身健体，修身养性，娱乐休闲的功能，满足人们不同的需求；还能继承中华优秀的古老技艺，提升民族凝聚力，增强人们的社会交流。而作为全国经济水平和教育水平都名列前茅的江南地区，为武术的社会化发展提供良好的环境。据2004年出版的《中华武术竞赛套路规则评价分析与武术市场开发策略实用手册》统计，江南地区的知名武术馆校有百余所，其中以江苏省较为集中。

四、武术运动的国际化

武术运动在国家的大力支持下发展得越来越规范合理。武术运动在走向社会化、教育化道路上都取得了一定进展。武术是一项体育运动，但它高于体育运动，是中华几千年历史发展的结晶。它是民族的，也是世界的。只有不断与

---

① 王国志. 社会学视野中的大众武术研究[M]. 北京：北京体育大学出版社，2010：127.

外界交流互借，才能更好地适应时代需要，才能更好地走向世界，才能向世界展现中华武术文化的独特魅力，提升国家文化软实力。

早在1936年，中华武术就已经走上了国际大舞台，曾在德国柏林举办的第十一届奥林匹克运动会中国应邀参加了武术表演。因此国家非常重视，就由中央国术馆馆长张之江带队，经过严格的挑选，最终确定9名运动员参加（6男3女）。抵达柏林后运动员们不顾旅途疲劳，先后参加了汉堡街道上的游行表演、汉堡动物园的正式表演，并应邀在法兰克福、明兴、慕尼黑、威斯巴顿等城市表演，8月11日在柏林一个露天剧场为3万观众做了表演。① 武术的魅力赢得了世界的认可，在"1个多小时的表演里当地民众响起热烈的掌声和欢呼声。各国观众没有想到被称为东亚病夫的中国人竟有如此独特的民族传统体育"②。中华武术在世界大舞台上展现了东方文化的魅力，对武术的发展有着重要意义。

改革开放以后，中国经济迅猛发展，为武术运动的开展提供了更大的空间和机遇。第一次全国武术工作会议提出"积极稳步地把武术推向世界"的国际化发展战略。1960年，中国武术团首次出访，向国外展示了中国武术，增进了外国人民对中国的了解。随着我国外交关系的稳步发展，武术对外的发展和交流机会增多，江南地区拥有优越的地理位置和经济基础，为武术的国际化做出了重要贡献。如1973—1979年，上海市武术队随着中国武术代表团先后出访到美国、加拿大、法国、意大利等二十多个国家。经济的发展给上海的精武体育总会注入了新的活力，逐渐恢复了会务的活动，促进了世界各精武体育会之间的交流，并自1990年开始每两年举办一届精武国际武术交流比赛，相互交流，相互学习，这成为武术对外传播的大好时机。

上海精武体育总会为领头羊，世界各地的精武体育分会积极配合，其主要是为了宣传武术运动，弘扬中华传统文化，随着时代的发展，各分会开展得越来越规范化，各分会机构为武术向外传播提供了更好的平台。上海是我国的经济中心，是与世界交流的门户，2010年上海世博会的开展，使更多国外友人进一步了解了中华文化的博大精深，弘扬了中国传统文化，彰显民族气概。上海体育学院抓住机遇，建立"中国武术博物馆"。借助这一平台进行民族精神和爱

---

① 邱丕相. 中国武术史［M］. 北京：高等教育出版社，2008：164.
② 郑光路. 中国武术走向世界的序曲——国术表演队1936年赴"奥运会"［J］. 体育文化导刊，2004（7）.

国主义教育。这也是迄今以来我国乃至世界上第一个以中国武术历史与文化为题材的专业博物馆，树立了中国武术发展的新的里程碑。[1]

有着深厚武术文化底蕴的江南地区，为武术走出世界积极努力，为世界各地来访的武术团体热心服务。其目的就是展现地方特色，弘扬中华文化。为了更好地传播中华文化，国家汉办在世界各地建立孔子学院。武术文化作为中华优秀文化的一部分，借助孔子学院这个平台，让中国武术走向世界各国，并成为各国学校教育的一部分。江南地区的很多知名高校与孔子学院合作，如浙江师范大学、上海大学、上海财经大学、上海复旦大学、苏州大学、南京大学等高校，而这正体现出江南地区为武术传播推陈而出新的具体举措。

第三节 不同时期江南武术的文化精神

文化作为民族发展的坚实根基，是促使国家前行的动力源泉。文化精神是赋予人们精神力量的源泉。"文化的基本精神是文化发展过程中精微的内在动力，也就是民族文化不断前进的基本思想"[2]，文化精神是文化发展的内驱力和深层的核心价值。武术在经历千年的发展变迁过程中形成了独立而且完善的文化系统，武术文化也是由多种形式组成。包括器械、拳种、拳谱、制度规则，人们参与武术习练的行为等一切与武术相关的事与物。武术文化精神是武术在长期发展过程中积淀下来的精神产物，是武术发展的灵魂，同时也推动着武术运动的发展，丰富武术文化的内涵。武术文化有明显的地域性差别，不同地域的武术活动形成独特的武术文化，而武术文化精神在不同的地域有不同的表现，在同一地域的不同历史时期也有不同的表现。

因此本章把江南地区的武术历史大致划分为秦朝至明朝、外患明朝至新中国建立前期、新中国成立至今三个不同的历史时期。秦朝至明朝，以冷兵器作战为主。明朝至新中国建立前期，冷兵器逐渐被热兵器所取代，武术的多元化发展是在这个时期开始成熟，武术的文化内涵更加丰富。新中国成立后，中国开始走上社会主义道路，人民当家作主，社会环境趋于稳定。这三个时期社会

---

[1] 丁丽萍. 吴越武术文化研究 [D]. 上海：上海体育学院，2008：158.
[2] 张岱年. 中国文化精神 [M]. 北京：北京大学出版社，2015：14.

性质和社会背景特点鲜明，便于梳理江南武术的文化精神在不同时期体现出的不同价值。

因此，从这三个时期尝试探讨江南武术的文化精神在不同历史时期的差异化表现。围绕武术发展的人、事、物，并结合江南地区的人文特征和自然环境，为阐述江南武术的文化精神提供论点支撑。虽然对于武术文化精神的认识仁智各见，主要涉及个人品德、社会责任、民族情怀三个层面，只是具体内容略有差异。需要指出的是本章着重探讨的是江南地区武术文化精神的积极影响，而且不仅仅是习武之人对于武术的重视，还需要更多非习武者对武术的认同和接纳。发掘江南武术的文化精神在不同时期历史价值，达到发扬地方特色文化，激励年轻一代参与武术活动，保护武术文化遗产，传递武术文化精神的正能量，提升中华民族凝聚力的作用。

一、尚武轻死的剑胆精神

追溯上千年前，各王朝均建都北方地区（中原地区）。南北地区的自然环境和气候条件存在明显差异，北方以宽广的平原为主，南方多山地、河流。各国之间的战争都是在中原地区上演，吴越地区还是有待开发的原始荒野部落。春秋时期，吴国建都姑苏，越国建都会稽，两国领土相毗邻，自然环境、文化形态也大致相似。从此吴越地区开始走上历史舞台，从一开始的荆蛮之地，到吴国和越国都曾称霸天下，再到秦国统一天下。各王朝的发展规律就是"合久必分，分久必合"。在这种大的社会背景下，江南武术的文化精神主要体现在以下方面。

所谓的"剑胆"精神是就是一种敢闯敢冒、强悍刚烈的意志品质。是对吴越地区武术文化精神的总体概况，既能区别于不同地域的文化精神，又能符合吴越地区的文化特点。对于如今江南地区的武术研究，必定会追溯到春秋战国时期，从吴、越两国的建立再到灭亡，是研究武术文化精神的源头。吴越地区水陆交错，环境险恶，以"水"为特色。丰富的水资源给人们带来了食物之外，也带来了无穷无尽的灾难。《越绝书》卷四中记载："浩浩荡荡的江水，潮起和潮落都有一定时间，迅猛之势像惊涛骇浪一般，声音如雷声般震耳欲聋。波涛骇浪缓缓升起，船如果丢失也不能打捞，生命安危不可预测。"[1] 与内陆相比，

---

[1] 李步嘉. 越绝书校释[M]. 北京：中华书局，2013：109.

吴越地区的人们经常行走在江河大海之上，没有安全感，为了生存不得不冒险。人们对内要开垦荒芜，发展经济，对外要加强军备力量，防止战乱爆发，几千年前都是"丛林法则"，弱肉强食，小国容易被大国欺压，为了生存只有不停地壮大自己的实力。而吴国和越国是两个相邻的边陲小国，自然环境和风俗习惯大致一样。所以，吴国和越国的状态就是"三江环之，民无所移，有吴则无越，有越则无吴"[1]，而且与周边的楚国、齐国、晋国实力相差甚远。两国面临的都是"绝境"，而武术在两国的崛起中起到了非常重要的作用。从源头上来讲，吴越地区的人们拥有"尚武"的基因。吴越战争就是江南地区武术文化精神的起源，具体如下。

好勇尚武的精神品质。恶劣的自然环境成就了视死如归的强悍性格，当面对国家危难之时，这种品质就会从与"水"斗，转向与"人"斗。在与人抗争中，好勇斗狠的强悍精神品质被发挥到了极致。"三千越甲可吞吴"，说明越国人们骁勇善战，敢于斗争。越剑是这种精神品质的载体和表征。尚武好剑是当地固有的民风，吴越两国的君王都十分好勇。因此，老百姓一直喜欢用剑，而且都十分勇猛。吴越地区的铸剑技术领先于同时期的其他国家，著名的铸剑大师欧冶子、干将、莫邪都是吴越地区的英雄人物，铸造的兵器有越王勾践剑、吴王夫差剑、鱼肠剑、干将剑和莫邪剑等。每一把宝剑从取材到成品的出现都经历了不少困难，甚至还会以生命为代价。人们对于宝剑质量的极致追求和对剑的原始崇拜都体现了吴越地区的人们面对困难不退缩，敢于尝试的精神品质。吴越之剑能够风靡天下，其中包含了吴越人们的聪明智慧，也体现了人们的开拓创新精神。

矢志复仇的坚韧精神。矢志复仇并不是为了一己私利的个人行为，是在战争中磨炼出来的强悍、勇猛的品质。是在置之死地而后生的绝境中，在民族危亡之际，对于国家和民族的忠诚，一切以国家为重，体现出的是"民族主义"的蕴含。吴越两国交战的几十年间，其中最具影响力的当属越王勾践"卧薪尝胆"的经历。著名的"夫椒之战"，越军损失惨重，大败而逃，被困于会稽山。最终由越国谋臣文种去吴国卑辞厚礼，忍辱求和，说服吴王夫差，同意不消灭越国，代价就是越王入吴为奴。公元前492年，勾践带着妻子和谋臣范蠡去吴国，人们都在浙江（今钱塘江）之上含泪送别。三年为奴生活，勾践受尽折磨

---

[1] 张仲清. 越绝书释注［M］. 北京：人民出版社，2009：102.

与侮辱后回到越国。勾践为了复仇，卧薪尝胆，君臣同心，致力增强国家实力。军事方面聘请著名的善射者陈音和剑术娴熟的越女训练士兵，举国上下一心复仇，保卫自己的家园不受战火摧残。经过前后二十年的努力，越国实力与日俱增，公元前473年，发兵进攻吴国，占领姑苏城，迫使夫差伏剑自杀，勾践也如愿做了春秋时期最后一个霸主。三国时期，公元229年孙权才正式称帝，通过一系列的政策和举措，招贤纳士，招募来自淮、泗地区的士人。极力处理好江东豪族的关系，最后真正与江东贵族建立了密不可分的战略联盟关系。吴越之地从地广人稀到此时成为三国之一，大量外来的豪杰和难民正是当时所需要的人才和劳动力。五代十国时期，钱镠在吴越地区建立了"吴越国"，定都杭州，国家相对安定平和。南宋时期，金国侵占开封，逃亡中赵构称帝，建立南宋定都临安（今杭州）。此时出现了一位著名的时代英雄岳飞，他一生致力于抗金的斗争，被后世认定为"精忠报国"的英雄。吴越地区从越国被灭以后，逐渐退出历史舞台，古代王朝建都一般都是在北方中原地区，南方没有太多的纷争与战乱。每当遇到局势动荡、爆发大规模战争时，在国家危难民族将被消灭之际，好勇斗狠的个人精神品质便催生了矢志复仇的民族精神。

剑胆精神萌生在春秋末年越王勾践"卧薪尝胆"的典故中，是江南地区武术文化精神萌发的时期。剑胆精神在江南武术文化精神的历史嬗变中占有极其重要的地位。在剑胆精神中，"胆"寓意卧薪尝胆，奋发向上。"剑"是春秋时期吴越地区因铸剑而闻名于世，寓意勇往直前，创新立业。在内乱时期，武术的文化精神主要体现在军事武术，在历史长河中，武术的存在形式和发展状态会有不同的变化。只要兵刃相见的战争没有停止，依然以军事武术为主要对抗力量，国家的安定是每个民族的愿望。当自己国家受到威胁时，人们就是要发扬卧薪尝胆、奋发向上、勇往直前、创新立业的剑胆精神。

二、能击善舞的娱乐精神

封建社会，战争的爆发一是由于统治者的专政，百姓没有安稳的社会环境，在各种压迫下，就会揭竿而起爆发起义。二是由于统治者的野心，想着兼并小国，欺压邻国，扩大自己的版图，从而爆发战争。如今的吴越地区从历史发展源流来看，由于地理位置偏安一隅，从春秋战国到宋元时期，主要都是内乱战争，而主战场有在吴越地区的也就是春秋末期的吴国和越国的战争。三国时期的孙权建立东吴，五代十国的钱镠建立吴越国，南宋时期的岳飞抗金。此外吴越地区都是处于相对和平的时代,在没有战争的环境中,武术的军事价值演变出娱乐和表演的价值。吴越地区在历史上受到三次外来文化的大融合——"永嘉之乱""安史之乱"和"靖康之难",这给落后的吴越地区带来了先进的文化和发展机遇。和平的政治环境,吴越地区商业经济快速发展,物质生活的水平提高将会促进精神生活的需求,武术的发展也将适应时代的需要。

  为了维护政权,统治者会采取相应的"禁武"措施,武术开始走向民间,扩大了武术发展的途径。从"角抵戏"的出现,武术不再是唯军事所用,其丰富的娱乐化得到挖掘,并一直沿用至今。吴越地区的武术最为突出的表现就是在没有战乱的时期,武术的表演性和娱乐性尤为突出。"由于远离中原,战事不多,统治阶级就有更多时间享乐苟安,崇尚声色玩乐,也因此武术的娱乐性价值得以利用。"[1] 吴越地区练武的目的不再是运用在战场上,开始走向生活化,展示其娱乐价值。吴越地区的角抵之风在当时非常盛行,这主要是与此时统治者的爱好有关,即所谓"上有所好,下必甚焉"。吴越国武肃王钱镠,精通武艺,喜爱角抵戏。《旧五代史·钱镠传》载,每年八月十八日,当潮水将要到来的时候,钱镠"会让他的随从和他一起登楼设宴看涨潮,当潮水落下,就去看斗牛,接着去看相扑"[2]。唐末以相扑技艺知名的蒙万赢,唐朝灭亡以后便投奔了钱镠,钱镠对蒙"待之甚丰"。当时还有一位叫李青州的人,在角力比赛中"殊无敌者",后来也投奔了钱镠。充分体现了钱镠对于角抵活动的喜爱。南宋时期,赵构迁都临安(今杭州),"故都及四方士民商贾辐辏",都城临安自大街小巷"大小铺席","皆是广大物货",繁华的程度超过汴京"十倍"[3]。虽说南宋与金国一直处于拉锯战,但社会环境相对安定,经济繁荣发展。习武之人除了征战沙场以外,还能靠武艺谋生存,繁荣的经济催生了"瓦舍勾栏"的兴起。是"以勾栏为中心的瓦舍,是集演艺、市集为一体的供市民常年冶游的大型游乐场"[4]。以勾栏为中心的瓦舍的盛行,对于武术而言,为武术的表演提供了特定的场所,既能加强武术的交流,又能使武术的表演走向商业化。武术与艺术的结合孕育出武舞,武术与戏剧的融合孕育出杂剧,开创了武术发展的新形势,

---

[1] 国家体委武术研究院. 中国武术史 [M]. 北京: 人民体育出版社, 1996: 106.
[2] 国家体委武术研究院. 中国武术史 [M]. 北京: 人民体育出版社, 1996: 152.
[3] 吴晟. 瓦舍文化与宋元戏剧 [M]. 北京: 中国社会科学出版社, 2001: 21-22.
[4] 吴晟. 瓦舍文化与宋元戏剧 [M]. 北京: 中国社会科学出版社, 2001: 25.

武术的发展逐渐多元化。

能击善舞的娱乐精神是对武术文化精神的充分挖掘,剑胆精神是"力量"的象征,娱乐精神是"美"的体现。刚柔并济,文武兼备,在国家危亡之际,激发人们的剑胆精神,以国家和平为奋斗目标;在社会安定,经济繁荣之时,武术的娱乐精神赋予人们对美好生活的向往。能征善战的勇士既能保家卫国,在宴会闲余之际又能一展其技舞之能。娱乐不是单纯地贪图享乐,繁荣的经济为娱乐提供了物质保障。娱乐精神的背后是吴越地区人们奋发向上、勇往直前的付出。是人们生活的"润滑剂",为平凡的生活带来赏心悦目的表演,为武术的发展提供更大的舞台。

三、敢为人先的开放精神

从明朝开始,热兵器时代到来,武术的军事作用被弱化,走向民间。从此武术有了南、北地域之分,而且各拳种流派应运而生,并发展壮大。吴越地区从南宋建都临安开始,为吴越地区的经济注入活力,从而对外交流也日益增多。吴越地区的人们生活在复杂地理环境中,习惯东奔西走,敢于挑战,人们利用繁荣的商业,加强与外界交流。明清时期,武术的发展进入成熟的多元化发展时期,其文化体系已经趋于完善,多功能价值能够充分体现。外患时期,中国的政治环境十分不稳定,从结束了封建社会,到外敌瓜分国土,使中国沦为半殖民地半封建社会,再到抗日战争胜利建立社会主义新政权,经济、政治、文化的落后,加上外来文化的冲击,影响了本土文化的发展,武术的发展也摆脱不了新环境的改变。倭寇入侵东南沿海的时候,鸦片毒害人们体质的时候,西方体育冲击武术发展的时候,武术的作用从未消失。只需要唤醒人们对武术的重新认识,就能提高民族凝聚力,共同抵御外辱。武术的发展会随着时代的发展要求而改变,外患时期,江南武术的文化精神主要体现在以下几方面。

位于东南沿海的吴越地区,独特的地理位置和水陆便捷的交通运输方式。经济、文化发展迅速且走在了国家发展的最前沿。但在外敌入侵时也成了首当其冲的地区,明朝时期,倭寇在沿海地区横行霸道,当时沿海卫所的将领们腐败无能。嘉靖三十四年,浙江沿海倭寇泛滥,严重影响了人们的生活和国家安全,朝廷派戚继光前往浙江沿海地区。戚继光在任期间,对军队进行重新整顿,为了改变现状曾三次上书朝廷要求重新选兵。戚继光一生致力于抗倭斗争,重视武术技击能力的培养。他在与倭寇斗争中发现自身的不足,不固守传统,敢

83

于创新。积极学习他人的精湛技术，研究其武器特点，创造出能够应对倭寇的武器和技能。

最能体现出敢为人先的开放精神首先是戚继光对于武器的研究和军旅武艺的编排。首先是引入倭刀（日本刀）。戚继光认为："长刀，从倭寇侵犯我国的时候就已经有了。在打斗的过程中倭寇的长刀闪烁着光芒，我军的气势已经减弱，倭寇擅长跳跃，跳一下就能跳一丈，他们的刀长就有五尺，因此，打斗的距离能达到一丈五尺多。我军的短兵器难以接住，长兵器又不擅长，遭到对方的攻击时必死无疑。敌军的兵器锋利而且是双手使用，发出的力气也比较大，所以倭寇的刀有一定的优势。"① 体现出戚继光对日本刀法的细致研究，针对倭刀的特点，根据战争的实际需要，研制出克服日本刀法之"长短兵迭用"的"鸳鸯阵"法。吸收了地方武器进行适当改进，创造了狼筅、藤牌刀等武器。其次是根据实战经验编写的理论著作，《拳经捷要篇》就是"则其善者"而成的"三十二式长拳"，从民间各家拳法中精心挑选而创编的。与倭作战中又获得了日本长刀的"倭夷原本"，经过重新演进著成一本中日两国刀法为一谱的《辛酉刀法》。

明末时期，中国的武术在吸收日本刀法时也走进日本，对其产生深刻的影响。吴越地区的陈元赟把"拳法"传入日本，并对日本"柔术"产生一定影响。"陈元赟（1587—1671），字义都，号即白山人，别号升庵、芝山、菊隐轩。武林（今浙江杭州）人，明末进士，是我国明清之际杰出的学者、诗人和方伎家。少年时赴河南嵩山少林寺习武，精少林拳术。万历四十八年（公元1619年），为避清军入主中原的战乱而随明遗臣朱舜水东渡日本。"② 被称为"柔道鼻祖"。

大侠霍元甲受邀来沪比武，挑战西洋大力士奥皮音，国人气势大振，在这种大好时机下，霍元甲得到各界人士的支持在上海创立中国精武体操会，并亲自授拳，在家传的秘宗拳基础之上创编了"迷踪拳"。中国传统武术的传承方式是"传男不传女，传内不传外"的宗族制和师徒制。霍元甲敢为人先，打破固有的传统束缚，摒弃门户之见，聘请各地有名的拳师来授拳，积极鼓励人们参

---

① 戚继光. 纪效新书（十四卷本）[M]. 范中义, 校释. 北京：中华书局, 2001：82.
② 《中国武术百科全书》编纂委员会. 中国武术百科全书[M]. 北京：中国大百科全书出版社, 1998：536–537.

与武术习练。精武体育会在上海开展得到人们的支持，以上海为中心向全国大小城市以及海外华侨集聚的地方发展。

事物的发展需要以时代发展的要求为方向标。时代后期开始，大量外来文化的侵入，迫使中华文化积极创新，在抵御外敌时，学习外来先进文化和技术，不再故步自封。戚继光创建的"戚家军"之所以能够不战屈人之兵，就是勇于面对失败，分析对方的综合实力，总结经验寻找遇敌制胜的办法。霍元甲打破固有的传承方式，建立精武体育会，敢于突破封建束缚，把武术发扬光大，走出国门。体现出了吴越地区武术文化中敢为人先的开放精神，丰富了中华武术的文化精神内涵，凸显出吴越地区的武术文化底蕴，为吴越地区武术的开展提供指导性思想。

四、尚武强国精神

"尚武"寓意"崇尚勇猛"，翻开历史长卷，尚武精神是中华民族武术文化精神的典型代表。与武术的生存发展息息相关，只是每个时期尚武精神的具体表现有所差异，武术文化精神具有时代性，为不同时代、不同民族的强盛提供巨大的推动力。明朝的"禁武"措施，程朱"理学"的高度发展进一步导致了尚武精神的丧失，重文轻武是历朝的惯例，武术的发展一直被抑制，在强权政治的压迫下老百姓们都成了顺民。清明时代大兴"文字狱"统治者想从思想上使人们放弃反抗。民国时期，各种思潮涌入中华大地，给武术的发展带来巨大冲击，鸦片战争从本质上削弱了国民的体质，在面对外敌入侵时根本无力反抗。在这一时期，吴越地区出现了一批重视武术实战性的人物，通过对"尚武精神"的重新认识，并用尚武精神来唤醒人们对武术的重新认识，唤醒了人们的爱国主义精神。英雄人物是历史的产物，体现着民族文化的内容，以下用吴越地区的英雄人物和围绕尚武精神所组建的机构进行阐述。

精武体育会和中央国术馆是当时最具代表性的两个武术组织，前者是以民间自发组织和运营为主，后者是政府主导和管理。其目的和出发点都是一致的，通过武术为媒介，唤醒人们内心深处的"尚武精神"。在国家存亡和民族有待振兴之际正需要这种尚武精神激励。精武体育会由民间组织成立，从事活动主要是面对社会大众，采用集体教学方式来吸引大众参与武术训练。受到广大民众的欢迎，提高了人们习武的积极性。"国术馆为政府教育机构，强调武术的军事、竞技价值。中央国术馆馆长张之江原是西北军将领，他是一位典型的提倡武术的军政要员，将其视为强国强种的必要手段。"① 为了提高人们对武术的重视，把武术成为"国术"，并在学校教学中安排武术教学内容。

女英雄秋瑾（1875—1907），字璿卿，号竞雄，浙江山阴（今绍兴）人，被称为"鉴湖女侠"。自幼好武，喜欢体育锻炼。学习过少林、武当诸家拳法，其中剑术最受她的青睐。"在《辛丑条约》签订后日益严重的民族危机刺激下，一九〇四年夏，秋瑾不顾家庭和丈夫的反对，毅然抛儿弃女，自筹旅费，只身去日本留学。"② 在国内民主革命思想的影响下，她的爱国情怀和革命热情更加高涨，在国家需要有人站出来的时候，秋瑾在日本期间加入同盟会，积极鼓动身边的人参与救国运动中来，而且她还被推举为同盟会浙江主盟人。秋瑾的一生致力于革命事业，为了国家的强大，抗战的胜利而流血牺牲，体现出高尚的爱国主义情怀。

"强国"是清末以来国家发展中最主要也是最迫切的任务，而身体康健是实现强国的基本保障，是从根本上改变国人的身体素质，提升精神力量。而国何以强，强于民。民何以强，强于尚武。"尚武精神是展示民族强盛的标志，而身体强健是每个优秀国人必备的素质，尚武精神在于鼓励人们提高身体素质和精神状态，最终提升人格精神。"③ 通过学校教育，社会组织宣传，英雄人物的模范带领等方式，鼓励人们参与武术训练，培养国民的尚武精神。尚武精神首先要做到参与武术的习练，增强自身的攻防能力，才能激发出内心的尚武精神。而现如今的状态一是身体羸弱，二是精神状态低迷。如此下去，真将国无可用之兵。梁启超在其《新民说》中主张："我们要将尚武精神发扬光大，鼓舞人们的士气提高人们的自尊心"，并号召国人："凡是我的同胞，每个人都要有自己的志向，竭尽自己的能力解决家人的困难，等到发挥自己的作用的时候救国家于水火之中，为国家的建设献言献计。"④ 尚武强国的精神是关乎民族存亡的，国力兴衰的大事，中华民族历来有习武、爱武、尚武的习惯，通过习武强国的方式提高人们的民族认同感，既能增强民族凝聚力，又能增进国民体质，从而

---

① 易剑东. 民国时期武术社会化探析 [J]. 南京体育学院学报，1996 (4)：42 - 45.
② 徐和雍. 浙江近代史 [M]. 杭州：浙江人民出版社，1982：239.
③ 李启迪，姜小平，黄婷，等. 《饮冰室合集》中梁启超"尚武"思想及其当代启示 [J]. 体育与科学，2015，36 (2)：63 - 67.
④ 王俊奇. 近现代二十家体育思想论稿 [M]. 北京：北京人民体育出版社，1993：75 - 83.

达到全民皆兵的效果。

五、自强不息的拼搏精神

新中国成立以后,国家政权有待巩固,百废待兴,致力于经济的发展,武术发展不知所措。最终武术被划分到体育部门,武术作为体育项目的一部分,既拥有体育的项目特点,又保留着武术特有的个性,毕竟中国武术从起源到不同历史时期对社会的影响程度是没有任何一种技艺能与之相比的。作为体育项目,武术在新时期的发展中,依据体育的发展形势,体育强国的号召下,竞技体育成为国家发展的主要目标,竞技武术应运而生,并坚定不移地向前推进。如今的吴越地区在经济、文化、教育发展方面位于全国发展的前列,为武术的发展提供了良好的社会环境。武术按国家统一规划的方案运行,走进校园,走入社会,面向国际,武术文化的物质文化内涵存在区域性,但是精神层面的内涵趋于同化。因此以吴越地区为切入点,审视中国武术的文化精神。

《易经》云:"天行健,君子以自强不息。"学武之人必须有坚韧的意志品质,才能学有所成。学武不争一朝一夕,学好武术技能不是一蹴而就,历代习武者在修炼过程中总结出很多拳谚,如"冬练三九,夏练三伏","闻鸡起舞"。《淮南子·道应训》曾云:"争者,人之所本也。"[1] 竞争是人之本性,生活中竞争无处不在。

从"体悟"中感受自强不息的拼搏精神。中国武术是身体感悟的过程文化,每一个技术动作可以通过师徒传授,或者自己的观摩领悟。但是武术内涵的神韵只能在"体悟"的历练中体会,这样才能参透武术文化所具有的文化精神。在竞技体育的冲击下,西方体育对中国的民族传统项目带来巨大影响,为了顺应时代发展,竞技武术力争走进奥运赛场,提高武术的知名度,增强国家影响力,更好地向世界展示中国的优秀技艺。武术发展成为一项竞技体育项目后同样以追求"高、难、美、新"的标准为目标。竞技武术与传统武术相比,最大的区别就是"去技击化"特点,以表演性为主,通过肢体语言传递武术文化内涵。但是对于竞技武术运动员来说,训练艰苦而枯燥,日复一日地基本功练习、武术套路的演练和难度动作的突破都是对身体机能的挑战。正是这种"十年磨一剑"的意志力,才能在世界的大舞台上展示魅力十足的中国武术。

---

[1] 雁冰.淮南子[M].武汉:崇文书局,2014:80.

武术属于民族体育，就拥有体育的特性和体育的精神。体育运动的形式多种多样，大致分为固定组合套路项目，隔网对抗项目和身体直接接触的对抗项目。武术的对抗更直接，更激烈，是运用踢、打、摔、拿等技术直接攻击对手的身体。"技击性"是武术运动的核心内容，格斗对抗是武术运动的重要表现形式。武术的格斗竞技将力量直接作用于人体，在拳脚相加的混战中不仅要求人体有一定的抗击打能力，而且要求人在混乱中能够做出冷静、合理和有效的判断。通过习练武术，磨炼意志，提高身体素质，激励人们在面对挑战时敢于迎难而上，不回避，敢于出击，这种优秀品质不正是社会所需要的吗？

从野蛮文明过渡到现代文明，武术时刻扮演着不同的角色，有着不同的时代要求和价值，现代社会习武的目的不再像冷兵器时代那么简单粗暴。主要是通过学习武术这门技艺能够更好地"体悟"，更好地传承中华优秀的传统技艺和文化，提升自身内在的人格修养。让现在的青少年能够独立面对困难，勇于接受生活中的各种挑战。自强不息的拼搏精神体现的是在习武过程中，自我勉励，激发自己的积极性，从而掌握真正的武术技法。在过程中磨炼人的意志品质，既要学艺，也要修心。在身体感悟的过程中，不断对自我评价，进行深入思考，习武者应始终贯串自强不息的拼搏精神理念。

六、尚武崇德的谦让精神

中华传统文化受儒家和道家文化影响深远，注重伦理道德的培养，武术在漫长的演变过程中融合了儒、道文化，形成了武术本身所特有的行为规范"武德"。习武之人在习练精湛武艺的同时，更注重对武德的追求。"内外兼修，德艺双修"是武术修炼的最高境界，习武修身是基础，达到修心的境界才能真正领悟武术的真谛。习武者首先看中的就是武德，一个人的武德如果不达标的话，技术再好也不能成为一个合格的习武之人。有学者认为："对于武德的追求是每一个习武者的价值尊崇，而对于武德的崇拜深受中国传统文化的影响，也甘愿地接受中国传统文化的束缚和制约，愿意接受在中国传统文化背景下的道德和价值的评价。"[1] 武德的形成也经历了漫长了过程，萌芽初期，主要是体现在军事功绩，开拓疆土等政治功能，真正具有武术文化寓意的文献最早见于《史

---

[1] 马文国，邱丕相. 文化的自信：传统武术的希望 [J]. 西安体育学院学报，2006，23(6)：1-5.

记·太史公自序》。不诚信、不懂廉耻、没有仁者之心、胆小懦弱的人,不能与他们共同谈论军事,与之比武,而与价值观相同的人在一起,对于自身来说可以治愈内心的伤痛,对于外在来说可以学到随机应变的能力,从而提升人生价值。① 对习武者有了道德方面的要求,在用武时有了道德制度的约束。宋元时期开始,武术文化的理论体系和价值功能日益成熟,武德的内涵逐渐丰富,明清时期,武德已成为中华武术文化的一个重要内容,并给以后武术文化的历史演进带来深远影响。②

中国武术是一个追求过程的文化体系,对习武者起到一种"教化"的作用。如今的武德是习武者的个人修养,是身体力行投入武术的实践活动,是领悟尚武崇德的谦让精神。万籁声先生曾说过:对于习练武功的人,没有坚韧不拔的耐力和顽强不屈的精神,很难取得成功;不是忠义守信之人,也难成为有作为的人;不是谦和和爱戴他人的人,也不会有好的结果,这深刻阐释了武德在人的成长过程中的重要性。③ 社会的发展由动荡到如今的和平是法律体系的完善和社会制度健全,才为人们的生活提供了很大的保障。武术的发展也经历了从野蛮到文明的过程,习武不再是为了打打杀杀,刀光剑影。更多的是发挥武术的"教化"功能,发扬尚武崇德的谦让精神,提高人们的道德情操,促进社会主义精神文明建设。

尚武崇德的谦让精神是一种身体力行的实践活动,强调的是谦让精神。使习武者领会谦和忍让的生活处世之德,并运用于社会生活之中。在武术表演、武术切磋或者武术课前都会行抱拳礼,以谦虚的态度表示尊敬。习武者的谦虚态度是,即使到了生死存亡的关头,也不夸耀自己的武艺,在与对手切磋比武时,"点到为止"是习武者必备的谦让品质。《六合门拳谱》中就要求习武者"做到谦虚恭敬做到和睦相处":第一,在人与人相处过程中要做到谦虚诚实。第二,宁愿我不如别人也不让别人让我。第三,他人对我有恩,要做到终身不忘。第四,练武过程中,别人比你优秀,更应该尊重他向他学习,不能有骄傲和嫉妒之心。④

---

① 吴树平,等. 全注诠释·史记 [M]. 天津:天津古籍出版社,1995:3366.
② 周伟良,杨建营. 论武德的历史发展与当代价值 [J]. 中华武术(研究),2014,3(2):6-19.
③ 万籁声. 武术汇宗(中篇) [M]. 北京:中国书店,1984:154.
④ 邱丕相,蔡仲林等. 中国武术导论 [M]. 北京:高等教育出版社,2010:120.

同门师兄弟间讲究辈分，要求尊敬长者，相互友爱，就算徒弟武艺超越师傅，不能骄傲自满，要继续虚心求学。而尚武崇德的谦让精神不是纯文化教育就能使人体会，只有"术道并举"才能在求"术"的过程中悟"道"。让武术运动丰富人们的生活，培育人们具有良好的道德修养，使人们拥有健硕的身体、精湛的武术技艺、高尚的武术精神。让尚武崇德的谦让精神去教化、引导和鼓励人们积极"向善"，从而实现人格魅力的完善。

小结

江南武术文化是在江南地域内，从古至今与武术相关的所有人、事、物的总和。基于上述的分析，本章将江南武术文化的概念界定为：在江南地域中，以中华传统文化为背景，江南地域文化为核心，以武术技艺为外在表现形式，由江南地区的人们创造并贯串于人们的思维方式和行为习惯中，且与武术技艺有关的一切文化现象。

江南卧薪尝胆，敢为人先，自强不息，尚武轻死，开放拼搏。江南武术在不同的历史时期表现出"剑胆善击、强种卫国、尚武崇德"相应时代的文化精神。在不同历史时期，江南地区也涌现出大量的武术英雄人物，宗泽一生刚正不阿，淡泊名利，用其一生完美地诠释了什么是"爱国主义精神"。

吴、越争霸是研究江南地区武术文化的历史源头。《孙子兵法》为武术在军事战场提供了技击原理和战术运用。《越女论剑》已经开始术道并举，剑术有了理论体系。精湛的铸剑技术提高了军事战备，在盛行的佩剑和论剑之风影响下形成了"剑崇拜"。越王勾践的"卧薪尝胆"典故影响至今。

此后，江南地区由于远离中原，少有战争，对武术影响最大的莫过于历史上三次重大的移民浪潮——永嘉之乱、安史之乱、靖康之难。这是中华文明的三次劫难，却给江南地区的发展带来了机遇，人口的流动加强了武术的交流与融合。宋明理学的兴起，武术的发展开始从尚武轻死逐渐向崇文敦礼转型，南宋时期精忠报国的岳飞为江南地区的武术注入了新的能量。

明清时期，江南地区的武术发展有机遇也有挑战，热兵器的出现，武术的军事价值逐渐弱化，武术发展走向民间。但是在沿海倭寇泛滥时，戚继光十分重视武术的实战性，不接受"花架子"的武术套路。明清时期武术进入多元化发展的鼎盛时期，大量的武学著作都是出自明清时期，武术流派和帮派应运而生，说明武术的技击技术已经完善和规范化，有了逐渐稳定的技术结构体系和理论思想体系，并开始有了传承机制。

封建社会虽已打破，但西方体育的流入成为武术发展的最大挑战，鸦片蚕食着国人的身体和灵魂，内忧外患之际，自先秦时期以来的尚武精神重新被点燃。人们对武术的重视日益提高，强种与救国的号召开始相应，救国需强种，强种需强身。有识之士通过集结社会力量推广武术，其影响力最大的就是霍元甲创立的"精武体育会"和政府主办的"中央国术馆"。

江南地区作为全国经济中心和教育水平的佼佼者，为武术的发展提供了物质基础。武术在和平的社会环境中，实战性逐渐消失，追求"高，难，美，新"的竞技化成了武术发展的主流路线。武术运动的国际化成了向世界展示中华文化的一张靓丽名片。对于教育而言，中国武术高层次人才培养体系的完成就在江南地区。武术的社会化是健身、养生、娱乐的价值体现。

第四节　江南武林侠肝义胆的甘凤池

著名武术家甘凤池，活动于清朝康熙、雍正年间，江苏南京人。为人慷慨激昂，嫉恶如仇，武艺高超，机智过人，一生轶事颇丰，妇孺皆知，号称"江南大侠"。在武学上声名远播，是同时代人们习武的榜样。甘凤池享年八十余岁，葬于凤台山。年少时，四处行走江湖，拜师学艺，提升自身的武学修养。通过对武学的理解和领悟，创造了"花拳"，并撰写成拳谱《花拳总讲法》，成为后人研究古代武术的重要史料。

甘凤池自幼嗜武，年少成名。他从小父母双亡，虽说身体瘦小，但能独自度日，且天生神力，异于常人。不爱读书，但对习武情有独钟，异于常人的身体素质，使他在十几岁时就因为力量突出，成为乡里乡外有名的大力士，当地人都对他表示佩服和仰慕。他从小拜朝园和尚为师，在朝园和尚的悉心指导下，"凤池刻苦练功，朝夕不懈，持之以恒，凡十二载，罗汉功、易筋经、金钟罩、铁布衫、扶汉手等功夫皆勤学不辍"[①]。《清史稿·甘凤池传》中说他"勇力过人"，而且能够"提牛""击虎"。据说"偶出行，见二牛斗于路，势汹汹，不可近，乃以手徐推之，两牛皆陷入田中数尺，辗转不能出。牛主固求凤池为之

---

① 郝心莲. 甘凤池技击法［M］. 北京：北京体育出版社，1990：5.

出，凤池复提出之"①。甘凤池拥有高超的武艺，年轻气盛时总爱与人较量，乡下百姓都很畏惧他。而有一位深藏不露的高手让甘凤池体验了失败的滋味，"一次，他正在看戏，忽然周围一阵骚动。一个又脏又矮的老乞丐推着众人向前涌。凤池心中火起，突发一拳向老乞丐打过去，然而拳头如打在破棉絮上一般，软塌塌。老乞丐笑着说：'年轻人，别太气盛了！'说罢，拨开众人，徐徐走去"②。凤池在原地呆愣了半天，才发觉自己遇到了高人，至此，甘凤池的傲气渐渐收敛。决心离开故土，拜寻名师，继续提升自身的武艺。

甘凤池虽年少成名，身怀少林武艺，但并不为此满足，听说浙东拳师颇有盛名，因此南下行走江湖，寻师访友。在浙江余姚，幸会内家拳名师黄百家，通过比武切磋，黄看出甘凤池人品端正，天资聪慧，便答应收之为徒。经过三年的磨炼，甘凤池已经习得内家拳的真谛，在与师傅对招时，能够胜出一筹。黄百家见此把他叫到身边，叮嘱其一生要行侠仗义，不能做违背道义的事。拜别师傅后，继续行走江湖，在邪恶势力面前绝不低头，秉持维护正义的决心。据史料记载，大江南北以拳勇鸣名者八人，甘凤池是其中之一，八人各精一艺。排名第一的是僧人了因大师，但是由于"僧淫暴无行，荼毒良懦，七人咸恶焉。思除之以救一方。……六人者复相进搏，如是者三，乃歼僧于地"③。誓不越礼，犯者杀无赦。因此被后世尊称为"义侠"，表示对甘凤池等人的英雄事迹的赞美。甘凤池不仅武艺精湛，为人谦谦和蔼，妇女老少都愿意与他交往。在封建社会，习武之人都有不服输的精神，在学有所成时，会去挑战江湖武林高手。甘凤池声名远播，遇到不少登门挑战的拳师，山东有一拳师张大义，身强力壮，在山东一带号称无敌。曾专门登门造访过甘凤池，欲与之较一高低，甘凤池心想自己与他没有过节，便婉言相却。但张大义心高气傲，苦苦相逼，甘凤池无奈，只得应战。未到数回合，大义已经汗流浃背，手忙脚乱，快要招架不住时，甘凤池不忍心将其伤害，便一笑而收力。甘凤池在技艺上能够战胜各路好汉，但会给对方留有余地，保留其颜面，甘凤池做到了"以德服人"。甘凤池一生轶事丰富多彩，能够始终秉持正义之道，成为一代艺高德重的著名武术家。

甘凤池一生痴迷武学，充分挖掘自身天赋，虚心求学，精研内家拳和外家

---

① 郝心莲. 甘凤池技击法［M］. 北京：北京体育出版社，1990：1-2.
② 郑纲领. 民间武侠故事［M］. 北京：团结出版社，1996：8.
③ 蒲载. 中国武术故事［M］. 广州：花城出版社，1984：310.

拳，擅长技击术。能够在高手林立的江湖中占有重要地位，足以证明其武艺超群。通过自身的理解和领悟，集各家之所长创立了新的拳种"花拳"，主要包括散手一百二十字，七十二擒拿法，三十六腿，二十四势，跌法有八十八个。为了便于习练，撰写了拳谱《花拳总讲法》，拳法特点是讲究实战性，这都是甘凤池在江湖中与人切磋搏斗中经验的累积。《花拳总讲法》主要包括"练法，抄手，对敌，招式"四个部分，内容详实，为"花拳"的传承和后世对中国武术的历史研究提供了理论支撑。甘凤池的武术技击性和武德备受人们推崇，成为习武之人争相模仿的对象。但是由于甘凤池一生立志"反清复明"，受到朝廷的打压，四处奔波，对于武学的传承只是体现在对反清复明的义军进行训练和点播。对于义军的培养使得甘凤池的拳术得以在民间发展，虽说接受甘凤池在武学上的训练和点播者很多，但是得到其真传，继承衣钵的却很少。后人能够继续习练"花拳"，应归功于拳谱"花拳总讲法"。

甘凤池能够成为一个时代的著名武术家，不仅拥有超越常人的武术功底，更注重自身武德的修炼。在拜师学艺时虚心受教，提升技击性，在行走江湖时，惩恶扬善，以德服人，体现出一种敢于斗争的"侠义精神"。在为人处世中，从不与人争名夺利，面对弱者，秉持武德先行，给后世留下了"艺高德重"的美好形象。在其一生立志的"反清复明"中，体现出一种"爱国主义精神"。

第五节 精忠强国的浙中武将宗泽

宗泽（1059—1128），浙江义乌人，字汝霖。相传宗泽出生时，曾有金麒麟现身。虽出身贫寒，但他饱读诗书，从小就有报效祖国的夙愿。宗泽天资聪慧，有过目不忘的记忆力，在他青少年时期，就独自外出游学十余载，善于向身边的贤者学习。宗泽不仅文采出众，还擅长武艺，自幼跟随乡民学习武艺，据说宗泽膂力异于常人，能够倒拉一头大水牛。宗泽文武双全的技艺是他成为宋代抗金英雄的基础，他的一生都是为了国家社稷的安危而奋斗。

宋朝为了巩固统治采用隋唐以来的科举制度，形成比较严重的重文轻武现象。特别是宋朝的"程朱理学"学说，北宋的"二程"理学主张"灭私欲则天理明"。强调"理"是宇宙万物的本原，是自然界的最高法则，也是人类社会的最高法则。而封建社会的"君道，臣道，父道，子道"这些伦理道德都是天理的表现。宗泽在青少年时期受理学的熏陶，对后来形成的君臣观、国家观、公私观具有潜移默化的影响。此时的宋朝内有财政困难，外有战争败绩，损失惨重，久有报国雄心的宗泽决定投身于振兴国家的行列中。元祐六年，宗泽31岁时，进士及第，因为在殿试的时候发表针砭时弊的言论，引起考官的不满，被列为末甲最低一等。从此宗泽步入仕途，开启了为国为民的抗金之路。

身先士卒，屡建奇功，声名远播。宗泽从一开始的文官做到武官，所做的一切都是为了国家需要。君王软弱怕事，奸臣只为一己私利，不顾国家安危，外敌入侵时，则战场失利，百姓遭殃。宗泽看到这种乱象后，毅然决定亲自带兵去最前线，为国家浴血奋战。熟读兵法的宗泽，在与金国战斗中屡战屡胜，大挫敌人士气。靖康元年，他在磁州备战时，国家已经处于动乱阶段，太原已失守，出任两河一带的官员都不愿意履任。宗泽知道后，当天一人骑马上任，只得到十多个身体疲弱的士兵。当时磁州的百姓逃离，基础设施都被破坏，处在百废待兴的状态，宗泽到任后，修缮城池，疏通护城河，置办作战兵器，招募士兵。同年十月，金兵分路南下进攻磁州，宗泽率领将士披甲迎战，大败金兵，宋朝获得与金兵对抗的首胜。此后宗泽都秉持对国家忠贞不屈的态度来治理军事，一切以国家为重。北宋的政权得以稳固离不开宗泽的鞠躬尽瘁，无论战事多艰难，条件多艰苦，只要哪里有战乱宗泽必定会只身前往，不怕牺牲，多年的战绩赢得了帝王的信赖，同时也赢得了对手的认可。但是，一人的力量始终是不够的，外有强大的金兵，内部环境很不稳定，宋钦宗安于现状，软弱无能。宗泽为人直率，快言快语，对不利于国家的人或事都会加以训斥，因而触犯了奸臣的利益，加上政治腐败，宗泽一直没有得以重用。

出师未捷身先死，长使英雄泪满襟。宗泽的晚年也是以悲剧收场，一生鞠躬尽瘁，但是壮志难酬。议和苟安是宋朝治国的传统国策，以君王为首，奸臣为辅的主和派导致北宋的灭亡。宗泽对于主和派的态度极力排挤斥责，用自己的实际行动去战斗。靖康之难，开封沦陷，北宋灭亡，赵构在逃亡的路上继承皇位，建立南宋，定都临安（今杭州）。但宗泽并不打算放弃，依然在北方与金兵战斗，最后收回开封。上书请圣回朝，但赵构最终选择偏安一隅，在江南苟活于世。靖康二年（1127），金兵本想一鼓作气，吞灭南宋，宗泽在东京挡住了南下的金兵，此时的宗泽已经是六十九岁的老人了，但毅然选择临危受命，保卫东京。由于朝廷的南迁，宗泽部下的兵力不够，而招募了大量义兵，因为宗泽的声望和为国为民的品质，得到了各方勇士的支持，王善拥有七十万兵员，王再兴率兵五万，李贵率兵两万，杨进率兵三十万投奔了宗泽。其中值得注意的是，宗泽慧眼识英雄，爱惜良才，将岳飞收于麾下，并委以重用。宗泽是对岳飞影响最大的人，尤其是他刚正不阿的态度，忠心为国为民的情怀对岳飞影响甚大。金兵南下时，赵构仍然选择求和，导致宗泽一腔为国为民的热血得不到支持，忧愤成疾，背上长了一个疽，病倒了。杨进等将士听说主帅病重，前往探望，宗泽对众将领说，如果能替他消灭寇仇，完成北伐志愿，那么他就死而无憾了。众将士纷纷落泪，发誓遵从宗泽志愿，为国效力。等将士们退下后，宗泽内心激动，心想空有报国之志，却恨不能实现了，不由地吟起了杜甫的名句："出师未捷身先死，长使英雄泪满襟。"第二天病情恶化，临终前连呼三声"渡河！"就与世长辞了。

宗泽一生刚正不阿，淡泊名利，受理学和禅宗的积极影响，宗泽的品格修养接近完美。他敢于触犯权贵，一身正气，深得百姓爱戴。在工作作风上，严于律己，处处做出表率；在带兵打仗时，体恤部下，与将士同甘共苦，治军态度上赏罚分明，善于招贤纳士，招募人才为国效力。宗泽用其一生完美地诠释了什么是"爱国主义精神"，在临终前没有一句话是嘱咐家人的，只有三句"渡河"，期望自己的北伐志愿得以实现。

参考文献

[1] 钱笠. 吴越春秋 [M]. 南京：江苏人民出版社，2012.

[2] 邱丕相. 中国武术史 [M]. 北京：高等教育出版社，2008.

[3] 吴树平，等. 全注诠释·史记 [M]. 天津：天津古籍出版社，1995.

[4] 司马迁. 史记·秦始皇本纪 [M]. 北京：中华书局，1999.

[5] 王国志. 社会学视野中的大众武术研究 [M]. 北京：北京体育大学出版社，2010.

[6] 李步嘉. 越绝书校释 [M]. 北京：中华书局，2013.

[7] 张岱年. 中国文化精神 [M]. 北京：北京大学出版社，2015.

[8] 张泽咸. 五代十国史 [M]. 北京：中国大百科全书出版社，2012.

[9] 国家体委武术研究院. 中国武术史 [M]. 北京：人民体育出版社，1996.

[10] 张仲清. 越绝书释注 [M]. 北京：人民出版社，2009.

[11] 邱丕相，蔡仲林，等. 中国武术导论 [M]. 北京：高等教育出版社，2010.

[12] 宋濂等. 元史·刑法志 [M]. 北京：中华书局，1976.

[13] 何忠礼. 南宋全史. 政治军事和民族关系卷 [M]. 上海：上海古籍出版社，2011.

[14] 吴自牧. 梦梁录·瓦舍 [M]. 杭州：浙江人民出版社，1980.

[15] 吴晟. 瓦舍文化与宋元戏剧 [M]. 北京：中国社会科学出版社，2001.

[16] 温力. 武术与武术文化 [M]. 北京：人民体育出版社，2009.

[17] 任海. 中国古代武术 [M]. 北京：商务印书馆，1996.

[18] 邱丕相. 中国武术文化散论 [M]. 上海：上海人民出版社，2007.

[19] 王俊奇. 近现代二十家体育思想论稿 [M]. 北京：北京人民体育出版社，1993.

[20] 《中国武术百科全书》编纂委员会. 中国武术百科全书 [M]. 北京：中国大百科全书出版社，1998.

[21] 徐和雍. 浙江近代史 [M]. 杭州：浙江人民出版社，1982.

[22] 万籁声. 武术汇宗（中篇）[M]. 北京：中国书店，1984.

[23] 雁冰. 淮南子 [M]. 武汉：崇文书局，2014.

[24] 戚继光. 纪效新书 [M]. 范中义，校释. 北京：中华书局出版社，2001.

[25] 郝心莲. 甘凤池技击法 [M]. 北京：北京体育出版社，1990.

[26] 郑纲领. 民间武侠故事 [M]. 北京：团结出版社，1996.

[27] 蒲戟. 中国武术故事 [M]. 广州：花城出版社，1984.

[28] 郑光路. 中国武术走向世界的序曲——国术表演队1936年赴"奥运会" [J]. 体育文化导刊，2004（7）.

[29] 郭志禹，郭守靖. 中国地域武术文化研究策略构想 [J]. 体育科学，2006（10）：87-90.

[30] 郭守靖，郭志禹. 从地域文化学视角透视武术文化的地域性特征 [J]. 上海体育学院学报，2006（9）：72-75.

[31] 董楚平. 吴越文化的三次发展机遇 [J]. 浙江社会科学，2001（5）：133-138.

[32] 李启迪，姜小平，黄婷，等. 《饮冰室合集》中梁启超"尚武"思想及其当代启示 [J]. 体育与科学，2015，36（2）：63-67.

[33] 张涛. 《水浒传》中的武术文化和武术精神诠释[J]. 陕西教育(高教), 2015 (3): 20-21.

[34] 初宇驰. 论武术精神在当代社会的价值体现[J]. 中华武术(研究), 2015 (8-9): 130-136.

[35] 郑旭旭, 周永盛. 武术精神的当代价值[J]. 中华武术(研究), 2015 (8-9): 90-95.

[36] 于莹, 董芳. 宋元时期的武术发展研究[J]. 搏击(武术科学), 2006 (6): 4-5.

[37] 彭跃清. 精武体育会对我国武术发展的影响[J]. 体育文化导刊, 2011 (6): 109-112.

[38] 易剑东. 精武体育会和中央国术馆的比较研究——民国武术的组织社会学探索[J]. 体育文史, 1995 (6): 19-22.

[39] 张之穿小鞋. 中央国术馆馆长张之江先生范平欢迎记·张之江馆长讲演词[J]. 体育月刊, 1936 (9): 19.

[40] 王岗, 郭海洲. 传统武术文化在武术现代化中的价值取向[J]. 广州体育学院学报, 2006 (3): 75-78.

[41] 程大力. 论武术文化的内涵与外延[J]. 搏击(武术科学), 2011 (1): 1-3.

[42] 苗杰. 《叶问》传达出的武术精神[J]. 电影文学, 2012 (17): 52-53.

[43] 赵姗姗. "李小龙武术精神"对大学生心理健康的正面影响分析[J]. 中华武术(研究), 2011, 1 (3): 44-46.

[44] 陆小黑. 中国武术精神要义研究[D]. 苏州: 苏州大学, 2015: 59.

[45] 马文国, 邱丕相. 文化的自信: 传统武术的希望[J]. 西安体育学院学报, 2006, 23 (6): 1-5.

[46] 周伟良, 杨建营. 论武德的历史发展与当代价值[J]. 中华武术(研究), 2014, 3 (2): 6-19.

[47] 易剑东. 民国时期武术社会化探析[J]. 南京体育学院学报, 1996 (4): 42-45.

[48] 董楚平. 吴越文化概述[J]. 杭州师范学院学报, 2000 (2): 12.

[49] 秦琦峰. 苏州越溪船拳民俗体育文化的初探[J]. 出国与就业,

2011, 24: 146.

[50] 魏真, 杨红光. 论不同社会时期的武术精神价值 [J]. 中华武术 (研究), 2015 (8-9): 19-24.

[51] 郭守靖. 文化学视野下孔子的武术精神 [J]. 北京体育大学学报, 2009, 32 (4): 27-30.

[52] 郭玉成. 论武术文化的涵义及基本特征 [J]. 搏击 (武术科学), 2009 (3): 1-2.

[53] 丁丽萍. 吴越武术文化研究 [D]. 上海: 上海体育学院, 2008: 8.

第三章

江南武术教育文化

江南武术教育不同阶段的发展形式和状态与不同年代社会制度、社会环境、军事需要以及人们的生产生活环境、自然地域环境息息相关。武术在古代以军事手段的形式流传在军营与战场上，故古代武术教育主要偏向于军事化；在民间以师传徒、父传子的形式传播武艺，这种传承形式为武术发展延续至今奠定了深厚的传承基础。近代武术教育主要以强身健体，与西洋体育文化相抗衡为重要目的。当代的武术教育主要是养生、强身健体及传承中华民族优秀传统文化，在学校教育和社区教育中广泛普及。

江南武术教育史研究通过运用文献资料法、历史分析法、访谈法、个案研究法和比较研究法等方法，以江南武术教育史为研究对象，进而研究探讨归纳出江南武术教育史的发展规律以及地域特征。通过深入的研究和探讨发现，武术教育的发展受社会制度的影响很大，江南武术教育的发展状态与江南的地域优势有着极大的关系，随着经济中心不断南移，北方劳动人民向南迁移，劳动生产力也随之南下，同时也将北方地域文化带到南方，如：武术元素，南北武术相融合产生新的武术元素，从而丰富了江南武术教育的发展。经济发展、社会政治制度的实施、教育内容的设定对武术教育的发展有着极大的影响力。江南有着优越的地域优势，经济发展迅速，政治制度开明，教育内容丰富多彩，对师资力量有着很大需求，优越的条件吸引着更多优秀教师，资源越多发展的空间更大，种种因素极大促进江南武术教育的发展。

第一节 武术教育文化研究目的和意义

武术是一门教育学科，是教育内容之一。它是中国传统文化的精髓，博大精深，被誉为中华民族的国术，是中华民族优秀传统体育健身项目之一。在教育史上有文教和武教两种不同的教育方式，中国古代官学中，由于"重文轻武"的理念和儒家教育思想主导地位的影响，官学教育中基本没有涉及武术教育；古代私学是一种师徒传承形式的教育，是中国武术师徒传承的起源；古代书院大部分为习文书院，以私人讲学为主，有个别书院是习武书院，这些书院关注武学，进行武术教育，如清初教育家颜元在书院中教习武学。因此，武术自古以来就是教育的内容。

在当今世界体育走向全球化的趋势下，民族传统体育为世界各国所接纳，武术是民族传统体育项目之一，备受教育界关注。因此，我们需要对武术重新审视。从国家到地方，民族传统体育被各界人士重视。2014年10月，"国务院正式印发了《关于加快发展体育产业促进体育消费的若干意见》，明确提出将全民健身上升为国家战略，把全民健身作为体育产业发展和扩大消费的基础"[①]。武术是全民健身的主要项目之一，也就意味着民族传统体育的发展上升为国家战略。党的十八大更是把传统文化上升到体系的高度，强调"建设优秀传统文化传承体系，弘扬中华优秀传统文化"[②]。"两会期间，教育部将足球、武术、田径、游泳、篮球、排球、体操确定为七大校园教育运动项目。"[③] 其中武术是中华民族优秀传统体育项目，发展武术教育能够培育和弘扬中华民族精神。位于江南地区的上海、江苏、浙江等省市纷纷推出发展武术项目的政策，民族传统体育文化在不同地方得到弘扬。

江南武术教育史研究是江南武术文化史研究下的子课题，江南武术教育的形成和发展与江南的历史文化息息相关，同时也受到不同历史时期江南的社会形态、人文环境、地域特征等因素的影响。江南地区多平原和河流，其北部地势平坦，以平原为主，南部则分布有一些山地丘陵，这种特殊的地理环境造就了江南武术教育发展的地域性特征。

江南武术教育史研究属于江南武术文化史研究的一部分，通过挖掘江南武

---

① 国家体育总局网站.落实国家战略深化群体改革全国群众体育工作会议召开［J］.运动，2015（2）.
② 史铁杰，余妍霞.高校传统文化的传承现状及对策研究［J］.江淮论坛，2015（2）：186.
③ 新闻资讯.武术被确定为"七大校园教育运动项目"之一［EB/OL］.太极网，2015-03-13.

术教育史文献资料,在此基础上讨论当时江南的社会环境、人文背景、地域特征因素的影响,发掘不同时代的武术教育制度、内容、形式的差异,从中寻找当代江南武术教育发展的方向、路径和开展的脉络,从不同角度使学者更加清楚江南武术教育史的发展脉络,在一定程度上丰富武术文化史研究成果。

本章通过科学系统的论述和考证从古到今江南武术教育的起源、发展进程、存在的问题、影响因素等基础上发掘其演进发展规律,进而借鉴此发展规律来探析江南武术教育在不同历史时期的变迁,为今后江南武术教育发展提出新举措及新思路。因此,对江南武术教育进行历史审视对当今武术教育发展具有重要意义。

通过分析江南经济因素、社会形态、人文地理环境对武术教育历史变迁的影响,进而研究不同时期江南武术教育的制度、内容、形式以及当代江南武术教育的地域优势,探讨出今后江南武术教育发展的改进措施和发展方向,将江南武术教育的研究更加完善系统化,为其他学者提供相对科学系统的文献资料,丰富和完善江南武术文化史研究。

第二节 相关概念阐释与研究文献梳理

一、武术教育的概念阐释

通过查阅与武术教育相关的文献资料后发现,与武术教育相关的研究相对较多,但仅有少许的研究中界定了"武术教育"这一概念。如邱丕相、王国志在《当代武术教育改革的几点思考》中记述:"武术教育,不仅仅指武术教学,它的研究范围更广,是指通过武术教学过程,使受教育者从身体上、技能上、品行上、人格上得到教育塑造。"[1] 李龙的《历史学视野下的中国武术教育》中,他界定的武术教育是:"武术教育者按照一定的目的要求,对受教育者进行武术技术与武术理论的传授或熏陶,从而达到对武术受教育者施以影响的一种有计划、有目的的活动过程。"[2]

---

[1] 邱丕相,王国志.当代武术教育改革的几点思考[J].体育学刊,2006,13(2):76.
[2] 李龙.历史学视野下的中国武术教育[D].上海:上海体育学院,2007.

此外，栾鑫、孙向豪在《从当代武术教育的概念谈我对当代学校武术教育的看法》中的观点认为：武术教育是把武术作为培养人的一种社会活动，通过武术这一载体来传承社会文化、传递生产经验和社会生活经验的一种途径或方法。狭义的武术教育即是指影响人的身心发展为直接目标的武术活动，主要指学校武术教育，是教育者根据一定的社会要求，有目的、有计划、有组织地通过学校教育工作，对受教育者的身心施加影响，促使他们朝着期望方向变化的活动过程。[1] 以上对武术教育概念界定的研究结果共性都表明武术教育是使武术受教育者在武术教学过程中身体、心理等方面受到一定的影响，使受教育者的身心得到健康发展。

二、武术教育发展历程

武术是一项土生土长的民族传统体育项目，它是在中华民族长期的生产劳动过程中所创造形成的。关于武术教育的起源、发展历程，有不少学者对此进行了研究，出版了较多的文献资料及数部专著，有学者研究从古代到现代的武术教育，也有学者仅研究从古到今其中某一时期的武术教育。专著有：习云太编著的《中国武术史》（1985）、林伯原编著的《中国武术史》（1994）、由多位研究者完成的在人民体育出版社出版的《中国武术史》（1997）、李宁等人编著的《中国武术史略》、周伟良编著的《中国武术史》（2003）等。这几本专著都是从史学的视角研究武术发展的轨迹。周伟良认为古代军事武艺是中国古代武术形成发展的一大文化源，古代的生产活动与军事活动对武术的原始形态有一定的影响，而不是把军事活动归纳到武术内容中去。他根据武术在不同历史时期所表现出来的社会特征，把武术史分成古代武术、近代武术和现代武术三个阶段。详细介绍了各个历史时期与武术相关的器械、民间活动、军事活动、制度、教育体系、教学科研等。

从历史学角度研究武术教育演进历程的博士学位论文有李龙的《历史学视野下的中国武术教育》，文中论述了中国武术教育的历史嬗变、教育思想及制度、教育区域性、中国武术教育与民族凝聚力，以及21世纪的中国武术教育，为21世纪的武术教育在走民族化道路时候提出科学化的方法、发展的方向及需

---

[1] 栾鑫，孙向豪. 从当代武术教育的概念谈我对当代学校武术教育的看法 [J]. 中华武术·研究，2011，1（7）：66.

要实施的措施。硕士论文有曹植寿的《近百年学校武术教育的发展历程及趋势研究》、王智慧的《我国学校武术百年嬗变的研究》等,这两篇文献以回顾我国古代学校武术的发展状况为基础,着重详细阐述了我国近现代时期有关学校武术教育的重大历史事件、文件和政策,归纳总结出近代和现代学校武术教育发展的基本特征,发现其发展所面临的问题,并提出解决问题的建议。期刊论文有陈翠红的《学校教育中武术课程的演变与发展》、吕光明的《我国学校武术发展源流探源》等,论文从古代学校武术、近代学校武术和现代学校武术三个阶段简单概括总结了这三个时期学校武术的演变发展状况,并没有深层次地研究其中的发展规律对现代武术教育发展的启示。而吉洪林、赵光圣等的《我国学校武术的发展历程与变革探析——兼论对当前武术教育改革的启示》在文中通过分析古近代学校武术的历史沿革,总结出发展规律与历史经验,然后给予当前学校武术教育改革相应的启示。

还有一些研究历史上其中某一时期的武术教育的研究成果,如王晓东、高航在《武术进入学校教育的历史溯源》中写了古代时期与近代时期武术教育的发展,朱桂兰、王建清的《中国古代学校武术传播的历史溯源》,李龙的《中国古代学校武术教育回眸》,李垚、岳素芳的《明清时期武术的发展及其影响》,张继华的《清代武术的历史发展溯源》,谭华的《近代中国社会的变革与武术的进步》,冯亚乐、漆才杰的《民国时期武术发展特征初探》,韩冰、路彩红的《民国时期学校武术课程发展研究》,杨海庆的《辛亥革命与近代武术的发展》,刘轶的《中国近现代学校武术教育的发展历程及路径依赖研究》,郭琼珠等人的《当代学校体育武术教学内容设置的回顾与展望》,刘文武的《学校武术教育——定位、现状、对策》,杨建营、王岗的《20世纪武术发展特征的研究》等论文都是单独写某一时期或某一朝代的学校武术教育发展的现状,相对来说研究较零散、不太全面,但也有一定的参考价值。

从现有的研究成果可归纳出,中国武术教育最早可追溯到夏商时代,古代武术教育在官学和私学中都有存在,官学文武兼习,但偏重于传授祭祀和军事作战。清末有个别书院关注武术教育。古代武术主要存在于军事作战中,战争结束后军事武技逐渐向军事武艺转化。到了近代,辛亥革命以后加快了武术真正进入学校的步伐;马良"新武术"打破了旧武术的门户之见,促进武术进入学校,在1916年武术正式被列为学校体育课程必修项目,"土洋之争"给武术的发展注入新的血液,民国时期武术社团组织规模扩大。

现代学校武术教育现状：为了推动学校武术的发展，近年来国家各部门不断推出新的举措。如：上海体育学院建立全国学校武术联盟，实施"一校一拳"的学校武术路线；江苏省教育厅明确规定武术成为小学初中体育必修课，强烈要求全省各所学校必须教学武术；武术成为"七大校园教育运动项目"之一；上海市率先启动实施武术作为体育中考选考项目的战略决策。尽管颁布并推出很多新的举措，但是目前学校武术教育存在师资力量匮乏、武术教育者素质达不到全球化提出的要求、教学内容不全面等问题。

三、江南武术教育史研究文献梳理

"士"阶层是先秦社会最活跃的社会群体，也是最重要的。它是从平民中分化出来的，这个阶层的人身怀勇力和武艺，故被专门选拔出来成为新的阶层，他们刚开始在农忙时从事耕种，在战事时组队作战，在后来逐渐不从事农活，转变为专门的武士，收纳子弟，传授武艺。春秋时期"士"阶层开始出现分化，一部分武士转为文人，标志着当时中国社会文明的进步。

春秋战国时期，"士"阶层经历文武分途后，"文"与"武"各行其道，发展趋向专门化。武途中特别提倡拳勇、技击，武士的勇力和武技已达到前人从未有过的水平。各地方的武士会长期刻苦地进行训练，并在每年的春秋之际，聚集在一起切磋交流武技，还举办武艺竞技活动，加快武术专门化的进程并促进各地方武术的发展。武术走向专门化的道路，促使一些勇力超群、武艺高超过人更加专业的武士涌现出来，这些武士在战乱时期被统治者强制性地精选出来，充当精兵，社会地位也由民间"武士"变成"国士"。《国语·越语》记述吴越国决战时，"吴王帅其贤良，与其重禄，以上姑苏"。这里所说的"贤良"，便是指在民间武士中精选的佼佼者，战乱时充当精兵的"国士"。为了举荐和选拔优秀武士，当时的各诸侯国都拟定了一整套强制性的严厉的相关法律制度。由"武士"到"国士"的选拔，有严格的要求和测试，这种测试是有一定的难度的，顺利通过测试不是很容易的。成功通过测试的武士被迫离开长期定居的故乡，去为统治者效力。这种选拔"国士"的方法使不同地方的武士汇聚在一起，形成一个特殊的社会群体，拥护统治者，保卫国家。从另一个角度上促使各地方武术打破地域的界限汇集在一起，多样化的武术在国士中发展起来，促进各种武术的新发展。各诸侯国养士之风的出现，更加高度地推进武术教育的发展，武术在这种社会环境中发展速度加快。

先秦时期的武士阶层的发展过程中，折射出当时武术教育发展的一种社会形态，在这个时期武艺发展稳定，有专门的武士阶层，为武艺的广泛稳定传播提供了平台，给以后的武术教育发展奠定了一定的基础。

夏商周三代的习武教育是学校武术教育的起源。夏商学校文武兼习而且偏重于武，以习射为主要内容，对传授祭祀和军事作战的技能较为偏重。西周时期，学校把射、御列为"必修课"，而且射御都属于军事武艺的内容。整个社会有着浓厚的尚武之风。这个时期的教育为以后学校武术教育的发展奠定了基础，在一定程度上促进了武术的发展。

春秋时期越女传授剑法和陈音训练士兵射箭术的社会背景：大国争霸是春秋时代的显著特征。吴国建立后迅速发展壮大，不断讨伐周边国家，开辟霸主之路。在争霸之路上，吴越有着不共戴天之仇。仇恨是慢慢积攒发展来的，公元前544年，一个越国俘虏在吴国的一次阅兵中刺杀了吴王馀祭。公元前437年，楚国与吴国交战，楚国大将带领军队在夏汭会师，越国积极响应与楚军会合。公元前518年，由于吴楚两位妇女吵架引起一场"卑梁之衅"的时候，越国公子和大夫前去慰劳楚军，送给楚国一艘大型战舰来进一步巩固两国关系，威胁到了吴国的水军。面对这些威胁，吴国对越国不曾有过反击。直到吴王阖闾十年（前505）吴国攻楚，吴王邀请越国出兵相助，不料却被越国一口回绝了。此时新仇旧恨涌上阖闾心头，阖闾一怒之下出兵攻破越国的檇里。从此吴国开始征伐越国。在吴国浴血奋战楚国的时候，越王允常乘吴国国内空虚，出兵讨伐吴国，被留守的吴军击退。从此吴越两国处于不共戴天的境地。

吴王阖闾十九年，阖闾得知做了六十余年国君的越王允常死了，便异常高兴。趁越国一片混乱，他亲自率军攻打新上位的越王勾践带领的军队，谁料此次战争阖闾战败了，越军暂时战胜了吴军，从此两国的仇恨更加无法化解。阖闾在此次战争受重伤，身体每况愈下，急剧恶化。阖闾死后，新的吴王夫差立志为父报仇，矛头直指越国。三年之后，两国再次交战，吴国大败越国，勾践在无奈之下去吴国当奴隶，忍辱负重服侍吴王。勾践的诚心诚意打动了夫差，终于在越王勾践十年时，勾践被放回越国。吴王的目标转向陈国，越王卧薪尝胆开始谋划复仇计划。现在的浙江绍兴就是越王勾践报仇雪耻之邦。

越王勾践为了灭吴国，采纳了谋臣文种的九种计谋，均屡屡得逞，已准备好灭吴国的计划，不巧的是"万事俱备只欠东风"。阴谋得逞的勾践与谋臣范蠡商量，报复吴国的计划已就绪，但是由于地理位置的特殊情况，吴越两国交战时不外乎有水战和陆战两种情况，因为水战需乘舟，则兵器以弓弩当优；由于陆战乘舆，自然以击剑当先。越国没有会击剑和使用弓弩的将士，应当需要邀请善于击剑和使用弓弩的人来军中操练士兵。勾践让范蠡推荐人才，范蠡听说越国南林有一个年纪小但精通剑术的女子，名气在越国也是响当当的，邀请她来操练士兵。楚国陈音擅长弓弩，是个射箭高手，祖传五代绝技，可以聘请他到军队训练射箭。

越女在军队传授剑法：范蠡成功邀请到越国精湛剑术的女子，当越国南林舞剑女见到越王勾践时首先做了自我介绍，然后再介绍了用剑的道理和技术。此女认为剑术的基本原则是："内实精神，外示安仪。"① 看着外表如此温柔的女子，舞剑时攻击起来像下山的猛虎一般，很是凶猛，可见使用剑法的重要性。舞剑时，肢体的变动要配合气、意、心、眼、身、法、手等，而不仅仅局限于肢体的运动与变化。所谓"呼吸往来，不及法禁，纵横逆顺，直复不闻"②，达到这种境界后，便能一人当百，百人当万。越王勾践听闻后，甚是大喜，立刻赐名号为"越女"。勾践开始在越国全部军队中挑选精英士兵前来随着越女学习剑术，随后让精英们在军中传授剑术。这种剑术在越国被称之为"越女之剑"。

楚国射箭师陈音训练士兵射箭术：在范蠡的举荐下，越王聘请楚国射箭师陈音到军队中训练士兵射箭术。陈音来到越国见到勾践后，从弩箭的来历到弩箭的模样及不同的种类再到古人射箭的身体姿势、动作、方法技巧及注意事项等一一做了详细的阐述。陈音的陈述的射箭内容具有非常高的历史价值，勾践从内心上被陈音的话语所打动，于是速请陈音在北郊之外给越国将士们训练射箭术。不到三个月时间，越国士卒们都掌握了弩箭的使用技巧，并且技术还很超卓。越王甚是高兴，灭吴更是大有胜算。在高兴之余，不久后，陈音因病去世。勾践极其悲痛，特意为陈音举办葬礼，将他埋葬在越国西部的山上（今绍兴市区西南），并把此山改称为陈音山，以此作为纪念。《太平御览》引孔晔的《会稽记》曰："陈音山，昔有善射者陈音，越王使简士习射于郊外。死因葬焉。冢今开，冢壁悉画作骑射之象，因以名山。"③ 以此看来，在今天的绍兴市陈音

---

① 钱笠. 吴越春秋 [M]. 南京：江苏人民出版社，2012（4）.
② 钱笠. 吴越春秋 [M]. 南京：江苏人民出版社，2012：4.
③ [宋] 李昉，等. 太平御览（第一册 第四十七卷，地部十二）[M]. 北京：中华书局，1960：227.

墓遗址——陈音山，在六朝时期的南朝宋时就被发掘，墓中有许多的射箭和骑射教学、训练的壁画像。

春秋战国时期是我国古代武术教育一次巨大发展的时期，而吴越之地是现在的江浙沪一带，民间的剑客越女在越军中教授剑术，射箭高手陈音训练射箭术，均体现了古代江南民间武术向军事武术的转化，军事武术教育借鉴民间武术教育。武术内容在不同领域间传播，体现了江南武术教育发展的广泛性，不受领域的限制。

秦统一六国后，严禁民间操戈习武，将散落在民间的兵器全部收集，并熔铸成12个均重24万斤的巨大铜人。[①] 这种做法使武艺在民间的传播与发展受到阻碍，但是间接地促进一些军事武艺娱乐化，如手搏、角力以一种富含表演性的娱乐活动而呈现，被称为"角抵戏"。

西汉初期，类似于角抵这种娱乐活动都是被禁止的。随着社会的繁荣发展，角抵戏越来越被人们尤其是皇室贵族所喜爱，特别是在汉武帝时期，世间社会呈现出一种繁荣景象，角抵戏不仅在宫廷盛行，而且融进了民间生活。这一时期角抵戏中吸收了歌舞、音乐、杂技、魔术等方面的活动内容，有了新的变化和发展，不仅仅是两两相当的武术表演了。角抵戏从而成了一种引人入胜、盛况空前的综合性文体表演特征的新形式。虽说汉代是武术大发展的时期，但是没有在学校教育中得到发展。

三国时期，社会动荡，战乱不断，社会状态变化莫测，对武术的发展起着双重性的影响。在战乱的社会环境中，为了赢得霸权的地位，需要增强军队的整体作战能力，就需要掌握军事技艺与武艺攻防技巧，如此便为武艺的发展提供了机会，武艺在这个时期社会中的重要性随之提高。

导引术在春秋战国时期出现，在两晋南北朝时期进入一个新的发展阶段。汉代以后，两晋南朝、隋唐的封建官学以儒家思想为主要教育内容，几乎没有武术教育。两晋时期士族阶层寻欢作乐、腐化堕落的思想泛滥，这种风气阻碍了武术的发展。但是战争军事需要武技，武艺在军队中迅速传播，这为武术的发展提供了机遇。

武举制度正式首创于武则天长安二年。武举考试由兵部主持，考试科目有马射、步射、平射、马枪、举重、摔跤、材貌、言语等，多达七项以上。不难

---

① 任海. 中国古代武术 [M]. 北京：商务印书馆，1996：29.

看出，此考试是以实战性技能为主，动作要求规范统一，完成项目难度很大。《唐六典》曰："武举以七等阅其人，一曰射长垛，二曰骑射，三曰马枪，四曰步射，五曰材貌，六曰言语，七曰举重。"① 实质上武举制就是一种考试制度，为朝廷选拔战争军事武艺人才而服务。从考试内容制度可看出能够顺利考中并非轻而易举的事情，难度系数极大。

武举制创立的社会背景：一是唐朝初期朝中大将多为以唐起家的关陇地区的旧部，"关陇"军事集团的后裔逐步发展成为朝中的重臣或者皇家国戚。出身寒门的弟子几乎没有机会通过科举进入朝廷，导致关陇门阀一族日益壮大。武则天为了削弱"关陇"军事集团力量，巩固新政权，革新朝政，采取募兵制，提出一系列措施广招贤士，开拓兵源，破格招用精于骑射武力的寒门弟子，激发人民的习武热情，扩充朝廷人才储备。二是唐王朝长期和谐繁荣发展，人民生活安逸，科举制的长期实施，导致以文入仕受到重视，尚武观念被轻视灭。唐初采用举荐制选拔武将的弊端逐渐凸显，使得唐朝的军队威力逐渐衰退，无法与吐蕃、突厥等地区的少数民族相抗衡。三是武则天为了巩固自己的新政权和政治地位，重视培养自己的嫡系军事力量人才。因此，在这种情况下，乡贡武举制自然而然产生。

武则天开创武举制，给习武之人创造了一条进仕之路，促进唐朝社会尚武风气的形成。武举制的开创，在全国掀起一股习武热潮的影响下，浙江温州地区的人们习武热情在一定程度上也被激发了。温州南拳作为武术经典拳种的其中一个拳种，不仅受到民间群众的广泛关注，还得到高层人士的高度重视。自古以来，温州是块人杰地灵的宝地，在此宝地里诞生了众多武科进士。《温州市志》记载："自唐宣宗大中十三年至清末废科举，近1050年里，温州地区共出武科进士439人，其中鼎甲29人。"在南宋150年间，也就是温州武科鼎盛时期，温州共出了305名武进士。② 武举制繁荣了温州武坛，习武成为寒门弟子步入仕途的一条行之有效的路径，为了能够在武举考试中取得胜利，习武人士相互之间切磋交流武艺，使武术有了空前繁荣发展的机遇。据考证，在宋代时期

---

① 郭守靖.武举制与齐鲁地域武术文化研究［A］//第三届中国体育博士高层论坛论文集［C］.2010：379.
② 王晓燕，林小美等.吴越文化与民族传统体育文化融合发展的对策研究——以温州南拳为研究对象［J］.浙江体育科学，2015，37（6）：107.

温州市瑞安县曹村有进士82人,为名副其实的"中华进士第一村"。浙江宁波鄞州的走马塘村,经过宋元明三朝,自北宋太祖开宝四年(971)至明代思宗崇祯四年(1632),600多年共出进士76人,其中北宋6人,南宋54人,元代10人,明代6人。[①]

可见,唐朝创立的武举制的实施在浙江温州等地取得了很大的实效,在实施过程中无形之中使习武的人数增多,为了能在朝廷做官,群众纷纷习武,既增强了身体素质,又促进了武术大规模广泛传播,更加促进武术教育的大力发展,为江南现在的武术教育奠定了厚实的基础。

在宋元时期战乱频繁,几个政权长期对峙,民族矛盾重重,宋朝初期,统治者实行守内虚外、严禁民间习武活动的政策,激化了民族内部矛盾和社会矛盾,有压迫就有反抗,内外社会矛盾的不断激化,促使民间出现习武活动,并逐渐普遍存在。另外,战争不断,统治阶级为了巩固政权加强军事武备及军队习武训练,大力推行武举制,推动武术文化的发展。元朝时,统治者不仅发行禁止汉人执兵器、习武技的文告,而且还在元朝的官方刑法中明确列入严禁民间习武的规定及处罚。在宋代史料中有关武术"套子"的记载,这表明武术发展开始走向成熟。

明清时期是古代武术大力发展的繁荣期。在明代以前,习练武艺基本是用于军事战争,富含军事文化。在明代军事战争中由于火器逐渐取代冷兵器,使军事武艺无法直接作用于实战中,武艺与实战出现一定距离,逐渐失去其军事价值,便成为人们强身健体的一种体育形式,没有了原来军事训练中按照战争规律整齐划一的技术动作,开始向不同方向发展,形成不同流派。社会发展落后,交通与通讯闭塞,武术在各地区小范围内传播发展,各地区的地域环境、自然环境、人文环境和人们身体素质客观存在一定的差异,造成即使不同地区的拳种类别相同,演练出来的武术也会有不同的架势套路,而蕴含各地域的文化特征。

江南的船拳蕴含着明显的地域特征。它是在我国江南特殊的地理位置、自然环境和舟船文化的影响下形成的,因而,它便是一种蕴含有浓郁水乡民俗的地方特色传统拳术。主要分布在江苏、浙江、上海等地区,有着特殊的水乡地

[①] 卢良秋. 温州瑞安曹村进士数考证[J]. 浙江大学学报(人文社会科学版),2006(5):160.

域民俗文化特性。春秋后期吴越两国扩张至现在的江苏、浙江、上海、安徽等一带地区。古话说得好："靠山吃山，靠水吃水。"这些地区地处在特殊的水域环境之中，为了能在沿海地带生存，这里的人们只能靠船出海打捞海洋生物维持生计，出行的交通工具也是以船舟为主。由于沿海地带海洋资源丰富，元末至明朝晚期以日本为主的海上入侵者活跃于朝鲜半岛及中国大陆沿岸，侵扰劫掠沿海地带。人们将此类人物称之为"倭寇"。总之，地域的特殊性创造出富饶的海洋资源，促使人们常年漂泊在江河湖海上以渔业为主，受到覆舟丧命的威胁，再加上倭寇的侵扰劫掠，渔民们不得不在船上习武强身健体。经济重心南移，北方人民移民至南方，无形中将北方拳术带到南方，为了适应水上环境，人们将陆上拳术引到船上，南北武术文化交融。由此，船拳渐渐出现。"船拳是内陆地区的武术与江南渔民文化相互交融的产物。"①

明清时期武术的发展处于高涨期，在明朝中期以后，朝廷开始对兵制实施改革制度，由原来的军民分制改为乡兵征集，致使各个地方的乡兵训练热情高涨，纷纷习练武技，这个制度的实施促使当时搏斗击打的武艺得以兴盛发展。明朝嘉靖年间，倭寇在沿海骚扰泛滥，十分猖獗，洗劫村庄，奸淫烧杀，贻害最烈。明朝戚继光从福建到浙江抗倭，经过与倭寇几次交手抗战，戚继光明察到明军缺乏训练、战斗力不强、水战训练不足、恐敌情绪，等等。因此，他决心重振军风，整饬军备，招集兵马。他招了一批操练船拳强身健体的渔民乡军，通过艰苦训练后抗倭以胜利告终。浙江省吴兴县双林镇明朝官员陆炳告老还乡后大力宣传戚继光抗倭的英雄事迹，激起了百姓的练武热情，促使船拳活动在民间得到进一步发展。为了取得抗倭战争的胜利，戚继光招募新兵，精心操练新兵，传授士兵武艺，在军队中使武术得到传播，渔民为了生机与倭寇搏斗，在船上习练拳术，增强自身防御与抵抗能力，促使拳术在渔民中发展。特殊的地域环境和抗倭战争在另一层面上促进武艺与拳术的进一步发展，使武术教育在军事和民间展开，为近现代江南武术教育的发展打下基础。

明清时期，不仅拳术大力发展，形成不同的流派，而且武术器械也得到大发展。如长江流域一带的武术架势较小、动作紧凑、重心较低、步伐稳、多短拳、手法灵巧等，被称为南派；而黄河流域地区的武术架势大而舒展、大开大

---

① 杨运涛，刘红建. 太湖流域渔家民俗体育研究[J]. 南京体育学院学报（自然科学版），2014, 13 (5): 125.

合、力量刚猛，称为北派。在武术理论方面，一些军事家及拳师总结了自己的习武经验，将这些经验编写成拳册，出版了武术书籍，代表著作有《纪效新书》《武编》《剑经》《内家拳法》和《太极拳论》等。这些理论书籍为现代武术教育的研究提供了书面史料和理论依据。不同理论的出现，引出不同武术流派，如内家拳与外家拳。理论书籍出现为现代的武术教育发展奠定了重要的理论基础，具有划时代的意义。这个时期西方文化传入中国，中国传统武术文化开始与西方潮流文化相抵抗。

第三节　近代江南武术教育发展状况

　　清朝末年，清王朝的政治体制腐朽，自身机制衰败，欧美资本主义国家却正在兴盛发展，并不断加强向世界各地开拓殖民市场，正在逐渐走上向外扩张和侵略的道路。清王朝日趋腐朽，地大物博、人口众多的中国成为列强垂涎已久的侵略对象，列强将魔爪伸向中国，第一次鸦片战争爆发后，中国的国门被打开。中国社会内忧外患，急剧动荡。清政府腐败无能，为了保全自身利益，出卖国家主权，与西方列强签署了一个又一个的丧权辱国的卖国条约，导致人民陷入水深火热的生活，激起无数爱国主义者的愤懑。

　　浙江素称"东南财赋之地"，因此一向是清朝统治者严格控制和残酷掠夺的地区，鸦片战争前夕，清朝浙江当局更是腐败到极致，给浙江人民带来深重的灾难，激化了社会矛盾和阶级斗争。迫使底层的劳动人民尤其是农民开始反抗清政府的封建统治和剥削的正义斗争。太平天国胜利进军传至浙江，激起浙江农民反清反封建斗争高涨。1855年太平天国首次进入浙江，在浙江组织武装起义，打击了浙江清军的气焰。由于清军的强烈进攻与镇压，太平天国运动以失败告终，1864年太平军撤离浙江。

　　太平天国在浙江反清反封建时实施了一些政策措施，其中在社会及文化设施方面的实施的政策是：一方面，对于不反抗太平军的地主阶级知识分子，太平军采取尽量安抚录用、封官授职、用其所长的措施。所谓"贼重读书人，称先生有加礼"，是当时极其普遍的现象。另一方面，太平军利用科举考试的旧法，按照新的政治标准，选拔愿意为太平天国服务的知识分子。其在形式上，虽然是世袭清朝的科举制度，但是，在内容上则有着实质性的区别。考试仍然分为京、省、县三级，均分为文武两科，但武科较少。太平天国在浙江实施的政策，体现了尊重文化知识教育的同时也进行武术教育。虽然武科考试少，但是在一定程度上也能促进武术教育的发展。

1903年颁布《奏定学堂章程》后，传统的官学和私学被新式学堂所代替，该章程明确规定对学堂开设体育课，教学内容为体操，没有武术内容，但对武术产有一定的影响：一是有很多人认为拳术是中国式体操，辛亥革命以后各学校必修体操课，拳术在学校教育中逐渐被认可是体育的重要组成部分。二是科举制度被废，社会上的以武取功的武士大多选择其他事业谋生，导致各省各地的武学馆自然淘汰。

从秋瑾习武经历分析清末武术教育状况：秋瑾（1875—1907），又称"鉴湖女侠"，浙江山阴（今绍兴县）人，好文学、又好剑术、善骑马，是我国近代爱国主义者，更是不为人知的武术家。秋瑾生活于清朝末年，喜欢看历史著作和武侠典籍，受书籍的影响产生了爱国主义和尚武精神的思想，有了要推翻腐朽无能的清政府的志向。少年时期跟着她的舅父单应勋学习拳术、剑术及骑术，为了报效祖国，她坚持每天刻苦习武强身健体，"掌握了湘潭流行的巫家拳的11套拳术和棍、钯、单刀等器械的套路"①。从此，她的武术日益精进，也有了自己的习武心得。清光绪二十八年（1902），秋瑾与其丈夫同游北京，那时正是义和团失败，清王朝与列强签订丧权辱国的辛丑条约之后，秋瑾亲眼看见了西方列强在中国猖獗横行之恶劣的行为以及清政府的昏庸残暴，这让人义愤填膺。目睹之后，忧愁和愤怒填满烈士胸膛，她毅然决然要以救国为己任。在丈夫的勉强同意下，秋瑾于清光绪三十年（1904）独自一人东渡日本。同年秋，秋瑾加入了孙中山先生派冯自由在日本横滨秘密组织的集会，同去的有湖南刘道一、仇亮，四川彭竹阳等同志。秋瑾1905年在日本成立同盟会。秋瑾在日本实践女学校师范班研究教育，在日本武士道精神的深刻影响下，她青睐于日本的尚武精神。在如此氛气下，她在继续学习中国武术的同时还学习日本的刀术和射击。在《取缔清国留学生规则》颁布时，留学界群起反对无效，新化陈烈士倍感羞之，便跳海而亡。秋瑾知晓后，感慨不已，痛哭流涕，报国心志更加强烈，下定决心回国拯救苍生。②

―――――――――

① 郭学松. 秋瑾尚武思想研究［J］. 体育学刊, 2013, 20 (4): 61.
② 郭延礼. 秋瑾研究资料［M］. 济南: 山东教育出版社, 1987: 88-89.

1906年秋瑾归国后，由于革命运动的需要，浙江的革命党人不可能始终坚持在浙江活动，需要分散到其他地方，秋瑾却始终将自己革命的根扎在浙江。国民思想腐朽昏沉，不强身健体，吸食鸦片，身体素质每况愈下。秋瑾看到这种现象后，再结合自身习武的心得，她清醒地意识到要想改变眼下的现状，必须要大力弘扬尚武精神，国民人人都尚武才能强健体魄。为了强健国民体魄，秋瑾发动群众习练武术，使武术在民间得到发展。她在此基础上，为了培养一批骨干而办起了学校，有南浔女学堂、绍兴大通学堂、绍兴体育学堂，她亲自任教，促进武术在学校中发展；她招收一批女生入校学习军事，推崇军事尚武思想，她们习得武艺和军事知识后，在军队中积极传授，促使武术在军事中广泛迅速传播。徐锡麟1907年去了安徽安庆后，学堂交给秋瑾负责。1907年秋瑾在绍兴以大学堂为根据点，聚集会党人员在大通学堂和绍兴北区体育会训练。练习军事格斗及武器的使用，在军队中倡导尚武精神，促进武术在军队中广泛传播。同盟会源于"洪门"，"洪门"是个习武报国的会党组织，所以习武是同盟会成员必学内容之一。

　　秋瑾倡导"军事尚武精神"的理念和以"武力拯救祖国"的思想，对我国近代革命产生了极其深远的影响。在民初五年间，浙江在教育文化方面增添了一些新气象，先后建立了浙江图书馆、省教育会，以及全省最早的浙江医学专门学校、体育专门学校；1912年全省已有新式小学6013所，学生26万余人。到了20世纪二三十年代，浙江的文教在全国已经独领风骚。体育事业在这一时期仅在省城和旧府属县城设立了一些体育场馆，由于西湖地理位置优越，1929年在杭州举办了全国武术擂台赛。[①]

　　蔡桂勤（1877—1956），清末民初著名拳师，字拙亭，出生于武术世家，山东济宁兴福集蔡行人。精通技击，擅长枪、剑、流星、弓箭、擒拿诸技，最精湛华拳，上海"精武体育会"赫赫有名的武林英雄，在江湖上有"枪王""拳魔"之称。他从小跟随祖父蔡公盛习武，后来知晓济宁有一位"齐鲁大侠"丁玉山，武艺高强，曾得华山蔡氏华拳的真传，很想拜他为师。不料却被拒绝了，原因是丁玉山无比拘泥于"艺不轻传""择人而教"的古训，就连他的亲生儿子都不传授，外人更不给传授。但是蔡桂勤坚定要拜大侠为师，最终经过三次雪夜考验，用真心打动大侠，拜在"齐鲁大侠"的门下。经过三年的时间，学

---

① 陶士和. 浙江民国史研究通论［M］. 北京：中国社会科学出版社，2007：10.

得华拳精髓，独自游荡江湖，名扬大江南北。1897年南游时，在苏州锦源镖局当镖师，1905年离苏州来到上海开设西庆镖局任总镖头。1906年在上海遇到秋瑾，有着爱国情怀的女侠极其仰慕他的剑术，并向他请教剑术，在交流讨论剑术的过程中，蔡桂勤被秋瑾的以武力拯救国家的精神所打动，对革命产生了向往。①

刘百川（1870—1964），享年94岁，清末民初武术家，有"江南第一脚"②之称，生于安徽省六安县十里沟，自幼习武，武功超群，刚勇正直重义气，讲武德，并为世人所推崇，得少林高僧杨澄云武功秘诀真传。刘百川7岁开始为地主在山上放羊，遇到山上庙里的高僧杨澄云，身体强健的刘百川被杨澄云所看重，并开始教他少林拳脚功夫。刘百川对武术由产生兴趣到痴迷状态，每天在放羊期间都会去庙里练拳，从不觉得练拳辛苦，再艰苦都要坚持，这种精神受到杨师傅的赞许，并认为他是一个习武奇才，将少林罗汉拳和罗汉神打传授于刘百川，还教他识文断字和做人之道。刘百川经过十载勤学苦练，成为一名出类拔萃的武林高手。1887年秋，18岁的刘百川在师傅的允许下，报名参加清朝传统武状元选拔，先参加安徽地区武举人选拔，他以精湛的少林功夫赢得所有对手和评委的称赞，并代表安徽进京比武。刘百川以迅捷无比的罗汉神打、子母鸳鸯连环腿法在全国近300名武林高手的云海中过关斩将最终位列武举第七名，至此，人们对他迅捷无比的子母鸳鸯连环腿法赞叹不已，称他为"江南第一脚"。获得武举人之后，朝廷委任他为总理各国事务衙门侍卫首领一职。可残酷的现实深深打击了他为国效力的高涨热情。就在此时日俄为争夺中国东北控制权，在东三省大规模开战，东三省的老百姓四处逃离，处于水深火热之中。面对如此恶劣情况，腐朽的清政府却声明保持中立。紧接着其他侵略者强加给清政府各种不平等条约，使刘对朝廷的腐败无能、国力衰败感到失望至极，任职不久后便辞职离开。他离京前往天津，以武举人身份和高超过人的真功夫加入平安镖局成为一名押镖师，从此开始走镖生涯。刘百川的名望在江湖上越来越响，大江南北开始留有他的足迹。他从四川西行到西藏又冒着危险亲自随九世班禅赶往内地，他将九世班禅护送到南京，孙中山先生亲自接见刘百川，并赞扬他。他亲自保卫九世班禅安全的爱国行为得到国民政府的奖赏。班禅大师

---

① 鸿详. 一代武术宗师蔡桂勤[J]. 体育文化导刊, 1986.
② 郭守靖. 浙江武术文化研究[M]. 北京：光明日报出版社, 2015：176.

赠送他一串佛珠以深表谢意并与之留影。随后，刘百川在南京期间多次跟随孙中山先生出席聚会活动，使孙中山先生的安全得到保证。1924年，刘百川前往香港，由于当时香港对外通商，经济繁荣，有大量的西方人在此立足。西方人对中国人十分傲慢，英国大力士康泰尔设擂台很嚣张地声称要打败所有中国人。香港当地很多前去迎战的武术高手都败给了大力士，这一一败北更加助长了英国大力士的嚣张气焰。刘百川看到此景上台去挑战，以敏捷的身手、超卓的罗汉神打、疾快的腿法，以"子母鸳鸯连环腿"闪电猛击英国大力士，在中国观众的助威加油下，刘百川击败了洋人康泰尔，观众的喝彩声响彻全场，这个胜利的消息一时间成为香港头条新闻。消息很快传到内地，各界人士对刘百川的爱国行为赞叹不已，孙中山先生闻之后，甚是欣慰，特赐手书"尚武精神"匾牌。从此，刘百川在江湖上更是赫赫有名，他的大名响彻大江南北。

刘百川受张之江多次相邀后，到南京国术馆担任武术教练，传授武艺。第一届国术比武大会在南京召开时，武林高手万籁声见识到刘百川的"子母鸳鸯连环腿"，在他师父杜心武的引荐下拜刘百川为师。刘百川收下万籁声这个徒弟后，将罗汉门拳法、少林拳法和子母鸳鸯腿法一并倾囊相授。在刘百川的精心教导下，万籁声的武艺颇有进展，在后来的武术界赫赫有名。

20世纪30年代，万籁声任湖南国术训练所所长，刘百川为顾问。[①] 刘百川在杭州弘扬并传播了少林罗汉武功，何长海、陈天申、肖忠义等都是杭州的著名武术家，都出自刘百川门下。刘百川先生是一位十分受世人敬仰的爱国武林前辈，他以武德武魂诠释了尚武爱国情怀，将中国传统武学中的武魂之道展现得活灵活现。

秋瑾、蔡桂勤、刘百川等人自发用尚武精神拯救国家、为国家尽忠效力的行为，在一定程度上传播了武术文化，促进武术教育的发展。

民国初年蔡桂勤云游四海，访遍名山。1920年与孙中山相识，并前往广东，在军政中教对人习武。孙中山先生逝世后，他开始游历江湖登名山。1932年他重新回到上海，在上海穆尔堂国术部以教拳为生，传播武艺，他精心传授武术技能，成功栽培出许多武术人才，使华拳在南方大范围迅速传播。蔡桂勤先生从北方游走到南方，将华拳在南方广泛传播，使华拳南下走出家门，促进南北武术文化交融，推动了武术教育的快速发展。

---

① 郭守靖. 浙江武术文化研究［M］. 北京：光明日报出版社，2015：177.

蔡桂勤的儿子就是武术泰斗蔡龙云，4岁时即开始练功。"6岁开始练华拳，后来陆续学了18套基础套路、12套高级套路以及刀、枪、剑、棍等器械套路，后又学散手、步法、腿法。"① 在父亲教拳时，他同师兄们一起练功，在父亲多年的严酷指导下，冬练三九、夏练三伏，功底十分深厚。在1943年14岁的蔡龙云打败了20多岁的俄国拳师马索洛夫，为中国人赢得胜利，从此蔡龙云的名字飞遍上海滩，有了"神拳"的称号。三年之后，他在上海打败鲁索夫。之后，他在上海当武术教练，在上海体育学院从事武术教育工作。

民国时期，浙江省从幼儿园到高等学校都设立体操科，教授普通体操和兵式体操，1923年将体操科改为体育科。1929年在杭州举行国术游艺大会。1936年组建第一支国术队参加德国柏林奥运会的武术表演。这次武术表演既在国外传播了中华武术，又在国内推动武术教育发展。

第四节　当代江南武术教育发展状况

1949年后，政府在群众中广泛推广24式简化太极拳和各种健身气功。在政府的支持下，各省市开设少年宫，供青少年活动，其中设有武术场馆。20世纪50年代，上海建立全国首家少年宫——中国福利会少年宫。随后，全国各省市纷纷建立少年宫。"文化大革命"期间全国武术发展不景气，浙江省学校把体育科改为军事体育科。20世纪60年代和20世纪80年代各掀起一次全国健身气功热，20世纪80年代上海市成立了气功研究所。② 2001年成立了国家体育总局健身气功管理中心。20世纪80年代浙江武术走向一个新的繁荣发展时期，尤其是竞技武术得到空前发展。1988年在杭州举办了大规模的国际武术文化节，意在于加大武术的宣传力度，弘扬武术文化，推动了杭州地区经济发展，也推动武术教育的发展。近年来，浙江省健身气功快速发展，有着广泛而深厚的群众基础。目前浙江全省共有健身气功站点445个，经常参加习练人员达到三万余人。

苏州政府专门成立江南船拳项目工作组，挖掘整理发展船拳健身项目，传统武术项目中的船拳在江苏省苏州等地有很大的发展前景。江苏省教育局还将

---

① 王春华. 父子传奇——蔡桂勤与蔡龙云 [J]. 搏击, 2009 (4): 6-8.
② 气功的产生和发展简史 [EB/OL]. 中医中药网, 2010-07-01.

武术设为中小学必修课程，上海市实施"一校一拳"[1]武术联盟战略政策，把武术定为中考体育选考项目。

江苏地区船拳项目的发展情况。2007年，苏州市越溪实验小学成立越溪船拳研究小组，研究整理出4种不同形式的船拳套路，并在学校开展船拳教学训练课程，规定在校师生每天练习船拳，全力以赴发展船拳特色武术文化。越溪船拳已经申请为非物质文化遗产保护项目，目前正在学校广泛推广。2010年，苏州市北桥街道政府建立了练拳场所，邀请老拳师们重新船拳，并组建了开口船拳队。北桥中心小学建立开口船拳特色班，邀请老拳师进校传授拳术。2012年，苏州市体育局专门组建江南船拳项目工作组，邀请老拳师重新表演拳术套路，在表演时工作组全程录像、拍照以及采访并录音，通过这些方式挖掘整理开口船拳文化，这次研究工作成果显著，总共收集整理到26套开口船拳套路和唱词，"经过反复修改、整理和编辑，出版发行了《苏州相城北桥开口船拳图集》和《苏州相城北桥开口船拳图集影像实录》，填补了江南船拳史料书籍和影像实录的历史空白，为申报非物质文化遗产积累了丰富的资料，使开口船拳得到系统保护"[2]。为了大规模地打造沙家浜船拳的影响力，常熟市沙家浜镇在学校开设船拳课程，计划建立船拳文化教育基地，在旅游景区内建立船拳训练基地等。目前沙家浜船拳已列入苏州市非物质文化遗产项目之中。这些措施的实施使得船拳在学校教育中发展，促进江南部分地区武术教育的进一步发展，使江南船拳这项优秀的传统武术文化得到了保护与传承。

在国家"保护与弘扬传统文化"大背景下，江南武术教育的发展极其可观，江南地区积极响应国家政策，在学校中开设武术基本课程，太极拳、健身气功、船拳等传统文化课程，定期举行协会培训、武术赛事。在社区开展多种武术项目，建立太极拳协会、健身气功协会，等等。全方位地开展武术项目，大幅度促进江南地区武术教育更进一步发展。

---

[1] 浙江省体育局. 浙江：加速健身气功特色发展［EB/OL］. 国家体育总局网站, 2013-08-22.

[2] 赵焱. 北桥开口船拳 得到系统保护［EB/OL］. 搜狐, 2013-04-27.

第五节　历代江南武术教育制度

春秋时期随着战争规模不断扩大，兵员的需求量日益增多。许多统治者极力提倡练兵习武，制定一些专门奖励武勇之士的政策。晋国是最早实行"兵农合一"制度的诸侯国。吴、越两国随着晋国、鲁国等国改革兵制，开始实行国野制度，打破旧兵役制。改革军事编制、军阵阵法。吴国在军事编制中削减了"师"级单位。春秋中期以后，吴、越、楚国位于水道纵横的南方，建立以"舟师"为名的水军。射箭术是在船只上作战最有力的兵器，建立水军之后，射箭术成为水军训练的主要作战技术。地域特征要求步兵与水兵协同作战，兵器也有所改制，吴、越、楚的铁剑都技高一筹。实际上，楚国也采用"兵农合一"制度。春秋晚期吴、越两国都建有地方兵。"齐国的管仲制定'作内政而寓军令'，按照制度他把全国编成'轨、里、连、乡'的组织，寓兵于政，军政结合。"[1] 齐桓公亲自责令各地推荐杰出超群的武艺之士（现在的江苏省在战国时期分别属于楚国和齐国的一部分）。

兵农合一制度的实施促进军事技艺在民间开始广泛流传，这既有利于战争胜利，又从侧面对武艺的教授与传播起到极大的推动作用，为武术教育的发展奠定了一定基础。

公元前221年，秦始皇统一天下掌握政权之后，为了永享太平，以防老百姓和六国的残余势力联合造反，竟下令严禁民间操戈习武，还命令将流落在民间的兵器统统收回。这一命令的实施，直接限制了武艺在民间的发展，但是间接地促进与军事紧密结合的一些武艺由军事性向娱乐性转变，如手搏、角力开始逐渐脱离军事实战，成为一种娱乐活动，富含表演性，称此娱乐项目为"角抵戏"。如：古代苏州出现角抵戏；浙江海宁角抵戏《东海黄公》是戏剧表演，是由两两相当的角抵戏加上故事情节演变来的。

西汉初期，汉高祖刘邦下令禁止过角抵戏的开展。汉武帝时鼓励人们演练角抵戏，元封三年春天盛会时专门举行了一次大规模的角抵戏表演，之后，角

---

[1] 高勇. 齐鲁传统体育文化现代化发展的模式和策略研究[D]. 曲阜：曲阜师范大学，2007.

抵戏开始迅速发展。由于随着社会的繁荣发展，角抵戏越来越受到人们喜爱，因此在后来成为汉皇室贵族们闲暇时喜爱欣赏的一种娱乐表演活动，还成为向外国来宾显示国力的一种手段。在汉代战争中射箭技术不可或缺，射箭依然在战争中起着重要作用，西汉专门设置了"射声校尉"官职，来掌管射箭训练。

唐朝科举制中的武举制由兵部主持，但不经常进行，常因急需军事人才而临时开设，但已成为选拔军人的一种制度。唐朝以后历朝都有武举制，考试基本上以骑、射、弓、武术为主，有时还要进行策论等文化考试。实质上武举制就是一种考试制度，为朝廷选拔战争军事武艺人才而服务。从考试内容制度可看出能够顺利考中并非轻而易举的事情，难度系数极大。在全国武举制的影响下，江南地区也在实施武举制，寒门弟子只有通过武举制才能进入加官晋爵的仕途，人们纷纷习武，这加速了武术教育的发展，尤其是温州等地区认真贯彻落实了武举制。

武举制创制于唐朝，但整个制度还不够完备。历朝的武举制时而被废，时而恢复。唐末五代之时，由于王朝更迭，武举被废。"直至宋真宗时期方有了恢复武举之意，并制定了一些选拔制度，但并未实行。"① 在公元1029年，宋仁宗时期正式设立武举制，考试分为比试、解试、省试和殿试四个等级，考试形式分武艺和程文两种，考试内容主要是骑射，取消了"五曰材貌，六曰言语，七曰举重"项目，新增加了多种兵器技能，如刀、枪等。

武学发端于唐代，而作为一种学校建置来讲，实际上兴盛于宋代。为了培养军事人才，宋朝公元1043年初次设立武学，但其仅存了三个月。直到王安石变法中才得以复建。武学的目的是为了军事武备所需，显然其中的武技内容体现武术的文化特征就会不明显，而更加显现的是军事技击的特征，但是武学的设立对整个社会的习武之风起了一定的积极作用。在南宋后，武学衰弱并停止，到明代才得以恢复。如南宋时期，绍兴十六年在浙江杭州临安府太学侧建武学。"武学毕业生凡愿从军者，殿试第一名同正将，二、三名同副将，其他为准备将。"②

宋朝建立初期，统治者实行守内虚外、禁兵禁武、严禁民间习武活动的政

---

① 韩美佳，张大伟.宋代武举制度兴衰下的武术发展[J].搏击·武术科学，2012，9(6)：8.
② 浙江省教育志编纂委员会.浙江省教育志[M].杭州：浙江大学出版社，2004：138.

策。但随着内外社会矛盾的不断激化，民间逐渐出现习武活动的现象，使武术在禁令的缝隙中渐渐成长发展。"北宋时期的乡兵队伍在荆楚一带有北弩手、怀化军、江西枪杖手等。"① 元朝时，元王朝统治者不仅不断发行禁止汉人执兵器、习武技的文告，而且还在元朝的官方刑法中明确列入严禁民间习武的规定及处罚。

明代是我国武术全面大发展的时代。明初洪武年间曾有过武举制之议，但并未实行。在英宗时期开始实施武举，其考试分乡试、会试和殿试三个等级，考试科目分弓马骑射和策论两种。武学于明代建文元年（1399）恢复，在英宗时期又设立两京武学，制定了整套规章制度。习演弓马及课读《武经七书》《百将传》等书目为主要学习内容。这些内容中有关于武术的内容，在一定程度上应该会对社会的习武风气有促进作用。

清代极其重视以武举制来选拔军事人才，武举考试分为童试、乡试、会试和殿试四个等级。浙江清朝第一个武状元是富阳人，字楚珩，还是清朝武官中寿数最长的一位官员。清代全国各地建了四百多所书院，有习文和习武书院，浙江省的习武书院有玉环镇筠堂武书院、永康芝英武书院等。永康芝英武书院设立弓箭、刀戟、驰射、举重等习武科目。

明清时期武举制的实施和推广，为朝廷选拔出大批优秀的军事人才，如戚继光、俞大猷等军事家。这种措施虽然最终意图是选拔优秀的军事人才，但是在实施过程中广泛传播了武艺技术，制度实行的过程就是一种教育的过程，很大程度上促进武术教育的快速发展。

1928年3月24日国术研究馆在南京成立，张之江任馆长。6月，改名为中央国术馆。颁布了组织大纲，设立了各种机构。中央国术馆的宗旨是：提倡中国武术，增进全民健康，以"研究国术、教授国术、编著国术书籍和管理全国国术事务"为主要职责。为了培养军队教官、中等以上学校教师以及公共体育场所指导员，国术馆把武术教学当作主要工作之一。中央国术馆广泛开设武术技术课及各种培训班培养武术人才和武术师资，用来推广武术教育。聘请著名武术家在馆内任教，如孙禄堂、杨澄甫等。建立全国国术馆体系，由地方到中央国术馆体系。"据统计，至1933年6月，共有24个省市设立了国术馆。"②

---

① 牛广. 宋代武术发展之历史探源[J]. 兰台世界，2012，36.
② 周伟良. 中国武术史[M]. 北京：高等教育出版社，2003：8.

1937年抗日战争爆发后，中央国术馆迁出南京，1940年迁至重庆，1946年又迁回南京，当时没有建馆地址，没有经费，已经无法维持国术馆最基本的活动。1948年中央国术馆解散。

中央国术馆成立之后，国术进入学校教育成为一门体育选修课，这对国术的普及和传播是一大突破。中央国术馆的历史虽然是一段断代史，但是，中央国术馆在进行武术教育、培养各方面武术人才等方面起到了极大的作用，它很大程度上促进了当时武术活动的开展，甚至为新中国成立后武术教育的发展也产生了巨大的积极作用，它对我们今天的武术教育的发展也产生了极其深远的影响，对如今的武术教学有很大的启发。

为了扩大国术的社会影响力，1928年10月在南京举办了第一次全国国术考试。参赛的武术家来自全国从北至南多个省市，这次国术考试又进一步促进国术的普及。此次国术考试影响很大，促使各地开始效仿，比如江北的陕西省国术考试、江南地区的上海国术考试和杭州国术游艺大会，等等。

1929年11月召开的杭州国术游艺大会是由浙江省国术分馆发起组织的，目的是唤起国民对国术武技的注意，全民练习武术，使国术全民社会化。甘肃、河北、山西、山东、河南、安徽、湖北、湖南、江苏、浙江、福建、云南、四川等省以及上海、北平、南京、汉口特别市等相当数量的省市都选派了武术人才前往杭州参加此次游艺大会。其中，汉口特别市选派了七人，并特给每人三十元盘缠路费。此次游艺大会分两个阶段开展，一是国术表演，二是国术比试。参与国术表演的人员众多，都是来自许多不同的武术团体，由于人数众多，故分拳术表演和器械表演两类，而且持续了四天，还吸引来大量观众。国术比武阶段运用的是类似于比武打擂的方式，为了吸引更多的观众，能够使国术传播得更加广泛。[1]

杭州国术游艺大会是第一次全国国术考试之后全国性的规模最大、影响最广的一次大型国术大会。杭州游艺大会和第一次全国国术考试对参加者没有了地域和门户的限制，全国各地众多国术团体前来参与，体现了组织者们希望各地方及团体打开各门户，与不同地域的武术文化交流，国术界大团结，南北武术项目相互传授与借鉴。这次大会是历史的使命，推动了中国各地域武术交

---

[1] 周蕾. 国术的近代调适——以中央国术馆为视角（1928-1937）[D]. 武汉：华中师范大学, 2014.

流和传播，形成了北方武术向南方地区流传的形势，武术名流走出乡土，分散到全国各地，大大推动了武术教育的推广和普及。中国式摔跤、太极拳在这次大会后在全国各地开始广泛传播。

新中国成立初期，经济上实行全国一盘棋方针。教育方面，人民不理解国家的知识分子政策，对知识分子的看法有争议。这种现象直接影响到教师队伍的稳定和团结，教师在社会中的地位不高，不被人理解。这直接影响了教育的发展。对于武术的传播来讲，精英武术即实用武术的发展在浙江有优势，但是学校武术和大众武术受到师资力量和兴趣的影响，发展相对滞后。改革开放以后，江南经济发展速度加快，教育有了新的发展局面，办学层次提升。在经济快速发展的推动下，健身气功、太极拳等一些体育健康项目和实用武术、散打有了较好的发展条件，发展趋势上升，受到多数普通大众喜爱。

实用武术在浙江的发展。第一，影视方面。在电影和电视剧中的武打演员浙江籍演员比较多，著名演员有计春华（浙江杭州）、胡坚强（浙江余姚）等；浙江湖州武术家吴彬被誉为"金牌教练"，现任中国武术协会副主席、国家级武术教练等职位。在电影《一代宗师》中任武术总教练及武术总顾问。他栽培了数名优秀武术运动员，其中有影视界著名武术演员李连杰、吴京。计春华与李连杰合作出演电影《少林寺》《方世玉续集》《新少林五祖》等，计春华的电视剧代表作有《天龙八部》《虎踞龙盘》等。吴京的代表作有《战狼》《少林武王》《太极宗师》等。当时胡坚强的刀术、棍术、南拳堪称一绝，与李连杰合演影片《少林寺》《少林小子》《南北少林》。这些武打影片的上演，推动了实用武术的发展，人们在观看影片时受到武术的教育与熏陶。第二，出海防身。浙江沿海地区以渔业为生，沿海贸易多，渔民习练武术，基本上是为了强身健体，防身自卫，有意识地加强武术技击练习。义乌、永康、温州等地经商走南闯北，沿海贸易繁多，习练武术技击，加强自卫能力，体现了武术的实用性。第三，戏曲武术。著名京剧武生泰斗盖叫天，有"江南活武松"之誉，经常在上海、杭州等地演出，常年居住在杭州，请教过民间拳师、镖师、武术家、武林高手和太平天国时期的官兵，勤奋练功习武，掌握了武技的精髓，在戏剧中将武技与人物形象融会贯通，真刀真枪演出，栩栩如生，精湛的演技继承和发展了武打的技击，他的尚武精神感化了其他演员。①

---

① 金宝山. 盖叫天一门四代梨园情 [J]. 中国京剧, 2009 (1): 10.

学校教育体系发展武术教育的表现。在体院设立武术硕士学位，招收武术研究生，成立武术研究院，武术成为全国大学生运动会上表演项目，举办全国高校武术比赛。从体院招收武术研究生到全国高校武术比赛的举办，设立的一系列制度均大大推动了武术教育的发展。1996年上海体育学院设立武术博士点招收武术博士研究生，它是我国首个武术博士授予点。开设武术硕士、博士学位，武术从此列入培养高层次专门人才学科的行列，为武术教育的发展开辟了新的历史篇章，具有重要的历史意义。1997年把武术设为民族传统体育学学科分支后，将武术学士、硕士和博士改为民族传统体育学学士、硕士和博士。武术专业学生毕业后被国家分配到各个大学任教，各大学开始增设武术课程。①

21世纪，学校武术课程内容开始由原来的一体化、统一化向多元化、多样化的方向发展。在"新理念，新教育"的思想指导下，江苏省苏州市越溪实验小学更加注重开展素质教育活动，并将开展船拳活动作为深化素质教育、强化特色办学的一个重要举措。2008年起，越溪古船拳开始学校步入学校教育。2010年6月1日，学校成功举办第四届校园文化月——"以武健体，以武激智，以武励志，以武养德"的船拳文化节活动，受到各界广泛关注。越溪小学建立武术教学实习基地、江南船拳文化研究中心。2011年3月，越溪实验小学与苏州大学体育学院的研究人员联手编写了船拳校本教材《溪小拳影》。② 同时，学校船拳文化展馆正式建成，进一步丰富了学校特色体育教育活动的内涵，并为传承江南武术文化提供了平台，更加大力弘扬了民族优秀传统文化。

党的十八大以来，国家各部门不断推出新的举措以推动学校武术的发展，江南地区积极响应国家政策，建立新的举措，大力支持武术进学校的教育工作。尤其是上海体育学院牵头组建全国学校武术联盟，实施"一校一拳"的学校武术路线，全力展开武术进学校的工作。教育部成立篮球、排球、足球、田径、体操、游泳、武术等7个单项联盟，计划从机制和体制上保障"校园每天一小时体育活动时间"的贯彻落实，促进学生强健体魄和身心健康发展。江苏省教育厅首次明确武术成为小学初中体育必修课，全省所有学校必须教学。教育部把武术设为七大校园教育运动项目之一。在中小学全面启动"武术进校园"，是促进武术项目能传承更长久的最佳举措。"2016年上海市率先启动将武术作为体

---

① 杨建营，王岗.20世纪武术发展特征的研究［J］.体育文化导刊，2008（2）.
② 秦琦峰.苏州越溪船拳民俗体育文化的初探［J］.出国与就业，2011（24）：146.

育中考选考项目战略决策，各校正在积极普及武术教学。"①

第六节　江南武术教育社会组织制度

秦、汉、三国时期阶级复杂斗争激烈，社会、政治、经济和文化受阶级斗争的影响发生了深刻的变化，学校教育也随之受到很大影响。秦汉时期以儒家经典为主要教育内容，军事武艺逐渐衰退，角抵戏开始盛行；汉代之后，书院以习文为主，唯一保留了射礼；军事人员的专门技能是以武艺和身体练习为主。以上所述的因素都阻碍了武术的发展，因而使武术只能停滞在以"言传身教"为主的民间层面上，而且范围很广泛，制约了武术在上层阶级的传播和发展。

两宋时期，统治阶级大力提倡儒业理学，像唐代那种尚武崇侠的热情在上层阶级渐渐消退，上层阶级的人们产生了"以文为荣，以武为耻"的价值观念。这样导致武学无力在上层阶级发展，故"尚武精神"的观念逐渐转移到下层阶级社会。在此时期由于边境长时间有贼匪侵扰，战乱不断，社会动荡不安等原因，朝廷又奉行守内虚外的政策，因此众多农民群众纷纷自发结社习武，农村出现自发性的结社组织，并广泛开展习武活动来抵御外敌自保乡里，被称为乡村结社组织。

明清时期，我国阶级斗争尖锐，民族矛盾深厚，导致国家内忧外患战争频繁。在这种环境下官方和民间军事武艺得以发展。清代民间以"社""馆"的秘密结社形式传授武艺，在下层社会活动着大量的秘密结社组织，根据组织特征大致分为会党组织、教门组织、拳会组织，其人数众多、分布地区广泛。

中国的帮会组织已有三百多年的历史，起源于明朝末年的洪门是中国近代帮会史上影响最大的一个武术社团。在民间一直流传着有关洪门之起源的几种不同的说法，但是这些说法所讲述的人物、时间、事件却大体一致。笔者个人认为比较有权威性的说法是台湾的刘联珂先生所讲述的。原因在于刘联珂先生是洪门人士，且后半生一直对洪门历史进行潜心研究。

明朝末年，朝廷腐败，社会动乱战火连连，社会矛盾尖锐，连年干旱，农民起义。在这内忧外患的社会状态下，清军乘机入关后，屠杀和凌辱无数无辜

---

① 中国武术列入中考项目，上海市率先启动［EB/OL］. 个人图书馆，2016-09-23.

的百姓。为了百姓生活与国家效力，洪门的始祖洪英先生在扬州与史可法商量之后只身一人北上游说。他游说没有成功甚至性命难保，洪先生机智脱身，连夜赶往南方。可是，清军占领北方后，野心更加膨胀，继续挥师南下，他们所到之处血流成河，百姓生灵涂炭，南方已被清军所控制。在洪英北上之后，史可法就率军与清军作战。洪英回到扬州抵御清军，扬州陷落。史可法殉国时，洪英已逃出扬州，召集史公旧部和他的五个得意门生蔡德英、方大成、马超兴、胡德帝、李式开跟清兵拼杀，寡不敌众，洪先生在三叉河苦战后殉国，临终前托付五个门生继续作战，为国效力，完成心愿，去投靠潞王或郑成功，好好为社稷效力。清兵穷追不舍，愈演愈烈，蔡德英五人苦苦奋战成功突围，无能的潞王投降清军，他们继续南下台湾投奔郑成功，给郑将军灌输为国效力的洪门精神。

郑成功派蔡德英等五人到闽、粤、桂一带活动，派陈近南向云、贵、川一带活动。蔡德英五人到了福建的少林寺，智通和尚知道此五人是洪英的门生，很是激动，并为洪先生殉国而感动悲伤。少林寺一百多个和尚个个身怀武艺，舞刀剑弄枪耍棍，武技娴熟。为了反清革命战争，蔡德英等五人在智通和尚的劝说下在少林寺出家，练习武术。郑成功的侄子郑君达密知蔡德英等受郑成功所派在少林寺活动，前来拜访并求合作。犯了戒的马福仪被智通和尚赶出少林寺，之后叛变师门顺从了清朝。清廷征收西藏时，两兵起了冲突，清兵不敌藏兵，到处广招将才。智通让少林寺和尚们抓住此机会混进清军，名义上是报效朝廷，真正意图是为了反清工作。郑君达揭取黄榜，与僧人们一起从军。少林寺征西藏立下功劳，清廷授郑君达总兵之职，僧人们不愿意做官，重返少林寺练武艺。马福仪得知少林寺为朝廷建功后，向清廷官吏告密，少林寺被清廷火烧化为乌有。这次劫难中，包括蔡德英等五个洪英门生在内的十余人逃出，少林寺一百多余僧人均死于少林寺。郑君达在湖北被朝廷官吏害死。蔡德英等十人被清兵追杀，逃到高溪庙，在此歃血为盟并立下反清复明之类的誓言。从此，才有了加入洪门时歃血为盟的仪式。他们继续向江西赣州奔进。途中去襄阳祭奠郑君达的墓，又被清兵追杀逃到欧家庙，遇到珠宝寺吴天成等人，人员增多，洪门势力增强，他们兵分三路反攻清兵。分途向襄阳前进，投靠万云寺的万云龙，万云龙是浙江人，武艺高强，原是潞王的部将，潞王的军队被清兵瓦解后，万云龙入万云寺为僧，暗地里反清复明。万云龙带蔡德英等人拜访陈近南，在红花亭大家公推陈近南为洪门主持人。洪门兄弟聚集，广招兵将，洪门实力增大，从速训练。进发武昌，寡不敌众，败于清兵。清兵大力追杀洪门余力，洪门弟兄退至襄阳，数月后，组织弟兄们继续操练武艺，再攻武昌，又以惨败告终，洪门弟兄相继去世。雍正年间，天佑洪成为洪门主持人，由于清廷对洪门很是警惕，洪门弟兄活动困难，无法发展。天佑洪便把"洪门"改为"三合会"，又称"天地会"。

雍正、乾隆期间，洪门更是被清廷注意。天佑洪派部将到海外发扬三合会，发展南洋一带的洪门基础。还派洪门弟兄假装向清廷妥协并为之服务，真正目的是刺探清廷内消息，组织弟兄们活动，其中有一部分弟兄组织了一个"清门"，清门为首者有三个人，江苏常熟人翁岩，在河南少林寺习练武艺；江苏武进县人钱坚；浙江杭州人潘清。加入三合会的人越来越多，还发展了一支女子军。海内外成立了无数洪门集团，有三合会、天地会、清水会、小刀会，等等。海内洪门在闽、粤、广、桂一带活动，主要分布于华南地区。太平天国洪秀全是天地会的一员，他联络各地的洪门弟兄和有志之士，组织灭满清兴汉的伟业。

上海小刀会。小刀会是天地会的一个支派，1849年在福建厦门成立。起初会员自备小刀，以小刀为标记，故得名小刀会。1851年传到上海，入会成员以劳动人民和工商业主为主。1852年，青浦县的天地会首领周立春带领农民发动抗粮武装斗争。1853年，在太平天国起义的影响下，各支力量以小刀会名义在首领刘丽川、黄威领导下分别在上海、福建起义，与太平天国农民战争汇集成一股反清浪潮。①

浙江省仙居、瑞安、平阳等地，在乾隆年间（1736—1795），出现"神拳会"组织。1877年开埠后，教会势力迅速蔓延温州，神拳会开展反洋教斗争。1899年，金宗财听闻山东义和团打起"扶清灭洋"的旗号后，就在平阳一带组织神拳会众，以设坛、练拳等形式的活动，开展反洋教斗争。1900年6月，瑞安、平阳的神拳会开始广泛发布传单，号召群众反教。同年7月，在金宗财率领下的温州平阳蔡郎桥的神拳会，举行反洋教起义。瑞安神拳会的带领人许阿雷在当地传教神拳，也开展反教斗争。②

在辛亥革命之前，民间出现一些习武社团。如：上海精武体操会、天津中

---

① 李华兴. 近代中国百年史辞典[M]. 杭州：浙江人民出版社，1987：44.
② 徐和雍，郑云山，赵世培. 浙江近代史[M]. 浙江：浙江人民出版社，1982：192 - 193.

华武士会等。"精武体育会"简称"精武会",它的前身是"精武体操学校"。精武体操学校是1909年霍元甲在上海一些社会人士的帮助下创办的,由霍元甲主持教习,其徒弟刘振声担任助教,开始向社会大规模传播霍家迷踪拳。霍元甲是河北静海(今属天津)人,擅长武技,爱国武术家,迷踪拳第七代传人。1910年霍元甲逝后,将"精武体操学校"改称为"精武体操会"。1915年会址遭飓风摧毁受损后,第二年春新会址建成时,又将"精武体操会"改名为"精武体育会"。精武会的活动以推广和传授武术为主,在传播过程中,凡是对武术发展有价值的都予以提倡,对门类派别没有好坏之分,接受并传播不同流派的武术,广泛容纳大江南北不同特色的武术。精武会的成立,使当时的武术发展迅速,精武会的分会在这种社会趋势下开始在上海设立,适应社会发展。1914年,在浙江绍兴设立第一个上海市以外的精武分会。精武会在国内大中城市开设,伸向海外华侨群中,相继走进世界各地,如1918年香港精武分会成立。到1929年,精武体育会会员达四十余万。

霍元甲名扬上海,创立精武体育会,为强健国民体质、传承武术文化做出巨大贡献,他毫无保留地传授霍家迷踪拳,并向社会大规模传播,培养了大批武术人才,促进了上海武术教育的发展,推动了近代全国武术教育的发展,甚至将武术推向世界。他从北方到南方,将北方的迷踪拳传至南方,打破了拳种的门户之见。精武会改变了旧时以单一的家传或师徒传承为主要形式的传播传统武术的传播模式,挖掘与整理了武术文化,为武术教育的发展拓宽了传播渠道。

上海斧头帮。20世纪前30年的中国危机四伏,这个阶段中国社会斗争复杂,政局混乱,是中国近代史上最动荡、最错综复杂的时代。在这风雨飘摇的年代,青帮大佬张锦湖门下的王亚樵成立了斧头帮。在全国大部分地区设有分会。反蒋派为斧头帮提供物质基础,支持斧头帮的正义行为。抗日战争时期,王亚樵带领斧头帮加入上海自发组织的淞沪抗日义勇军队伍,坚决对日作战。①

天地会最初在闽、台一带活动,后来逐渐扩大到长江流域各省及两广地区。浙江会党主要源于清末民初的天地会,做抗清斗争。上海小刀会起义后,宁波双刀会积极响应,在浙江沿海地区组织反清武装暴动;浙江阶级矛盾激化,诸暨一带产生莲蓬党,天平军进攻浙东时莲蓬党作为前锋;浙南的神拳会由白莲

---

① 王宁. 试析旧上海的斧头帮[J]. 兰台世界, 2011 (11): 46 – 47.

教演化而来，掀起反教斗争；浙江衢州和金华的终南会是哥老会的分支，由湖南传入江西，再从江西传入浙江、福建，终南会在义和团运动期间领导过反清反封建斗争，引发"衢州教案"；龙华会设在金华，是终南会的分支；等等。浙江会党秘密组织都是以反清为真正目的，神拳会是唯一以拳党形式响应反清组织的会党。①

"洪门"即"天地会"，是众帮会之源，洪门前五祖蔡德英等五人在少林寺跟随智通和尚习练武术，耍刀舞枪弄棍，增强防身技能，被清兵追杀的途中遇到洪门中后五祖，创立"洪门"，广招兵将，传授武技，组织弟兄们团练，强身健体，掌握高超的武艺，与清军做斗争，为国效力。洪门集团发展得越来越大，海内外派生出来的帮会众多，在发展帮会的过程中，武艺也随之传播。众帮会的最终意图是反清斗争，拯救国家，在实现这些意图的过程中帮会中弟兄之间及帮会之间相互传授武艺，进行武术教育。这些社会组织大大促进了武术教育的发展，使武技迅速传播，它对武术教育的发展是大范围、跨地域、跨时代性的，作用深远。

清朝晚期，秘密会党是一种非正式的民间组织，它是由那些生活在充满危险与竞争的社会中需要相互保护和帮助的社会边缘的人们所创建的。那些民间组织形成的形式有所不同。有歃血为盟兄弟结拜、个体收徒、介绍等形式发展成组织。洪门就是以歃血为盟兄弟结拜为入门仪式，逐渐发展壮大，还派生出众多会党；哥老会是介绍的形式；青帮是洪门的一个支派，但是实行禅宗制度，采用拜师入帮，成员之间以师徒相称。

青帮的祖师是翁岩、钱坚、潘清三人，这三人都是陆祖（名逵，号道元，江苏人）的徒弟，陆祖自幼习武精通技击。翁岩是江苏常熟人，迁居河南南阳府，曾在河南少林时拜师学武，入天地会。钱坚是江苏武进人，年幼时随从父亲经商，迁居开封，没有继承父业，开始习练拳术，武艺高强，入天地会。潘清是浙江杭州人，迁居河南开封，习文练武，文武双全，为天地会道友。三人结拜为异性兄弟。雍正三年，三人揭漕运招贤之榜，得到朝廷准许，还被指定监领粮帮，并准许开帮收徒，他们以粮帮为基础组织自己的势力，得到天地会的同意和支持。随后，他们广泛联络旧有的粮帮，统一粮帮组织，成员推举翁岩等三人为首领，组成一个"道友会"，青帮便应运而生。而且他们开始大刀阔

---

① 谢一彪. 浙江近代会党史 [M] 北京：中国社会科学出版社, 2013: 6.

斧地整治漕运，开办粮运，设厂造船，帮助清政府开办浚河工程，疏通河道，打通了南北水运。

在良好形势下，他们开始大开香堂，广收门徒。三人按七十二地煞之数总共收徒72人，翁岩收徒8人，钱坚收徒28人，潘清收徒36人。紧接着，他们的徒弟又收徒弟，青帮组织迅速扩大。他们在杭州武林门外宝华山建立家庙和十二座家庵，将承运漕粮事务所设在家庙内。还建立了三堂六部，三人各兴一堂。并制定了纪律和家法，有《十大帮规》作为青门法规之首，还有《十戒》《十要》《九不得十不可》以及收徒的《十禁》等。还设立了暗号和"三帮九代"秘密，这个秘密暗号就是青帮闯荡江湖、跑码头的通行证，每个成员首要的任务就是掌握这个暗号。①

青帮多在江南一带地区流传。海运兴起后，漕运衰落，大批青帮流入上海，浙南松阳、遂昌、龙泉一带也有青帮活动。青帮以拜师入帮的这种个体发展的入会方式，使得青帮组织发展受阻，具有一定的局限性，规模小。但是青帮规矩复杂，制度严密，对师徒的要求很严格。组建青帮的三人都是习武出身，广收徒弟教授武艺。起由于会员们经常闯江湖、跑码头，江湖险恶，帮规森严，为了防身自卫，师徒们自然会勤奋刻苦地加强武艺练习，能够精通武技的各招式，掌握武术精华，才能安身立命，完成帮会任务。青帮的发展形式使武术在江南地区广泛传播，使行侠仗义之士受到武术教育，传承了武术文化，推动武术教育发展步伐，为江南乃至全国武术教育的发展奠定基础。

武术社团、秘密组织以及其他社会界的组织等在武术教育史中起到双重的教育作用，从正反两方面说，在某种程度上讲帮会组织的建立及逐渐壮大是武术传播的一种社会现象，是武术教育的另外一种形式，对入会者起到正面的教育作用，对促进江南地区武术的传播起到一定的积极作用。从另一方面讲，帮会及秘密组织的会规纪律的制定对武术教育的发展有一定的负面影响。

---

① 赵宏. 青帮 [M] 北京：团结出版社，2005：8 - 29.

第七节　历代江南武术教育形式

一、师承形式的武术教育

明代后期，程宗猷师从浙江省刘云峰学习刀技刀术，刘云峰的刀法"有势有法而无名"，为了能够使以后的修习者易于记忆和练习，于是，程宗猷就"依势取像拟其名"，并且将其按照中国的习武方式编制成每招每势相接相承的刀术套路，也就是现在能看到的《单刀法选》。

浙江江山枣陇村人刘家福出身贫寒，成年拜当地秘密反清会党终南会的首领吴洪星为义父，并加入终南会。后来与义父之子吴嘉猷同往福建蒲城九牧，拜拳师陈铁龙（程铁龙）为师，学到一身好武艺。返回到浙江之后，刘家福加入清军军营里充当营军勇士。

清朝晚期，民间的秘密组织青帮以拜师收徒的形式发展帮会组织。翁岩、钱坚、潘清习武出身，又参加漕运事务，浚河工程完成后南北水运疏通，他们开始在江南一带广收门徒。翁岩收徒8人，钱坚收徒28人，潘清收徒36人，三人按七十二地煞之数收徒总数72人。徒弟又收徒弟，青帮组织逐渐壮大。

武术著作出现之前，由于习武的人基本上都是文化水平不高的贫民，师徒传承主要是通过口传身授。明清以后武术理论著作的出版，给习武者提供了理论参考。但仍有一部分习武者和拳师文化水平低下，主要通过口授身传，再研究理论书籍，结合前人的经验，理论与实践相结合，从中悟出拳的精髓。

二、学校武术教育形式

民国时期浙江省从幼儿园到高校开设兵式体操课程。武术开始进入学校后，个学校开始设立武术课程。如：浙江省嘉兴市南湖船拳在学校教育中以分学年安排教学的形式进行。第一学年以武术操、徒手套路和船拳基本技术为主要内容，第二学年围绕徒手套路、器械套路和船拳基本技术等内容为主进行教学。早操时间尚武活动内容是安排全校师生集体习练船拳操，下午课外活动课为兴趣专项练习时间或者江南船拳队套路特训时间，这个时间段的兴趣专项练习和特训以培养参加省市武术表演和省内外武术比赛专门优秀人才为主。

江苏省教育厅全省乃至全国推广中华五禽操。中华五禽操通过教育部鉴定，于2014年8月正式出版教材。中华五禽操是通过让学生模拟虎鹿熊猿鸟的动作，形神兼备，从而激发学生的锻炼兴趣，该操侧重锻炼学生的躯干力量，活动小关节，完成整套操动作约需要7分钟，伴着原创的富含中华咏诵的背景音乐练习，散发着浓浓的中华传统文化的韵味。在全省推广的五禽操共有5套，幼儿园1套、小学2套、初高中各1套，在高中推广的操适用于社会各种人群。截至2014年3月中旬，徐州铜山实验小学试点已经将五禽操练习了两个月，实践证明该操的运动效果等同于现行的广播操，有个别动作的锻炼效果更佳。有的武术攻防动作演化成"石头剪刀布"① 的游戏并在小学低年级中实践。

全国学校武术联盟主办的"一校一拳"武术教改战略实施中，参加展演的八所中小学各有创新彰显特色。华师大二附中附属初中把武术与文化、德育融为一体，以武术文化促进学生德育和人格发展，将武术中的精、气、神贯串于学生的文化与德育层面。洋泾菊园实验学校研究开发校本课程，把武术课程设为国际留学生的中国文化课，将中国文化进一步推向世界。2001年5月9日，挂牌为"浦东新区武术学校"的浦东新区观澜小学以武术"进头脑、进教材、进课堂"为教改理念，认真实施教改战略。学校开设武术班，实行每年提前面向全区公开招武术生的政策。普及武术教学，形成校本教材，成立校武术队，既弘扬了民族精神，又提高学生身体素质和生命质量，同时也为上级培养并输送优秀的武术后备军，形成了鲜明的武术教学特色。现已成为浦东新区素质教育实验校，浦东新区艺术教育特色校。② 上海的社会经济发展、文化繁荣等方面在全国处于领先地位，对国内其他地区的发展起着领头示范作用。

现在学校武术教育的形式基本都是开设武术基本课程、武术理论课、武术俱乐部、武术兴趣班、武术校队训练营等，有专门培养参加武术赛事的队伍，也有普及性的大众武术俱乐部。

三、军事教育形式

春秋战国时期，剑是军事战争中的主要兵器。吴越之地位于以山地丘陵、

---

① 江苏中小学全面开设武术课　中华五禽操成"必修"[EB/OL]．现代快报，2014-03-15.
② 平萍．"一校一拳"武术教改展演活动在沪举行[EB/OL]．国家体育总局，2014-12-18.

河流为主的多山谷地带，作战时不适宜车战，侧重于步兵作战，因此军事中更重视用剑当作作战武器。由于剑器轻便又锋利更适合步兵近距离作战的需要，所以剑在吴国、越国等国家得到快速发展。如：越王勾践为了灭掉吴国，命令大臣范蠡改革军制，创建水兵和步兵，聘请越国民间精通剑术之女在军中训练剑术，还邀请楚国陈音训练射箭术。"吴国著名军事谋略家伍子胥水战训练时对于不同类型的船只采用不同的训练方法。"①

戚继光生于嘉靖七年闰十月初一（1528年11月12日），出生在将门世家，其父戚景通希望他以后能继承先祖辈事业光宗耀祖，并为国效力成就一番事业，故起名为继光。他从小跟随父亲读书、习字、练武艺，立志做一个"身先士卒，临敌忘身"的榜样军人。他在防戍蓟镇时期，参加过乡试，考中乡试后成了武举人，并在嘉靖二十九年（1550）前往北京参加会试，恰逢"庚戌之变"，在朝廷的命令下，他同所有参加会试的武举人一起加入战斗，激发他对明王朝北方需严加防御的思考。嘉靖三十二年（1553），他被任命为署都指挥佥事，负责防御山东全省沿海的倭寇。由于他在山东沿海防守时修建海防工事整顿军事纪律有所成就，故嘉靖三十四年（1555）朝廷任命他为浙江都司佥事，负责抵御浙江沿海的倭寇这一艰难的任务。公元1556年，戚继光被任命为宁绍台参将，负责台州（今临海）三府地区的御倭重任。舟山岑港之役失败的血的教训让戚继光意识到要彻底取得抗倭战争的胜利，必须要创新训练方法，重新编组一支队伍。在嘉靖三十八年（1559）十月，戚继光在浙江义乌精选招募了一批新兵，共三千人，训练成一支戚家军。

戚将军在训练新兵时创编了一套"鸳鸯阵"作战方法，将明军的陈旧的阵法、规则完全淘汰。鸳鸯阵由十二人为一队的若干队伍组成，每队一名队长，一个长牌手，一个藤牌手，两个狼筅手，四个长枪手，两个短兵器手，一个火兵。队长负责指挥，藤牌手与长牌手两人各自一手持牌一手持腰刀攻击敌人，狼筅手保护长牌手和藤牌手，长枪手配合狼筅手，短兵器手趁机攻杀敌人，火兵负责火攻为同伴服务。鸳鸯阵中士兵成双成对，对对配合，每队最初队形是队长在前，其后每两位士兵为一排，严格以牌手、狼筅手、长枪手、短兵器手的顺序排列成两行纵队。根据作战临时战况及地形地貌特征等因素，调整变换队形，应对战争。战斗队形有：左右分变二伍、二伍各变小三才阵、三才阵。

---

① 刘小明. 论吴越体育[J]. 体育文化导刊, 2013（3）：120–121.

"左右分变二伍"是按照原来队形每一纵队为一伍,队长位于队伍前端两牌手中间;"小三才阵"的队形由二伍的左右各一伍变化而成,右边一伍按照短兵手、长枪手、狼筅手、长枪手、长牌手顺序成一横队,左边一伍按照藤牌手、长枪手、狼筅手、长枪手、短兵手顺序成一横队,两列横队组成小三才阵,从武器排列的次序可以看出两小三才阵的武器次序恰好相反。"三才阵"的队形以原两行纵队为基础,按照长枪手、藤牌手、长枪手、狼筅手、队长、狼筅手、长枪手、长牌手、长枪手依次成一列横队,短兵手位于横队之后。这些阵法是根据各种兵器之间的协调配合排列组成,大大提高了戚家军的作战能力,击退了浙南地区的倭寇。浙南"罗汉阵"表演是民间的一项传统体育活动,它是以明代少林僧兵抗击倭寇的战争阵型为基础,将传统武术的表演要素和人员队形变化融于一体演化而来,主要在浙南丽水、金华、台州下属乡镇流传,每逢节日和庙会时表演,为了纪念参与明代抗倭战争的少林僧兵。

越女在越军中的剑术训练、陈音在越军中编制的射箭术训练方法以及戚将军在戚家军中创编的鸳鸯阵作战阵法,训练过程中假设作战情景变化队形即模拟战斗等这些军队训练以不同的教育形式传授军事武艺及战术。

四、民间武术教育形式

民间武术教育以父教子、师徒传授制为多,随后发展为组建社团、创立帮派、武馆,直到现代发展到开设武术协会、武术俱乐部等。如蔡桂勤教儿子蔡龙云习武;蔡桂勤拜"齐鲁大侠"丁玉山为师,传承华拳;程宗猷拜浙江省刘云峰为师,学习刀法;秋瑾师从她的舅父单应勋学习拳术、剑术及骑术;号称"江南第一脚"的刘百川师从高僧杨澄云,传习少林罗汉拳和罗汉神打真功秘诀;万籁声拜刘百川为师;何长海、陈天申、肖忠义等这些杭州的著名武术家均出自刘百川的门下。南宋都城临安(今杭州)设立徒手相搏的"角抵社""相扑社",射弩的"锦标社",使棒的"英略社"等;江南一带地区创立帮派,有洪门(天地会)、青帮、小刀会、终南会、白莲教、上海斧头帮,等等。从上海精武体育会成立,到民国时期建立中央国术馆、举行杭州国术游艺大会,如今现代各大城市开设武术协会和俱乐部已成为一种社会趋势。

从古至今武术教育的形式不断变化,形式多样,无论以什么形式传播武术,开展武术教育,除了获得经济利益、强身健体防身、保家卫国等价值之外,均都具有传播武术内容的教育目的和功能。

第八节 当代武术教育江南的地域优势

与北方相比较而言，多平原和多水的地域特征是江南地区最明显的地形地貌特性。江南地区地势南高北低，北部以平原为主地势较平坦，南部多有山地丘陵分布；降水丰富，还有两大水系、三大淡水湖。"水乡泽国"的美誉历来就是江南地区的代名词。特殊的地形地貌造就了江南武术教育发展的地域性特征。

一、江南经济发展对江南武术教育的影响

东晋南朝时期，北方战争频繁，而江南地区战乱较少，北方人民南移并开发江南地区资源，江南的社会经济得到进一步发展，经济中心开始南移。人口南迁过程中北方的劳动力和先进的生产工具与生产技术流入江南地区，带动江南经济发展。江南地区逐渐成为经济发展中心，取代中原地区。北宋中期，江南地区已经成为全国经济核心发展的区域，占据了经济核心发展的地位。而如今的长江三角洲是中国对外开放的最大地区，也是中国经济最发达的地区之一。该地区工业基础雄厚，以纺织业、服务业、重工业为主，尤其是手工业的发展有着悠久的历史；拥有发达的商品经济和旅游业，而且水陆空交通运输方式便利，是全国最大的外贸出口基地。种种经济优势吸引着更多外来人员。

江南是我国沿海发达地区，教育改革走在全国的前列，有着优越的地域优势。物质经济是教育发展的基础，经济发展带动教育发展，教育发展的好坏影响着经济发展。经济基础决定上层建筑，地区经济发展的快慢速度同样决定着地方的教育水平以及师资力量、教师教学技能水平。通过观察分析，毕业生均愿意留在经济发达的城市从事任教工作，招聘单位采取择优录取的办法，如此一来，优秀的武术教师均留在经济发达的城市，一些中等水平的武术毕业生自然流入经济发展缓慢的乡镇。相对于北方大部分地区来讲，江南的经济发展水平是极其高的，师资力量雄厚，教育水平走在我国的前端，武术教育发展位于前列。消费是拉动经济增长的三驾马车之一，教师的衣食住行等都需消费，教师数量增多，消费自然就会增长，消费增长拉动经济增长。随着师资力量的增长，学校生源也会增多，招生数额增多，学生的消费拉动学校周围经济发展，这是一种良性循环。经济发展带来大量的师资，雄厚的师资力量反过来促进经济发展，两者相互协调、相互影响。

经济发展是把"双刃剑"，它给教育带来生机和活力的同时也带来了问题和困境。发达地区教育发展先进，落后地区师资力量匮乏。经济的发展对教育的影响的是全局性的，是解决教育问题的前提，为教育的发展既提供了新的机遇和外部环境，又提出新的思路和要求。发展教育是一个永久性的历史使命，它决定了建设师资队伍、培育和教育人才、提高师资素质和学校教学水平也是长久性的。学校通过开设校纪念品商店、学生超市、承包场馆设施等增加收入渠道，推动经济发展。学校经济发展快了，教师的待遇也就提高了，也可以改善办学条件，根据条件适当增设教育内容。

经济发达地区的学校能购买起各种各样的武术器械，建设武术场馆，体育器材种类繁多，自然开设的武术课的内容也更丰富，经济发展快吸引武术人才，随着武术人才的增加，开设的武术课的种类也会增多，武术教育内容随即变得丰富多彩。

二、江南政治制度对江南武术教育的影响

政治制度的形成是人们对思想文化进行长期探讨和摸索后总结出的结论。政治制度与教育相互影响、相互促进，政治制度指导和辅助教育，为教育树立明确的方向。政治制度制约着教育的权利、机会、方针和政策。反过来说教育对政治具有促进作用，促进政治体制的变革与完善；一定的社会政治意识形态通过教育而传播，促进新一代的政治社会化。通过教育可以提高全民文化素质，有利于建设国家民主政治。教育还是影响政治时局的重要力量。不同的政治制度对江南及其他地区的武术教育有着不同的影响，政治制度的实施与实行程度对教育内容有着很大的影响，影响全面人才的培养。

在国家政治制度的影响下，武术教育有了较好的发展前景。传统武术文化是民族优秀传统文化这条历史长河的一个支流。党的十八大以来，习总书记多次提到要弘扬尚武精神，推广民族体育。因此，近几年，国家各部门在不断推出新的举措以推动武术教育的发展，江南地区积极响应国家政策，大力支持武术进学校的教育工作。上海体育学院牵头组建了全国学校武术联盟，实施"一校一拳"的学校武术教育路线，在学校弘扬武术文化。江苏省教育厅颁布试行版的《义务教育体育与健康课程实施方案》，首次明确规定将武术设为小学初中体育必修课，全省全部学校必须实施。2015年两会期间，教育部将武术设为

"七大校园教育运动项目"之一。在中小学全面启动"武术进校园",是促进武术项目能传承更长久和武术教育健康快速发展的最佳举措。2016年上海市率先启动将武术作为体育中考选考项目的战略决策。

在政治制度开明的时代大背景下,武术教育向多元化、多样化方向发展,我国江南地区拥有优越的地域条件,武术教育必然在这片富饶的土壤中发展壮大,内容更加丰富化,形式更加多样化。

三、教学内容对江南武术教育的影响

国家课程标准规定的教育内容直接影响着各个地区的教育内容的制定。在规定的教育大纲的实施中,根据各地区的地域特征、人文社会环境、经济发展等,各地区利用自己的地域优势制定一些具有特色的教育内容。如:江苏省苏州市越溪实验小学开展船拳活动、上海市洋泾菊园实验学校自制研发校本课程,把武术课程设为国际留学生的中国文化课等。教育部明确武术为七大校园教育运动项目之一后,江南地区的教育积极响应国家教育政策,教育内容极其丰富,大部分学校开设武术课程,武术教育发展良好,全国以浙江省的武术教育发展为楷模。武术是教育内容的一个项目,教育内容结构的变更直接影响着武术教育的发展。

武术课堂上开展的具体项目内容对武术教育的整体发展有一定的影响。某些学校只开设简单的武术套路课程或24式简化太极拳课程,内容单调。师资力量雄厚的学校开设的武术课程相对很多,有太极剑、太极拳、武术套路、太极推手、摔跤、防身术、传统拳术等,还有专门的武术训练队。教师教授的内容不同也影响武术教育的发展。有的教师只教授具体的动作架势,要求学生学会动作即可,不讲解动作的攻防含义及在实战中的运用。学问渊博、责任心强的教师,则在教授武术项目时,讲解一招一式的来源、运用原理、攻防含义,以及具体锻炼身体的哪个部位,并用生活中的例子很形象地比喻帮助理解动作等。对于经济发达的江南地区而言,其高质量的师资教授的武术内容对武术教育的发展起着很大的推动作用。

小结

"上有天堂,下有苏杭"是对江南最直白的写照。现在的江苏和浙江就是古时的吴越之地,当时的江南地区指的是分别以苏州和杭州为中心辐射的周边地

区，也就是当时的太湖流域和西湖流域。春秋时期的江南保持着很原始的生活状态，生产力远远落后于当时的中原地区。随着经济中心的不断南移，如今处于长江以南、钱塘江以北的江南地区，已是中国沿海发达地区中对外开放的最大地区，也是中国经济最发达的地区之一，教育发展也处于全国的前列，起着榜样作用。

通过对江南武术教育史的研究，总结得出江南武术教育在不同历史阶段的发展形式和状态与当时的社会制度、人文环境、军事需要以及人们的生产生活环境、自然地域环境息息相关。古代武术是一种用于战场上的军事手段，武术教育都侧重于军事化，随着社会政局稳定，武艺在宫廷中作为娱乐观赏项目，并逐渐向民间传播发展，在民间主要是强身健体。民间以师徒传承、父传子的形式传播武艺，由于习武者文化水平普遍低下，因此都是言授身传，直到明清时期才有武术理论专著出版，这种传承武术的深厚基础使得武术的发展延续至今。近代武术教育主要以强身健体，与西洋体育文化相抗衡为重要目的；当代武术教育的发展主要是向养生、强身健体、传播文化方向发展，其传播以学校教育为主。

21世纪是素质教育的世纪，武术教育在"健康第一、以人为本"的教育理念指导下，开始由原来的一体化、统一化向多元化、多样化的方向发展。通过深入的研究和探讨，武术教育的发展与经济、政治、社会制度的影响密切相关，在武术教育的发展过程中，不同的社会环境及政治制度决定着不同的武术教育政策。江南武术教育的发展状态与江南的地域优势有着极其紧密的关系，随着经济中心的不断南移，北方劳动人民向南迁移，不仅带去了劳动生产力，同时将地域文化带到南方，如：南北武术相融合碰撞产生新的武术元素，从而丰富了江南武术教育的发展。社会经济的发展、政治制度的实施、教育内容的设定对武术教育的发展有着极大的影响，江南经济发展迅速，有着优越的地域优势，政治制度开明，教育内容丰富，师资力量需求量大，优越的条件吸引着更多优秀教师，资源越多发展的空间更大，种种因素很大程度上促进了江南武术教育的发展。江南的武术教育发展朝着多元化、多样化方向迈进。

参考文献

[1] 国家体育总局. 落实国家战略深化群体改革全国群众体育工作会议召开 [J]. 运动，2015（2）.

[2] 史铁杰,余妍霞.高校传统文化的传承现状及对策研究 [J].江淮论坛,2015 (2):186.

[3] 温力.认识的深化和武术概念的嬗变 [J].武汉体育学院学报,1993,97 (1):6-9.

[4] 邱丕相,王国志.当代武术教育改革的几点思考 [J].体育学刊,2006,13 (2):76.

[5] 李龙.历史学视野下的中国武术教育 [D].上海:上海体育学院,2007.

[6] 栾鑫,孙向豪.从当代武术教育的概念谈我对当代学校武术教育的看法 [J].中华武术 (研究),2011,1 (7):66.

[7] 钱笠.吴越春秋 [M].南京:江苏人民出版社,2012:4.

[8] [宋] 李昉等.太平御览 (第一册 第四十七卷,地部十二) [M].北京:中华书局,1960:227.

[9] 任海.中国古代武术 [M].北京:商务印书馆,1996,12:29.

[10] 郭守靖.武举制与齐鲁地域武术文化研究 [C] //第三届中国体育博士高层论坛论文集,2010:379.

[11] 王晓燕,林小美等.吴越文化与民族传统体育文化融合发展的对策研究——以温州南拳为研究对象 [J].浙江体育科学,2015,37 (6):107.

[12] 卢良秋.温州瑞安曹村进士数考证 [J].浙江大学学报 (人文社会科学版),2006 (5):160.

[13] 杨运涛,刘红建.太湖流域渔家民俗体育研究 [J].南京体育学院学报 (自然科学版),2014,13 (5):125.

[14] 张宗豪.江南船拳文化研究 [D].苏州:苏州大学,2014.

[15] [明] 戚继光.纪效新书 [M].马明达,点校.中华武术文库古籍部,人民体育出版社,1988:41-42,249.

[16] 谭华.近代中国社会的变革与武术的进步 [J].华南师范大学学报 (社会科学版),2003.

[17] 郭学松.秋瑾尚武思想研究 [J].体育学刊,2013,20 (4):61.

[18] 郭延礼.秋瑾研究资料 [M].济南:山东教育出版社,1987:88-89.

[19] 陶士和.浙江民国史研究通论 [M].北京:中国社会科学出版社,

2007：10.

[20] 鸿详．一代武术宗师蔡桂勤［J］．体育文化导刊，1986．

[21] 郭守靖．浙江武术文化研究［M］北京：光明日报出版社，2015：176.

[22] 赵春晖．山东武术拳种在非物质文化遗产中的申报研究［D］．济南：山东体育学院，2013．

[23] 高勇．齐鲁传统体育文化现代化发展的模式和策略研究［D］．曲阜：曲阜师范大学，2007．

[24] 韩美佳，张大伟．宋代武举制度兴衰下的武术发展［J］．搏击·武术科学，2012，9（6）：8．

[25] 浙江省教育志编纂委员会．浙江省教育志［M］．杭州：浙江大学出版社，2004：138．

[26] 牛广．宋代武术发展之历史探源［J］．兰台世界，2012（36）．

[27] 周伟良．中国武术史［M］．北京：高等教育出版社，2003：8．

[28] 周蕾．国术的近代调适——以中央国术馆为视角（1928-1937）［D］．武汉：华中师范大学，2014．

[29] 金宝山．盖叫天一门四代梨园情［J］．中国京剧，2009（1）：10．

[30] 杨建营，王岗．20世纪武术发展特征的研究［J］．体育文化导刊，2008（2）．

[31] 郭琼珠，李竹丽，等．当代学校体育武术教学内容设置的回顾与展望［J］．福建体育科技，2007（6）．

[32] 秦琦峰．苏州越溪船拳民俗体育文化的初探［J］．出国与就业，2011（24）：146．

[33] 李华兴．近代中国百年史辞典［M］．杭州：浙江人民出版社，1987：44．

[34] 徐和雍，郑云山，赵世培．浙江近代史［M］．杭州：浙江人民出版社，1982．

[35] 周伟良．中国武术史［M］．北京：高等教育出版社，2003：113．

[36] 王宁．试析旧上海的斧头帮［J］．兰台世界，2011：46-47．

[37] 谢一彪．浙江近代会党史［M］．北京：中国社会科学出版社，2013：6．

[38] 赵宏. 青帮 [M]. 北京：团结出版社, 2005：8-29.

[39] 赵波. 江南船拳的起源、传承方式及技术特征探析 [J]. 体育成人教育学刊, 2013, 29 (5).

[40] 徐金尧, 康吕赐. 嘉兴南湖船拳在学校体育教学中的实验研究 [J]. 浙江体育科学, 2011, 33 (6)：56-60.

[41] 全国体育院校通用教材. 武术 [M]. 北京：人民体育出版社, 2003：23, 27.

[42] 吕福祥, 李娅楠等. 武术舞台表演艺术发展研究 [J]. 武汉体育学院学报, 2015, 49 (7).

[43] 刘小明. 论吴越体育 [J]. 体育文化导刊, 2013 (3)：120-121.

[44] 张学臣. 谈武术表演的观赏价值与经济价值 [J]. 辽宁体育科技, 2008, 30 (3)：13, 25.

[45] 刘联珂. 中国帮会史 [M]. 北京：团结出版社, 2004.

[46] 李孔怀. 中国古代行政制度史 [M]. 上海：复旦大学出版社, 2006：263.

[47] 任海. 中国古代武术 [M]. 北京：商务印书馆, 1996：22-24.

[48] 谭华. 近代中国社会的变革与武术的进步 [J]. 华南师范大学学报（社会科学版）, 2003.

[49] 韩锡赐. 江南船拳源流及其实用价值 [J]. 浙江体育科学, 1989.

[50] 马晓. 江南水乡地域文化研究 [J]. 福建论坛（人文社会科学版）, 2007 (9).

[51] 陈山. 中国武侠史 [M]. 上海：三联书店, 1992：12.

第四章

宁绍平原武术及民俗体育的文化空间论

本章提出的场域理论基本可以概括为：民俗体育所存在的文化空间有着三种不同的表现状态，即代表了本质原始特征的"在场"，在历史发展过程中文化空间得到了拓展或者转化，这样的状态称为"脱域"，而当前能够与民族精神相融合，具有进步意义的状态便是文化空间的"重构"。此三种状态不存在层层递进的关系，而是各自可成为民俗体育文化空间的一种特征，也可并存而立，有的民俗体育会同时出现文化空间的三种状态。而判断其状态的依据便是三元素：发展历史、地域范围和表现场所。

在全民健身的大背景下，选取的研究范围为宁绍平原地区，结合文化空间的"场域理论"，力求通过区域地理特征、人文历史风貌、政治环境因素三个不同位面来进行民俗体育文化空间的剖析，旨在按图索骥、见微知著，总结出宁绍平原地区民俗体育活动文化空间的发展与衍变规律，找寻生存困境的原因与解决途径。

通过文献资料法、个案分析法、剖面分析法等研究方法对宁绍平原地区几个民俗体育的文化空间进行研究，运用场域理论给予立体剖析，探索宁绍平原地区民俗体育的发展现状，总结文化空间变迁的规律，探究民俗体育生存境况的原因。得出的结论如下：民俗体育的文化空间存在三种状态，"重构"是民俗体育的必经之路；宁绍平原地区的民俗体育发展态势良好，其变迁规律可以被其他地区所借鉴。究其原因，无外乎内因和外因两方面。从外因讲，科技的发展使得民俗体育的文化空间遭受到了严峻的考验，而政府部门的忽视更加增添了发展的困难程度；从内因来说，民俗体育自身的形式陈旧赶不上时代发展的脚步，必然会被抛弃，加之缺少大胆创新和合作探索的精神，难免会被排挤和忽略。

第一节 研究目的和意义

国家体育总局表示，截至2012年，国家已经组织了四次体质测试，被测主体每次至少有近40万学生。有数据证明，学生在肺活量、速度和力量方面已经连续15年下降，而耐力素质更是连续25年下降。① 因此，从2006年开始，国务院和国家体育总局相继颁发了各种文件与意见，旨在促进体育产业发展，推动全民健身，努力提高国民身体素质。在2014年9月2日，李克强总理在会议上指出要加快体育产业的发展，推动大众健身。10月20日，国务院印发了《关于加快发展体育产业促进体育消费的若干意见》②（以下简称《意见》），主题就是把全民健身上升为国家战略。国家的这种种政策措施，表现了实现全面健身的决心，这些具体到细节的规定，更体现了实施全面健身计划的信心。总之，全民健身是整个时代的要求，是国家和人民的心理期盼，是"中国梦"。

要发展体育文化产业，除了对竞技体育、群众体育的发展之外，也不能忘记民俗体育。民俗体育是体育产业中的一个重要组成部分，也是社会民俗体育文化整体中的一个重要分支，而民俗体育的形成和发展深受地域环境的影响。我国是一个多种民族融为一体的国家，各民族之间长期固定在一定的地域范围内，便逐渐形成了具有自己民族代表性的民俗活动或事象，这就是民俗体育，它们承载了各民族之间自身的历史、民族情结和生活环境等，是具体生活方式和风俗习惯的体现。可以说，民俗体育文化就是中华民族文化星空中的一颗璀璨的明珠，同时也是中国体育文化结构中的重要一员，在整个中华民族文化的历史长河中，民俗体育文化也扮演着非常重要的角色。

如今，在改革开放带来巨大成果的同时，也出现了一些问题，体现在民俗体育方面，则有三个表现特征：第一，承载着民俗体育的地域生态环境正在经济日益发展的进程中遭受着不同程度的破坏，以前大型的祭祀、庙会、节日庆

---

① 付明. 运动干预手段对重庆市中小学生体质健康影响的对比研究[D]. 重庆：西南大学，2013.
② 石岩. 体育产业新政背景下中国体育产业发展的机遇与挑战[J]. 体育学刊，2014 (6)：13-18.

典因为互联网和科技的发展其文化空间渐渐地减少,甚至被取缔。第二,由于城镇化进程的加快,自然村落大量减少,给本需要世代传承的民俗体育活动增添了很大阻碍。第三,由于商品化经济的普遍影响,许多具有文化价值的民俗体育活动为了生存被迫迎合市场需要,通过商业化包装来获取经济利益,功利化倾向明显。在市场经济占据主导地位的现代中国,民俗体育所面临的问题比较重大。但从另一方面来看,也是民俗体育的契机,因为现代社会多元化趋势的发展,科技的进步,社会的包容度更强,也使得民俗体育的发展空间日益宽泛。如今,"发展和现代化正在成为当今中国社会和中国文化的大趋势"①,因此,研究民俗体育文化的发展空间是一项刻不容缓的任务。

内蒙善骑马,江南善划船,由此可见,民俗体育带有强烈的地域性,每个地区的民俗体育活动犹如一块活化石,记录着这个地区深远沧桑的历史痕迹,不同的地理环境造就出特征迥异的民俗文化。所以,要研究一个地区的文化,必须将范围界定在这个地域之内,通过研究不断演变的历史,来分析这个地区的文化特征。而对于体育文化的研究,民俗体育就是一个很好的切入点。要研究民俗体育文化,就需要把民俗体育放到特定的地域空间中去,运用政治经济学、历史学、地理学、人文社会学等不同的角度去分析解读,从而收获一个全方位、立体化的民俗体育文化。

然而,今天民俗体育的发展状况好像遭到了阻碍,许多民俗技艺缺少传承,濒临灭绝;这其中固然有经济发展、西方文化吸引年轻人的眼球等外部原因,更重要的是民俗体育内容陈旧、落后时代等内部因素。所以,通过研究民俗体育的文化空间,找出变迁的原因与规律,并试图寻找和开发新的文化空间,以此来更好地开拓民俗体育活动,这不仅仅是单纯地为传承中国优秀的民俗体育文化,更是响应国家号召,认真贯彻发展体育产业的国家战略方针,促进全民健身的良好举措。

地域文化研究是当前研究的热点,全民健身是整个时代的需求,本章通过认真研究民俗体育的文化空间的变迁,分析江南的民俗体育"在场"与"脱域"现象,探究民俗体育的空间"重构",为促进民俗体育的传承与发展,为促进全民健身出谋划策。

---

① 涂传飞. 农村民俗体育文化的变迁——江西省南昌县涂村舞龙活动的启示[D]. 北京:北京体育大学,2009.

江南是中国地形地貌中具有代表性的一员。以江南的民俗体育为切入点，探讨民俗体育、文化空间的相关概念，并对其进行界定，奠定了理论框架和研究基调；分析江南民俗体育文化空间的变迁历史与原因，努力总结出文化空间变迁规律，更好地发展民俗体育；通过分析民俗体育的特征和价值，为构建民俗体育学科的理论体系贡献力量。

在现代化进程加速发展的今天，民俗体育的前进道路充满了坎坷和荆棘，本章希望通过对江南的民俗体育进行研究，找出阻碍其发展的原因，并提出相关对策。更希望以此为样本，总结出民俗体育的文化空间在历史变迁中的规律所在，充分利用好规律实现民俗体育的"重构"，以期民俗体育走上良性发展道路。

改革开放后，民俗体育在原始状态下保持自身的民俗性称为"在场"；而经过时代的包装，与现代元素相结合的过程称为"脱域"；当其充分适应当下的社会环境，保持自身良性发展，将民间性上升为民族性，成为中国的上层文化、主流文化时，这是民俗体育的"重构"。民俗体育要想取得传承和发展，必须对其文化空间的表现状态进行不断的尝试与创新，只有做到文化空间的"重构"，才是民俗体育真正的生存之道。

充分利用中国期刊网，查阅浙江师范大学图书馆、浙江图书馆、浙江博物馆，还有相关期刊、书籍资料、新闻报纸以及在访谈、实地调查中获得的民间个人珍藏资料，与江南民俗体育相关的书籍资料、硕博士文献、专业性会议发表的文章等，以此作为本章的研究相关资料，并作为理论支撑依据。

获取文献资料的主要途径包括：查阅中国学术期刊网络出版总库从1981年到2016年3月14日的文献，主要收集研究民俗体育的期刊论文、硕博士论文以及会议记录（中国期刊网的论文成果均含附于中国学术期刊网总库中），浙江师范大学图文信息中心、浙江图书馆、浙江博物馆、宁波市图书馆、宁波大学图书馆、绍兴市图书馆、绍兴文理学院图书馆、宁波民俗馆、宁波市文化馆、绍兴民俗博物馆等。

针对该地区部分代表性的民风民俗进行实地考察，通过对项目传承人士访谈，从而获得关于江南民俗体育的类型、活动方式、空间变化等相关的第一手相关资料。考查内容包括：宁绍地区地域环境、风俗传统、人文社会环境、民俗体育等。

个案研究法是从有关调查范围内有目的选择具有代表性的单位、机构、个人或现象,进行周密系统调查的方法。它包括对一个或几个个案材料的收集、记录,并写出个案报告。在大多数情况下,尽管个案研究以某个或某几个个体作为研究的对象,但这并不影响将研究结果推广到一般情况,也不排除在个案之间作比较后在实际中加以应用。这种研究已经逐渐成为一种趋势。本章选取了四明内家拳、甬剧、犨犴龙舞、迎神赛会等代表当地风俗的项目进行调查研究,然后总结出民俗体育的文化空间状况。

剖面分析法是现在用于研究文化变迁的最流行的方法,这种方法的使用,通过观察在某一时间段(点)上,社会中的人们的行为、信仰与态度的变异范围,来推断变迁的进程。在进行研究江南的民俗体育个案时,采用的就是剖面分析法。

第二节 相关概念阐释

一、民俗体育

对于"民俗体育",在《体育科学词典》中有着权威的界定:"在民间风俗或民间文化以及民间生活方式中流传的体育形式,是顺应和满足人们多种需要而产生和发展起来的一种特殊的文化形态。"[1] 王俊奇在《关于民俗体育的概念与研究存在的问题——兼论建立民俗体育学科的必要性》中着重介绍了民俗体育和民族体育的区别与联系,也分析了民俗体育和民间体育的概念。他认为民族传统体育是与时代潮流、国民意识相结合的,是主体文化,它包含民俗体育文化,而民俗体育则扎根于民间,是处于低层的、原生态的文化。在论述二者的关系时,王俊奇把民俗体育文化归入民族传统体育文化之中,同时他还提到民俗体育文化是民族传统体育文化的来源,正是这种原生态的低层文化才孕育出了民族传统体育这种"上层文化"。二者之间紧密相连,却又有所不同。王俊奇还把民间体育等同于民俗体育,本章则不敢苟同。而陈红新和刘小平对于民

---

[1] 中国体育科学学会编.体育科学词典[M].北京:高等教育出版社,2000:31.

俗体育的界定是"一种集体化、模式化的传统体育活动"①。虽然也体现了大众性，但是还是与民间体育的范围有些模糊。

综合以上分析，本章认为王铁新、常乃军等人的观点较有更强的说服力，他们认为民俗体育的创造主体不是整个国家的所有人，而是具有一定范围的民众，这些民众是与上层社会的统治阶级相区别的，民俗体育由这些民众创造、传承，"并融入和依附于民众日常生活习惯之中"②，这样的体育活动和事象"具有类型性、继承性、传布性和非官方、非正式特征"③。因为民俗体育首先是由处于基层的民众所创造并发展的，这是一种受地域性影响的活动，反映着一个地区的特色文化；其次，民俗活动与官方体育相对应，具有非正式性，原生态性；最后，民俗体育必须凸显体育的特征，即具有增强体质的身体练习活动。因此，本研究将民俗体育界定为由一定民众创造并融入日常生活习惯中的体育活动和事象。包含三个层面，第一，创造对象是区别于官方的基层民众；第二，具有增进健康的体育运动形式；第三，具有传承民族文化的功能。

二、文化的空间理论

"空间"一词，一直被当作几何概念、地理概念来使用。近代哲学家、思想家康德，他所理解的空间是从人的意识出发，把空间当成一种形式，以此来获得感性认识。哲学家黑格尔在他的书中分析了空间与物质的关系，他认为两者是相互依存，互为条件的。《自然哲学》中还提到空间与时间的关系是不可分割的。④ 后来在马克思所研究的社会理论中，他把空间看作是"多个工作日同时并存"⑤ 的一个时间容量，另外则体现为资本主义发展时所需要的市场和距离，马克思主要将空间理解为客观的环境条件。他虽然意识到在社会生产关系方面，空间性具有不透明性，也稍微触及了社会关系与空间存在的基本问题，但是他却没能用唯物主义解释这一问题。

---

① 陈红新，刘小平. 也谈民间体育、民族体育、传统体育、民俗体育概念及其关系——兼与涂传飞等同志商榷 [J]. 体育学刊，2008 (4)：8 - 10.
② 王铁新，常乃军. 我国民俗体育研究综述 [J]. 体育文化导刊，2009 (10)：133.
③ 王铁新，常乃军. 我国民俗体育研究综述 [J]. 体育文化导刊，2009 (10)：133.
④ G. W. F. 黑格尔. 自然哲学 [M]. 梁志学，等译. 北京：商务印书馆，1980：77.
⑤ 马克思，卡尔. 1857 - 1858 年经济学手稿（前半部分）[M] //马克思恩格斯全集. 北京：人民出版社，1995：378.

以上讲的是空间理论的发展脉络，而本章所研究使用的是文化空间，所以需要从另一个方面来探讨空间的形成机理，那就是人文思潮下的空间理论。这个方面最早提出空间理论雏形的是笛卡儿，他把空间、身体和思想三者结合起来，形成了"主体—身体空间观"的形态。海德格尔的《存在与时间》里面提到，人的活动场所就是空间，空间与人们生活的世界息息相关。① 那么文化空间即文化场所。

关于文化空间的理论，现在主要有两大主流理论，一种是从社会学视角来解释的文化空间，主要以亨利·列斐伏尔为早期代表。他认为"空间是一种（社会）产品"②。崔丽华的最新研究成果《传统空间理论的困境及当代"空间转向"》中讲道，"现代的空间理论朝着三个方向发展，分别是结构主义路向、文化发展路向和地理学路向。"③ 其中文化发展路向的代表人物是詹姆逊，空间观的文化发展路向就是讲空间研究同社会文化因素相联系，探明社会文化环境对空间的改变与影响。

另一种理论是从人类学角度来解释的，早在1952年，美国的人类学家C. 拉克洪和W. H. 凯利，他们将文化空间看作人类历史上的"生活结构体系"④。后来又出现了从非物质文化遗产的角度来解读文化空间，追其根源还是以人类学为基本视角的。1998年，《宣布人类口头和非物质遗产代表作条例》（以下简称《条例》）被颁布，《条例》中明确说明了"文化空间"既可以是"一个集中了民间和传统文化活动的地点"，也可以是"以某一周期（周期、季节、日程表等）或是一事件为特点的一段时间"，并且《条例》还认为"这段时间和这一地点的存在取决于按传统方式进行的文化活动本身的存在"⑤。2002年联合国的官员爱德蒙·木卡拉再次对"文化空间"做出了具体解释："文化空间指的是某

---

① 马丁·海德格尔. 存在与时间 [M]. 北京：商务印书馆，2015：65.
② 张一兵. 社会批判理论纪事 [C] //列斐伏尔. 空间的生产（第4版）. 北京：中央编译出版社，2006：176.
③ 崔丽华. 传统空间理论的困境及当代"空间转向" [J]. 马克思主义与现实，2014 (6)：118-123.
④ C. 拉克洪，W. H. 凯利. 文化：关于概念和定义的批判性回顾 [M]. 北京：中华书局，1952：14-15.
⑤ 王文章. 非物质文化遗产概论 [M]. 北京：文化艺术出版社，2006：4-12.

个民间或传统文化活动集中的地区,或某种特定的、定期的文化事件所选的时间。"① 时隔一年,第32届联合国大会上,《保护非物质文化遗产条约》得到通过,条约里面对"非物质文化遗产"的概念界定时,也涉及了"文化空间"。

随着我国非物质文化遗产研究的深入,人们更加全面地认识了文化空间。乌丙安在参加山东淄川·中国孟姜女传说学术研讨会上,认为文化空间就是代表"一系列地方"②。这种地方便是表达方式的场所,他所强调的是空间属性。白云驹在《论"文化空间"》中从概念、特征、价值、意义、保护原则等方面对文化空间进行了综合的、全方位的剖析,他把"文化空间"设定为一个物理的"场",此时的场是自然场,而一旦有了人类参与的痕迹和结果,便形成文化场,由于增加了人类的因素,由自然场向文化场而发生改变的过程,便是"在场"③。罗萍、宋天华在《非物质文化遗产视野下峨眉武术保护的若干思考》认为"文化空间"决定民族传统体育保护的基本范围,是孕育传统武术文化的母体。④ 这是从文化空间的角度来探讨民族传统体育。

对于文化空间的研究有很多,大致可以分为几大类:首先是对"文化空间"含义的界定,例如陈虹的《试谈文化空间的概念与内涵》⑤,向云驹的《论"文化空间"》⑥,其中尤以吉灿忠的博士论文《武术"文化空间"论绎》最为详尽具体⑦;其次是以文化空间为角度,对不同的事物进行解读,例如徐鑫的《旅游村镇的文化空间再造研究》⑧,胡丽婷的《现代陶瓷艺术介入文化空间的应用

---

① 爱德蒙·木卡拉. 口头和非物质遗产代表作概要 [C]. 人类口头和非物质遗产抢救与保护国际学术研讨会. 北京: 中国艺术研究院, 2002: 65.
② 乌丙安.《孟姜女传说》口头遗产及其文化空间——国家级非物质文化遗产《孟姜女传说》评述 [C] //山东淄川·中国孟姜女传说学术研讨会论文集. 淄川: 山东民俗学会, 2009: 1-4.
③ 白云驹. 论"文化空间"[J]. 中央民族大学学报(哲学社会科学版), 2008, 35 (5): 81-88.
④ 罗萍, 宋天华. 非物质文化遗产视野下峨眉武术保护的若干思考 [J]. 中共乐山市委党校学报, 2008, 10 (2): 63-64.
⑤ 陈虹. 试谈文化空间的概念与内涵 [J]. 文物世界, 2006 (1): 44-46, 64.
⑥ 白云驹. 论"文化空间"[J]. 中央民族大学学报(哲学社会科学版), 2008, 35 (5): 81-88.
⑦ 吉灿忠. 武术"文化空间"论绎 [D]. 上海: 上海体育学院, 2011.
⑧ 徐鑫. 旅游村镇的文化空间再造研究 [D]. 泉州: 华侨大学, 2012.

研究》①，田冬梅的《非物质文化遗产文化空间保护研究——以环县道情皮影为例》，等等②，利用文化空间的理论分别对旅游、茶、陶瓷艺术、皮影、武术等不同的方面进行了剖析，这是对中国文化的再塑造，为传播中国文化提供了新思路，同时也提高了研究价值。

通过对以上这些研究分析，本章认为吉灿忠的观点最能概括出文化空间的准确定义，他所做的博士毕业论文《武术"文化空间"论绎》，其中用了大量的篇幅对"文化空间"进行阐述。吉灿忠首先阐述了文化空间提出的背景，然后他从地理学、历史学、人类学、文化遗产等多个角度来全方位地剖析了文化空间的含义，总结提炼出自己的观点，"文化空间"既是传统文化遗产的重要表现形式，又是体育事象所演变、寄存和展示的固定场所或某一段时间。③ 因此，民俗体育的文化空间便是指某一个集中展示民俗体育文化活动或民俗体育文化元素的地点，或者是民俗体育事象的活动周期，总体来讲，民俗体育的文化空间具有时间性和空间性双重含义。例如寺庙、遗址、节日、集会等，不能单纯地理解为地点或时间。

三、民俗体育的文化空间演变

水因势而动，民俗体育也是如此。随着地理生态环境的变化、人类历史的更迭以及社会环境的改变共同作用下，民俗体育的文化空间不断地受到影响，不断地调整自己来适应环境的变化。民俗体育的文化空间根据性质可分为时间类和空间类。所谓时间类文化空间，便是指民俗体育事象进行的一个时间点，或者是一个时间段，或者是一个周期，例如庙会、节日、祭祀活动等。随着社会化大生产和现代化进程的加快，这些时间类的文化空间渐渐有所改变，例如祭祀活动的减少或取消，有的被改造成大型的祭祖庆典、庙会，由此形成以交流沟通、贸易往来为目的的大型集会。空间类的文化空间有寺庙、家庭、村落和集会等，这一类的表现形式也在经济化进程明显的社会下有所调整，比如城镇化进程的加快使村落日益减少，民俗体育的活动空间逐渐被社区活动所替代；

---

① 胡丽婷. 现代陶瓷艺术介入文化空间的应用研究 [D]. 景德镇：景德镇陶瓷学院，2014.
② 田冬梅. 非物质文化遗产文化空间保护研究 [D]. 济南：山东大学，2013.
③ 吉灿忠，邱丕相，吴永杰. 武术"文化空间"释义及其表现特征 [J]. 吉林体育学院学院，2013，29（3）：18-23.

寺庙定期举行的祭祀活动也逐渐成为代表了某种目的的庆典活动，只保留了祭祀的意义；以前的小型集会随着时代的发展、社会的需要，也逐渐演变成了大型的展览会、交流活动等。

总之，在经济日益发展，科技逐渐进步的现代中国，社会化的变迁同时带动了民俗体育活动的文化空间的演变，这对于民俗体育来说既是挑战也是机遇。民俗体育是否能够顺应时代潮流，结合自身实际情况拓展自身发展道路，传承中国民俗体育文化，是一个重要课题，也是总结民间体育研究的一项重要任务。本章所要做的努力，便是总结民俗体育的文化空间变迁的规律，试图寻找重构的发展路径，在传承民俗体育文化的同时，促进全民健身。

为了获取本研究所需相关资料，本章对中国学术期刊网络出版总库进行了检索，具体的范围是从1981年到2016年3月14日的文献，检索到研究民俗体育的期刊论文、硕博士论文以及会议记录共计16623条（中国期刊网的论文成果均含附于中国学术期刊网络出版总库当中），以"民俗体育"和"地域"两词为关键词进行搜索，出现论文有3265篇，其中2016年有103篇，2015年有745篇，2014年有629篇，2013年有488篇，2012年有822篇，2010年有280篇，2009年有198篇，往前数逐年减少。通过整理、对比、筛选、分析共有146篇与本研究有关的文献，说明近几年来，在地域视野下研究民俗体育的研究逐渐兴起，2013年达到一种热潮。以"江南"和"民俗体育"两词为关键词进行搜索，出现论文有294篇；通过整理、对比、筛选、分析，最后得出与本次研究相关的文献16篇；以"民俗体育"和"文化空间"两关键词搜索，一共出现论文6798篇，通过整理、对比、筛选、分析共有336篇与本研究有关的文献，说明对于民俗体育的文化空间研究是比较多的。这更加能够给本章的研究提供大量可参考的理论依据和统计资料。

第三节 民俗体育的研究文献梳理

对于民俗体育的研究，我国的专家学者已经有了大量的成果，钟海明写的《西南少数民族传统体育的文化人类学分析》中提到，民风民俗是传统体育得以出现的土壤,如"丢花包"体现了傣族婚姻的态度。①张新定等人在《海南黎族传统体育的起源与特点探析》一文中,分析了黎族的传统体育,他们认为"敬祖舞""打鹿舞"等民俗活动源于宗教信仰,是黎族人民进行娱神祈福的宗教活动中创造而来的。②此外,还有众多的学者从历史起源、发展现状、变迁规律等角度论证了民俗体育与地域文化之间有着千丝万缕的联系,并为民俗体育的发展提出了许多符合实际的建议。

一、民俗体育与相似概念的辨析

关于民俗体育、民间体育、民族体育和传统体育四者之间的关系,学术界长期以来一直处于百家争鸣的状态,近些年来各专家学者又对此开始了新的热议,却仍然没有得到一个统一的定论。王俊奇在《也论民间体育、民俗体育、民族体育、传统体育概念及其关系——兼与涂传飞、陈红新等商榷》中认为,民间体育包括民俗体育,但不是所有的民间体育都可以被当成民俗体育,这两者之间不能画等号。③张淼、李龙在《民俗体育、民间体育、民族体育和传统体育的概念及关系辨析》一文中对四者的关系是这样认为的,民俗体育、民间体育、民族体育、传统体育的关系错综复杂,用数学名词可以这样表示:民间体育与民俗体育、传统体育与民族体育是包含与被包含的关系;民族体育和民俗体育、民间体育与传统体育之间是相互交叉、重叠,既具有相同的部分,又拥有各自独特的领域。④青年学者丛密林在《民间体育、民俗体育、民族体育和民族传统体育概念辩证》中用图表的形式形象地表述了四者之间的从属关系。⑤

---

① 钟海明.西南少数民族传统体育的文化人类学分析[J].黑龙江民族丛刊,2008(3):146-149.
② 张新定,苏春宇,金德阳.海南黎族传统体育的起源与特点探析[J].新西部(下半月),2008(6):237-239.
③ 王俊奇.也论民间体育、民俗体育、民族体育、传统体育概念及其关系——兼与涂传飞、陈红新等商榷[J].体育学刊,2008(9):101-104.
④ 张淼,李龙.民俗体育、民间体育、民族体育和传统体育的概念及关系辨析[J].博击(武术科学),2013(2):88-91.
⑤ 丛密林.民间体育、民俗体育、民族体育和民族传统体育概念辩证[J].体育科技文献通报,2014(1):3-5,37.

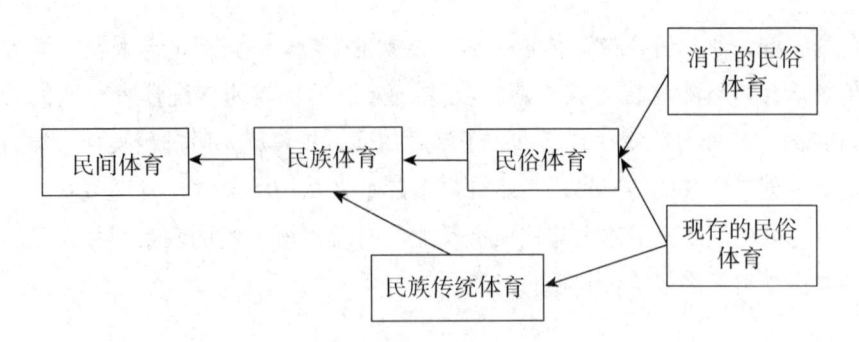

图 4-1 民间体育、民俗体育、民族体育和民族传统体育隶属关系

二、民俗体育的结构、功能与价值

说起民俗体育的结构，可以从它的内涵说起。民俗体育本身就是体育文化的一部分，又是民俗学的重要成员之一，因此，民俗体育是带有体育与民俗双重身份的角色，而且在中国的文化史上扮演着十分重要的角色。对于民俗体育的价值，朱海燕在《民俗体育文化内涵与特征解读》中有着简单的论述，即民俗体育是带有地域性的体育文化，这样的重要身份显示了它在推广我国传统体育文化中的重要作用。① 民俗体育的发展，从小的方面来讲是地域特色经济的助力器，能够推动一地的经济实力增强，丰富人们业余生活；往大的方面说，民俗体育对于我国传统体育文化的传播，促进国家精神文明建设，具有重要的意义。

2003 年是中国民俗学会成立 20 周年，也是民俗体育方面的论文第一次出现在现场学术研讨会上。2005 年，乙酉中秋论坛在上海举办，会上邀请了来自上海体育学院的老师作为与会嘉宾，共同分享了民俗体育当前面临的机遇和挑战。此后，相继出现了涂传飞《农村民俗体育文化的变迁》②，沈丽玲、余万予《民俗体育在学校体育中发展的作用和对策之探析》③，孟庆宁《民俗体育的当代价值》④，王俊奇《关于民俗体育的概念与研究存在的问题——兼论建立民俗体育

---

① 朱海燕.民俗体育文化内涵与特征解读 [J]. 才智，2014（8）.
② 涂传飞.农村民俗体育文化的变迁——江西省南昌县涂村舞龙活动的启示 [D]. 北京：北京体育大学，2009.
③ 沈丽玲，余万予.民俗体育在学校体育中发展的作用和对策之探析 [C] //中国体育科学学会第七届全国体育科学大会论文摘要汇编（一）. 中国体育科学学会，2004：2.
④ 孟庆宁.民俗体育的当代价值 [J]. 山西高等学校社会科学学报，2006（11）：134-135.

学科的必要性》等一批学者关于民俗体育的研究成果,① 民俗体育的研究潜力被他们从各个方面挖掘出来。

三、民俗体育当代发展的依存条件

当代社会,民俗体育要想更好地发展,必须要有相应的依存条件。学者朱海燕曾撰文《民俗体育文化内涵与特征解读》,从三个方面进行了阐述,首先,不断进行"宣传引导和合理开发"②,此举是为了使更多民众了解民俗体育,进而爱上民俗体育;其次,坚持发展民俗体育,努力传播民俗体育文化,而且要不断传承下去;最后,要与时俱进,不断创新。民俗体育要结合当代社会发展趋势,及时调整自身力量,瞄准正确的方向去发展。

民俗体育发展到现在已经形成了一门学科——民俗体育学,这种交叉学科的出现恰巧证明了民俗和体育之间的共生共荣关系。柯玲、邵荣在《中国民俗体育学探略》中对于民俗体育做出了中肯的评价,民俗体育由民俗孕育而生,却又以体育的形态广为流传。这样的形态是被民众所创造出来的,正因为它满足人们的生产生活需求,所以能够一直传承并发展下去,从文化层面来讲,民俗体育对于我国来说有着深厚的历史文化积淀,它的形成与我国特定的民族传统文化和民族精神是分不开的。从这个层面上来说,我国的民俗体育就是研究我国社会经济、政治、文化的参考书,它"既是现代竞技体育原型与胚胎,又是现代竞技运动的基础与补充"③。他们将民俗体育上升到一个学科来研究,这不仅是肯定了其在中国传统文化中的价值和地位,更是为民俗体育的研究提供了理论指导和系统方法。

四、民俗体育文化空间的研究多元化

对于民俗体育的研究,呈现出多元化的局面。徐琳在《论我国民俗体育的地域文化特征与发展》中充分认为任何民俗活动都具有强烈的地域性特征,她

---

① 王俊奇. 关于民俗体育的概念与研究存在的问题——兼论建立民俗体育学科的必要性 [J]. 西安体育学院学报, 2007 (2): 16-20.
② 朱海燕. 民俗体育文化内涵与特征解读 [J]. 才智, 2014 (8).
③ 柯玲, 邵荣. 中国民俗体育学探略 [J]. 北京体育大学学报, 2008 (6): 760-762.

提到,"民俗体育与地域文化是一个互动的过程"①,一个地方的地域文化是本地民众长期的生产生活习惯的映射,而这种映射也就逐渐形成了带有地域性的民俗体育。她还从非物质文化遗产的角度展现出对今后民俗体育研究的信心。陈顺宣在《金华斗牛风俗述评》之中详尽地介绍了金华地区斗牛风俗的历史成因、开展现状、风俗内容,并通过实地考察和史料分析此风俗衰落的原因,其中文字精湛,用词准确,并且调查详尽,分析透彻,为本章研究江南的民俗体育活动提供了很好的借鉴。②罗辑在《"物"的在场、脱域与出场——以贵州少数民族武术为例》一文以"场"的理论来研究民俗体育,是一种新型突破。他把原始状态下的民俗体育称作"物"的在场,民俗体育在社会化进程中的变化称为"物"的脱域,经过时代的变迁与融合,真正被传承下来以新的方式留存的民俗体育,被他称为"出场"③。

刘军、王海明的《江南良渚文化初探》一文,从考古学文化角度来研究了江南发掘的遗址和文物,最后将河姆渡后续文化命名为良渚文化名山后类型。④明代末年的王士性,曾经专门对浙江地域文化做过研究,他写了《广志绎》,里面说道"两浙东西以江为界而风俗因之。浙西俗繁华……浙东俗淳朴"⑤,就介绍到了浙江东部地区民风淳朴,百姓敦厚。虽然王士性讲述的是明朝中后期的状况,但是基本上表述了当时浙江地区的民俗民风。后来朱海滨在《近世浙江文化地理研究》中则是从地域角度进行对浙江文化的研究工作。在他的地域研究中,整个浙江省地区被他划分为杭嘉湖宁绍文化区和金衢严台温处文化区,在这其中,杭嘉湖宁绍文化区又被朱海滨分为杭嘉湖文化区和宁绍文化区。朱海滨通过研究地区的历史脉络、民俗民风以及社会环境,总结出宁绍地区"指标特征十分明显"⑥的理论。刘小明的《绍兴民俗体育文化研究》详尽地介绍了绍兴地区民俗体育的表现形式和特征,并对绍兴民俗体育文化特性进行梳理,

---

① 徐琳. 论我国民俗体育的地域文化特征与发展 [J]. 成都体育学院学报, 2009, 35 (5): 34-36.
② 陈顺宣. 金华斗牛风俗述评 [J]. 民俗研究, 1993 (2): 69-75.
③ 罗辑. 少数民族武术中"物"的在场、脱域与出场——以贵州少数民族武术为例 [J]. 体育科学, 2014 (3): 72-75.
④ 刘军, 王海明. 江南良渚文化初探 [J]. 东南文化, 1993 (1): 92-102.
⑤ 王士性. 广志绎 [M]. 上海: 中华书局, 1977.
⑥ 朱海滨. 近世浙江岁时习俗的区域差异 [J]. 历史地理, 2007 (00): 296-309.

内容详实准确。[①] 这为她后来所做的《越地民俗体育》研究起到了铺垫的作用。[②]《越地民俗体育》通过对资料的收集整理，探讨了越地民俗体育的特征与发展模式，并提出了自己的建议。这些都是针对江南的民俗体育所做的研究，很具有针对性，对本章的选题研究有着极大的参考价值。

第四节 场域理论的应用

关于场域理论，最广为人知的是布迪厄的场域理论和考夫卡场域理论，他们分别从社会学和心理学进行了阐释。本章所形成的场域理论是从他们的理论中得到的启发，但还有所差别。无论是从哪个角度来解释，布迪厄和考夫卡的场域理论都是以人为中心而建立的理论，本章提出的场域理论围绕的中心不单单指的是人类，还包括物或者现象，例如一种民俗活动，一个民俗节日等。在考卡夫看来，人的行为会受到行为环境的调节，也会受到地理环境的作用，在双重作用下产生了人类的心理活动。例如一位行者在风雪交加的夜晚走了好久才看到一家客栈，欣喜之余他敲开店主的门，并告诉店主自己从对面很远的地方来，店主听到之后惊恐不已，问他："你知不知道你刚才经过了一个湖泊？"那人听到后吓死在店主脚下。分析这个例子，行者看到客栈内心欢喜，不知脚下是结冰的湖泊而信步向前，以为是道路，这是行为受到了行为环境的调节，而当听到店主的话之后又被惊吓而死，是受到了现实的地理环境作用。结合此项理论，本章认为，民俗体育在发展过程中也是不断受到社会环境、地理环境和人文环境的影响，在这样多重环境的共同作用下民俗体育呈现出不同的特征状态。在这其中，保持了民俗体育原始形态的特征是民俗体育的"在场"，而受到环境影响产生了变化，由民俗向民间体育扩展延伸，这样的状态是民俗体育的"脱域"，当民俗体育融合了本时代的时代特征，反映出整个中华民族的精神面貌的时候，民俗体育已经上升到了民族性的层次，成为一种"主流文化"，这便是民俗体育的"重构"。值得一提的是，本章的场域理论与罗辑的"物"的

---

① 刘小明. 绍兴民俗体育文化研究 [J]. 赤峰学院学报（自然科学版），2011 (7)：147-149.
② 刘小明. 论越地民俗体育 [J]. 体育文化导刊，2013 (8)：113-115.

三种表现形式说法有着本质的不同，这三种状态并不是环环相扣、层层递进的关系，"在场"可能直接进入"重构"状态，而"脱域"也有可能会回到"在场"的状态，所依据的评判标准就是民俗体育活动的发展历史、地域范围以及表现场所。

涂传飞在他的博士毕业论文《农村民俗体育文化的变迁》中，总结了农村民俗体育文化变迁的规律，并将变迁的路径进行了分类，其中使用的是功能、内容和形式三个指标。他认为"民俗体育文化变迁路径是多元的"①。江南民俗体育文化空间经历了数千年的演变，也出现了多种形态，甚至同一种民俗项目在特定的环境下出现两种形态并存。本章运用场域理论，从发展历史、地域范围和表现场所三个方面对选取的几个民俗体育项目进行分析，探讨民俗体育发展的文化空间，总结发展规律为全民健身服务。

一、在场——武术民俗原生态的文化空间

"在场"是民俗体育的文化空间初始形态，指的是某项民俗活动在时代变迁中，其表现场所没有受到环境多少影响，或者说在环境影响的作用下依然保持本来的特征面貌，还是能够表现出原汁原味的东西，这样的一种状态称为"在场"。这种形态的代表便是军事武术。军事武术是武术整个大项目中的一个分支，它是我国人民在相当长的一段时期内，通过不断的生产劳动，历经军事战争的洗礼，不断实践、不断总结出来的武术。早在部落兴起的时代，部落之间为了争夺领地和资源，通过训练的方式使自己的部落士兵强盛从而取得战争的胜利，军事武术就应运而生。《吕氏春秋·荡兵》讲："未有蚩尤之时，民固剥林木以战矣。"② 又说："争斗之所自来者已久矣，不可禁，不可止。"③ 由此可见，人类之间的斗争早已有之。伴随着社会的发展、科技的进步，人们之间交往频繁，军事武术在兵器、技艺、理论等方面都有着十足的进步。例如商周时代，冶炼技术的发展使军队里出现了青铜剑，春秋战国年代，战车是重要的作战工具，战阵要求"立卒伍，定行列，正纵横"。（《司马法·严位》）而到了汉

---

① 涂传飞. 农村民俗体育文化的变迁——江西省南昌县涂村舞龙活动的启示［D］. 北京：北京体育大学，2009.
② 吕不韦. 吕氏春秋．［M］. 陆玖，注译. 上海：中华书局，2011：33.
③ 吕不韦. 吕氏春秋．［M］. 陆玖，注译. 上海：中华书局，2011：33.

代，作战方式演化为骑兵和步兵，明清之际则注重骑射技术。[1] 火器的出现标志着冷兵器时代的结束，传统的大刀长矛在火器时代已经不能取得胜利，但是军事武术的技击方式、作战理论还是一直被看重并保留下来。

军事武术发展至今，习练的对象依然是武警官兵，活动的地点还是军营或战场，技术动作还是器械训练和徒手套路并存，其功能含义一直是"攻防结合，一击必杀"。所以说，军事武术保留了武术中的本质特征，还是武术"在场"的形态。

二、脱域——武术民俗拓展中的文化空间

武术的文化空间随着社会环境的改变而发展，在社会生活稳定的今天，军事武术被独立于军队或警察之列，民间演练则更加突出武术的其他功能。正如丁丽萍、徐烈在《明清兵家与民间武术研究特征之比较》一文中所讲，"在民间的视野中，武术是生存方式，是所有和全部。"[2] 武术走入社会生活，对于长期习武的民众来讲，"他们的追求目标已不再仅仅是技，更是拳理和人生之道的融合"[3]。健身气功属于中国民族传统体育项目的一种，是中国传统体育中又一瑰宝，结合呼吸、吐纳、导引之术，要求内外兼修，从而起到健身的作用。"健身气功"一词最早出自晋代的《灵剑子》一书，相传此书是一个署名为许逊的道士所写，里面讲到"气若功成，筋骨如柔、百关调畅"。这是有关学者考证的结果。

华夏文明时期，优秀的华夏族人从事生产劳动的时候发现，通过肢体的摆动、呼吸的调节这种简单的方式可以使人神清气爽，甚至减少疼痛。《吕氏春秋·古乐篇》中也记载，华夏部落的族人为了抵抗阴寒湿冷的天气对人体的侵害，他们会习练一种"舞"，通过这样可以强身健体。这些"吹""嘘"之术、吐故纳新之法、导引之道都是早期的健身气功的雏形，包括华佗模仿动物的形态所创编的"五禽戏"，都是后来人们在练习中不断尝试总结，将动作加以规范，模仿各种动物姿态，创编成容易记忆的套路，才形成了"八段锦""六字

---

[1] 李零. 译注. 司马法译注[M]. 石家庄：河北人民出版社，1992：34.
[2] 徐烈，丁丽萍. 明清兵家与民间武术研究特征之比较[J]. 首都体育学院学报，2015(1)：17-22.
[3] 徐烈，丁丽萍. 明清兵家与民间武术研究特征之比较[J]. 首都体育学院学报，2015(1)：17-22.

诀"等这些功法。

健身气功由远古发展到现在，在技术动作上尽量保持原汁原味，在功能含义上还是提倡调理身心、健身养性的价值，但是在习练形式上除了自我习练健身之外，还出现了功法培训以及功法比赛，由"在场"转变成"脱域"，这是武术适应社会发展的自身进化。但是习练的人群和习练的场所有了变化，在古代，无论男女老少，贫贱富贵，都会习练健身气功以达到健身的目的，而随着现代社会科技的进步，健身方式的多样化，生活节奏的加快，这种缓慢的健身方式并不为当下的年轻人所接受，相对而言，他们更喜欢例如打球、爬山、冲浪等带有娱乐性的体育活动，而中老年人却对健身气功相当喜爱。在2013年，上海体育学院曾组织开展过一次健身气功发展现状及策略研究，当时一共调查了28个省区市，调查的人群共计12520人，通过数据分析显示，在被调查的人群中，男、女习练者比例为1∶2.7，而这其中男性的平均年龄为60.23岁，女性的平均年龄为58.68岁，这些结果表明健身气功的习练者多以中老年人为主。对于健身气功的习练场所变化，古代基本上是在结束一天的劳作之后，或者是一个部落群体一起进行，现代社会由于多元化发展，在公园、广场、家中都可以见到练习健身气功的人群，还有健身气功比赛、协会活动、培训班、民俗表演，等等。健身气功发展现状及策略研究调查显示，广场空地、公园和社区活动中心，这是目前习练者聚集较多的三大场所，文化空间有了很大的拓展。包括现在的许多高校也开设了健身气功课程，在传授技术的同时也教给学生理论知识，很好地传承了中国传统体育文化。现代社会的健身气功具有了一种民间和官方同时认可的身份和状态，这是把它的文化场所进行了拓展，武术由军事武技发展为民俗活动的民间演练，这样的一个过程就是武术文化空间的"脱域"。

三、重构——武术民俗发展成熟后的文化空间

英国社会学家吉登斯曾提出过结构二重性的理论，吉登斯表示，社会制度和社会规则是社会结构的具体体现，人们的行为表现受到制度和规则的制约，又会影响到社会结构的变化。社会结构制约着人类行为的改变，人类行为反过来又会长期影响到社会结构的调整，二者相互作用，从而促进了社会的转型。这就是社会的不断"重构"。社会在不断地进步与变化，武术在不断地发展，其文化空间也在发生着变化，只有真正地适应当代社会的发展，将武术的文化空

间进行"重构",才能真正地让武术的发展道路进入良性循环。太极拳的发展便是一个很好的例子。

太极拳是中国土生土长的拳种,关于太极拳的起源众说纷纭,莫衷一是,在此本章不再探讨。但是太极拳一出现就展现出中国古代的阴阳学说、导引术、道家哲学思想,这本身就是一种文化。人们在习练太极拳时,也接受了这样的一种文化思想,从而更加影响到了人们的行为,进而影响到社会的发展变化。太极拳发展到今天,且不说它的技术动作较之过去有无改变,仅仅是习练对象,已经是扩展到了男女老幼,上至政府官员、下到市民百姓,皆有习练。其习练场所也是扩大到了社会的各个角落。其功能含义方面,虽然在现代稳定的社会弱化了其技击功能,但是并没有像别的套路那样密而不传,在大力提倡强身健体功能的同时,也体现出了它的攻防含义,更重要的是传播了太极拳的文化功能。近年来各种有关太极拳文化的活动层出不穷,民间武术与民俗活动结合,太极拳甚至作为一种理论,来指导其他的事物,这是一种文化空间的"重构",是武术的发展创新。

现代社会地区交流频繁,怎样能在保证武术得到传承的同时又能走出国门,在国际上传播推广,这就需要对武术拳种的发展进行重新定位,做到可持续发展,真正实现武术的"春天"[①]。太极拳很好地结合了当代社会发展状况,与时俱进、开拓创新,从民间体育上升为了民族体育,更升华为中国的主流文化,走出了一条与实际相结合的发展道路。其文化空间拓展到校园、影视、传媒、年会等各个方面,随着以后社会生活向宏观和微观两个方向发展,太极拳真正地实现了良性发展。它在当代讲得最多的就是文化内涵,太极拳文化已经传播到了生活中的各个方面,从文学到艺术,从建筑到旅游,甚至走出国门,走向了世界。它的"天人合一,和谐共存"的思想,正是当代我们国家所提倡建立的"和谐社会",应用到商业中就是遵循"互利共赢"的原则,在环境保护上便是"遵循事物发展规律,使人与自然和谐相处"。

---

① 康亚峰,江妍.浙江省中小学武术课程开展调查研究[J].科学中国人,2015(6):187.

第五节　戏剧中的民俗体育文化空间

戏剧是我国独树一帜的优秀传统民族项目，它将中国的服装、武术、说唱、故事巧妙地结合在一起，编织成一出出惹人惊艳、让人惊叹的优秀剧目。戏剧本身便产生于民俗活动之中。古代社会在进行宗教、村社祭祀活动时，总要脸涂油彩，身披艳服，边舞边唱，借此来娱神祭鬼。久而久之，便形成了一定规程和套路的活动形式，而且经常在庙会、祭祀场所中表演。随着历史的发展与文化的多元变化，现代戏剧更加具有体育色彩，特别是国粹京剧，讲究唱念做打，其中的武生便是一个以跳跃翻腾为主的打斗角色。以戏剧为个案来分析其中民俗体育的文化空间，是对民俗体育发展道路的新探索。

一、民俗体育元素渗透其中的戏剧

宁绍地区的民众自古便是能人辈出，才华横溢，不但能对民俗体育按照时代特色进行改编创造，而且还可以保留传统文化的精华，在余姚市小曹娥镇朗海村有位年过八旬的老艺人阮德耀，一人可以同时演奏八样乐器，而且还能自己分饰不同角色而撑起一场大戏，真的是令人惊叹"高手在民间"，他当之无愧地被称为"阿耀戏班"。阮德耀老艺人一人同时控制八样乐器，不仅是对手脚协调能力的锻炼，同时一个多小时的舞台表演也需要扎实的功底和强健的体魄。

起源于18世纪的姚剧，是由余姚的说唱艺术和民间歌舞演变而成，它采用余姚方言演唱，配以伴奏和舞蹈，多在庙会、戏台上演出。姚剧选取的题材多反映百姓日常生活、男女爱情以及神话故事，内容通俗易懂，老少皆宜。发展中的姚剧懂得谦虚学习，积极创新，许多表演形式如织布、担水等动作加入了舞蹈元素，显得轻快清新。在演出交流过程中又吸收了刀枪、把子功等技巧，使表演生动灵活，舞台效果出众。1956年正式定名为"姚剧"，并于当年的11月份成立了"余姚姚剧团"，现今被列入"天下第一团"。姚剧的发展历程也从侧面体现出民俗体育的文化空间不断地向前发展进步的过程。

起源于田头山歌，融合了马灯调和宁波乱弹发展而来的宁波甬剧，以其独特的滩簧唱腔，就地取材，生动地反映了民众生活而受到众多百姓的喜爱。它自明代开始出现雏形，清末逐渐发展，1949年后接受党和政府的领导，一跃成为代表宁波民间艺术的新型戏曲剧种而定型，其文化价值和艺术欣赏价值不可言喻。甬剧在产生之时仅仅是口头的说唱搭配简单的伴奏，发展至后来，增加了剧情和舞台的表现力，其中更是有腾跃、翻滚的打斗动作，这些吸收了武术、杂技的动作正是民俗体育在戏剧中的有力体现，这也为民俗体育的发展提供了新的文化空间。

甬剧之所以能绵延两百多年而经久不衰，与它的"兼收并蓄"的特点是分不开的。甬剧以田头山歌为源头，向宁波滩簧发展，通过一丑、一旦或一生、一旦进行对唱，丑角多是插科打诨，后来吸收了宁波乱弹等传统戏曲的程式化规格，使形式有了规整。当发展到改良时期，又结合社会形势发展成了清装戏和时装戏，角色逐渐有了分工。"文化大革命"以后，现代戏又成为甬剧的新方向，角色基本以人物性格来敲定。甬剧的整个发展历程，凸显出它的虚心学习、与时俱进的风格特点，正是有着这样的优秀品质，甬剧才能在新时代焕发出新生命，民俗体育的文化空间才会越走越广阔。

二、具有双重身份的"调吊"

中国的戏剧表演形式有京剧、豫剧、秦腔、二人转、黄梅戏，等等，基本以地域范围为划分依据。单就江南而言，所流行的地方曲种也有很多，有越剧、绍剧、绍兴莲花落、宁海平调、诸暨乱弹、甬剧等。每一种戏剧都带有浓厚的地方特征，本章将从中选择几种地方戏剧形式，通过探讨它们的起源与发展历史，来分析其中民俗体育的存在形式，进而研究民俗体育的文化空间。

"调吊"是绍兴地区独有的一种地方民俗体育项目，它凭借高超的技艺、极强的视觉效果一直吸引着庙会活动中的许多观众。"调吊"具有极大的表演价值，极强的视觉体验，对于表演艺人的技术要求更是相当高。正是因为调吊具有极强的艺术感染力，舞台效果展现明显，深受广大百姓喜爱，为了保护其更好地发展，现在调吊已经成为国家级非物质文化遗产。

关于"调吊"的文化空间，最开始是在街头广场，后来由金阿祥艺人改编创造之后，形成独立的项目出现在庙会、迎神赛会等人群聚集地，清末时期一直为鲁迅纪念会上的必演项目，到新中国成立以后，还曾作为民族竞技项目参加运动会并获得优秀成绩。现在随着时代的进步，调吊已经融入戏剧之中成为独立的节目，从最初存在于街头巷尾到后来展现于庙会，再到现在的舞台表演，调吊的文化空间一直随着时代的脚步前进，这其中有人文环境、地理环境的影响，同时也少不了政治因素的左右。

三、戏剧中的民俗体育因素

民俗体育本身便是贯串在民众生产生活之中，并且依附于民众的生活习惯当中的。戏剧的发展是民众寄托情感、崇拜信仰的一种体现方式，而戏剧中的民俗体育也正是时代的多元化发展和人类智慧闪耀的结果。戏剧与武术，戏剧与杂技属于一种相互促进的关系，戏剧因吸收武术元素、杂技动作而变得丰满充盈，民俗体育因与戏剧结合衍生出新的文化空间。二者相辅相成，促进发展。

宁波的甬剧由田头山歌起源，后来发展成马灯调，是一种从田间劳作中分离出来的单独表演，这样的谋生手段也是受到当时的生活物资贫乏的影响而催生出来的。包括调吊的产生，也是一些拥有技艺的民众受生活所迫，只能到街头卖艺生存，从而无形中发展了一项文化艺术。当人们的审美需求提高，简单的表演技艺不能吸引人的时候，就迫使民俗体育发生改变，或外在形式的包装，或本身技术的提高，这样的提升又为其赢来专有的舞台，民俗体育就是在这样的客观和主观因素共同影响下发展的，归根到底，创新才是其走上良性发展道路的关键手段。

戏剧起源于民俗，有些甚至超越了民俗。戏剧中融入的武术元素便是民俗体育文化空间的"脱域"，而调吊本身就起源于市井上的杂耍，经过不断发展成为戏剧中的民俗体育项目，其发展历史久远，地域范围由绍兴扩展到整个浙江地区，甚至曾到国外进行过表演，表现场所由当时的街头巷尾发展到现在的舞台剧场，值得一提的是，现在的空中杂技表演也吸收了调吊的一些技巧动作，这样一种源于杂耍，发展在戏剧，应用到杂技中的调吊，正是民俗体育文化空间的"重构"。戏剧的发展历程受到了地理环境因素、人文社会因素和政治经济因素的多重影响，这从某个方面也说明了民俗体育的文化空间也在这三个因素的作用下得到了脱域或重构。

第六节 武术的文化空间

中国武术渊远流传，是中国民族体育项目中一颗璀璨的明珠。可是，武术的发展道路颠沛流离，曲折不断。本研究从江南选定几种与武术有关的拳种或民俗体育，来研究其产生源流、历史进程和发展现状，从而找寻出武术的文化空间发展脉络，总结其发展规律，探索未来传承之道，并且进一步为全民健身而服务。

一、水浒名拳

水浒名拳由沈家后人沈恭敬开创，因其祖先当年跟随梁山好汉武松、鲁智深习武而得名，后来梁山解散，沈恭敬辞官归隐，在宁波北仑梅山岛定居，忙时耕种，闲时练拳，逐渐形成了"梅山水浒名拳"。清朝1850—1860年，海盗屡次侵犯梅山孤岛，沈氏后人日常习练"水浒名拳"，自行组织村民奋勇杀敌，水浒名拳得到了传播，沈天童根据先辈们的口传心授撰写了《拳谱》，并建立国术武馆，正规教授套路，这是水浒名拳最鼎盛的时期。后受到"文革"影响而没落。

改革开放以后，在政府倡导的挖掘优秀拳种套路的政策下，宁波市政府也积极响应党的号召，抢救"梅山水浒名拳"。派专人寻访沈氏传人，委托浙江师范大学体育研究所，根据老武者的回忆和资料的整理，编辑出版了《水浒名拳梅山武术》等系列教材在梅山各学校公开推广，在小学体育课中传播。2005年，经宁波市政府批准，在梅山乡建立了水浒名拳的"民间传统武术传承基地"，传承方式主要为"师徒制"和"学校班级授课制"相结合，全方位使水浒名拳得到保护和传承。中央四套的《走遍中国》栏目还曾在2008年对其进行了宣传，传承基地的学生刻苦训练，坚持不懈，在2009年的国际传统武术比赛中摘得6金7银5铜，为水浒名拳走出国门、走向世界吹响了号角。

水浒名拳动作风格下盘稳健有力，动作彪悍勇猛；练习时讲究敏捷轻快，刚柔相济，注重发力，技术特点是善于贴身短打，发力短促，借力打力。基本的套路有"宋江拷""乌风棍"等依照水浒名人来命名，器械有枪、棒、拐等。基本技法有手法、肘法、腿法，还有一些如捺掌、角肘、插落等特色动作。水浒名拳的技术动作主要来源于北方拳种特色，经过数百年的演变，它在梅山传播途中吸收了南方拳种以及当地的武术文化，并且受当地特殊的海岛位置和人文环境的影响，现在的水浒名拳既有北方特色，又凸显南方地域特点，是南北武术的融合体。

二、余姚木偶摔跤

摔跤来自原始人类与野兽的徒手搏斗，人类在推选首领、选择配偶时，比较倾向使用摔跤来证明自己是强者。春秋战国时期角力活动被作为训练士兵的一种重要手段，得秦汉时期，由于崇尚武力的国风影响，徒手角力被作为一种娱乐、竞技活动引入宫廷，其技术当然也得到了发展。这一时期，吴越地区的武术最为突出的表现就是表演性和娱乐性的凸显，故《中国武术史》说："偏安南方长江流域的汉族政权多享乐苟安，崇尚声色玩乐。"① 唐宋时期，摔跤技术发展成竞赛项目，并出现了专门的规则，使摔跤运动得到了更好的发展。明清时代，少数民族的摔跤活动被统治者所重视，宫廷中还设立了"善扑营"，以对摔跤进行专门研究。民国时期倡导"强身救国"的理念，武术得到大力推广。民国五年，设立"摔角"科，民国政府还创编了《新武术摔跤科》一书，作为学堂的教科书而传播。及至抗战爆发，举国危难，摔跤受到了冷落。

摔跤作为一种舞台艺术，出现于宋代的"乔相扑"。所谓"乔"，就是乔装打扮的意思，"相扑"则是摔跤的别称。宋代的"乔相扑"，就是由一个人事先进行乔装扮，用两个搂抱在一起的木偶人作为道具，上体用服装遮盖起来，扮演人两手持着一对假腿，扮成两个人在摔跤的模样。扮演者在进行表演时，需要采用滚、爬、背等摔跤技术表现手脚互摔的动作。"乔相扑"自形成以来，深受百姓们的喜爱，在平时的节庆庙会时期总能看到众多人民相拥在摔跤的舞台周围。此项目经过元明清的发展，逐渐形成南北两派，北方称为"二贵摔跤"，南方则叫作"木偶摔跤"。南方的典型代表便是宁波余姚的"掼木头人"，距今有一百多年的历史，尤以泗门一带最为流行。如今仍然深受当地群众的喜欢，并作为民俗节庆和庙会中的表演节目而出现。

木偶摔跤伴着锣鼓声而开始，随着伴着越来越急，人们看到两个木偶人虎目圆睁，扭摔在一起。而真正的表演者则是被长袍遮掩，双手套鞋，俯着身体做各种进、退、滚动作，从而两个木偶人表现出"两虎对峙""独立金鸡""乌风扫地""摆地十八滚"等动作，整个场面既惊险又刺激，同时还带有一股幽默风趣的轻松步调。"文化大革命"时期，许多民俗体育遭到遗弃，木偶摔跤也几乎失传。改革开放以后，随着抢救挖掘民族特色之风的盛行，当地文化部门经

---

① 国家体委武术研究院. 中国武术史 [M]. 北京：人民体育出版社，1996：106.

过老艺人的指导，积极进行修复整理，到现在，木偶摔跤又重新出现在了舞台之上，传承人已经走过了五代。木偶摔跤在新时代频频亮相，先后参加央视的《乡村大世界》《欢乐中国行》栏目进行演出，提高了此项活动的文化普及度和艺术宣传力度。

从摔跤的起源和历史发展进程中我们可以发现，摔跤运动的价值体现逐渐得到转变，摔跤刚开始作为一种谋生技能，之后发展为军队里的军事训练手段，接着进入宫廷成为娱乐项目，到得后来又出现了竞技功能，现在成为集表演娱乐与竞技体育为一体的多元化民俗活动。纵观整个发展历史，可以看出，摔跤运动的价值转变与当时的生产力发展水平、社会环境以及国民意识有着密切的关系。而今，这项活动受到政府部门的保护和民众的喜爱，成为精神和物质财富充足的社会民众日常生活的娱乐项目之一，对于全民健身计划的实施也具有重要的促进意义。

三、四明内家拳

说到江南的武术，不得不提一下四明内家拳，近几年来它一直作为内家拳的鼻祖而被宁波人所推崇，本章在此做一下探析。有关"内家"一词，最早来源于清代黄宗羲的《王征南墓志铭》，黄宗羲以"鹅头颈拳"为拳术中"行家里手"之意，冠以"内家"二字，于是后来就改为"四明内家拳"。唐豪曾对张三峰创拳的故事，内家拳的传承等信息进行了系统的查证和梳理，时至今日，内家拳到底为谁所创，研究者们各持己见。本章以宁波文化部门对四明内家拳的梳理为依据进行分析。

四明内家拳讲究"松""柔"，套路风格迥异，动作式正招圆，在练法上讲究精气神三者合一，它的发展深受老庄思想影响，并且"结合古代阴阳和楚越文化，将武术之技击与人的修身、养性融为一体，为中华武术精髓之一"[1]。四明内家拳在技击上主张以静制动、后发先至的技击风格，也符合习武之人先礼后兵，修身养性的品德。《国术》在提及内家拳特色时说："凡所谓内者，多不露于外……自古以内家擅长者，往往伤敌于不知，败敌于无形。"这体现了内家拳的风格特异，出奇制胜的特点。[2]

---

[1] 徐才等.武术学概论［M］.北京：人民体育出版社，1996：81.
[2] 张军.国术［M］.重庆：重庆出版社，2012：56.

四明内家拳还主张通过静养、练功使人延缓衰老的养生理念。四明内家拳发展到民国时期，经过剡源夏明土老先生（奉化溪口畸山村人）整理，保留了原始内家拳的核心，其中有"贯气诀、文十段、武十段、十二段锦"，还有四明长剑技和伤科易算等。现存的拳谱名称有落路架、顺风锤、推扳手等十多种，囊括了拳术、器械、擒拿等各种类别。当今传承人汪波，致力于发扬四明内家拳的精神，学生遍及世界各地，在国外许多国家都有以"四明武术馆"命名的武馆。在2005年第三届浙江国际传统武术大会上，宁波四明内家拳取得了8金8银9铜共25枚奖牌的优秀成绩，提高了四明内家拳的知名度，现在的宁波铁佛寺为内家拳的训练传播基地。

四、当代的武术文化空间

每个时代都有代表各个时期人文特色的民风民俗，那么在当代提倡民族精神的时代，如何从民俗体育入手，彰显民族精神，是一个重要问题。从武术方面来讲，武术的发展需要广泛吸收各个地区的本土文化为养料，研究人员更是要深入研究各个地域的武术文化，从中汲取代表中华民族精神的精华，百川汇海，熔炼成武术的整体文化内涵，从而凸显民族精神，使武术更好地展现在世人面前。

21世纪是一个"地球村"的时代，在中西方文化不断碰撞的背景下，代表着中国优秀传统文化的武术文化也不可避免地遭受到时代的考验。从另一个方面来讲，"危"中有"机"。在当代科技与物质都高度发展的社会大环境下，人们内心的需求开始逐渐转向对健康的重视程度，比如提高对"身体亚健康"状态的警惕；追求健康的生活方式；寻求和谐的生存环境；等等。这些需求正与吸收了中国文化元素的武术特点相契合。例如武术要求"天人合一"的思想理念，正与人们所希望的人与自然和谐相处的生活方式相对应；武术中的"头正颈直"，"站如松、坐如钟"的"身正"理念也与现代生活中的"摆正心态，文明做人"的道德理念相对应；武术中蕴含的"厚德尚武、强身健体"的精神要求也与现代人们所倡导的"运动打造健康体魄"的理念而一致。所以，武术文化与现代社会所流行的健康理念有着惊人的契合度。

当今时代若想对武术的文化空间进行"重构"，必须结合时代的特点和元素，例如由民俗体育"水火流星"发展而来的现代舞蹈"荧光舞"，便是对传统的危险火团道具进行的移植和改造，这样既保留了这项民俗体育的观赏娱乐价值和武术技巧，又祛除或降低了消极的迷信色彩和危险程度，从而实现了"水火流星"的"重构"。这种激情舞动的动感画面融合武术的元素，带给观众全新的视觉体验和新奇享受。武术与电影的结合，创造出的许多优秀而又经典的武侠大片，愉悦了观众，迎合了大众的英雄梦。随着科技的不断创新发展，越来越多的武术文化元素会与科技结合起来，将给人们展现出一幕幕美轮美奂的视觉画面。

不过，凡事要有度。将武术元素与科技结合固然是一项创新，若是过于夸大武术的技击功能，那便是违背了事物发展的规律。也许短时间内创造出了巨大的经济效益，但是长此以往必将使武术的文化空间受到质疑与排挤。到底是用科技力量来表达武术魅力，还是用武术元素来衬托科技魅力，这是个值得思考的问题。

第七节 舞龙的文化空间

在中国优秀的传统文化中，中国人对于龙图腾的崇拜已经深深地植根于骨髓中，华夏子孙被称为"龙的传人"，中国被国外称为"东方巨龙"。中国的文化有"上下五千年"之说，但是中华民族的图腾文化崇拜却不止五千年。1987年8月，在河南省濮阳县城西水坡仰韶文化遗址中发现的由蚌壳摆塑成的龙虎图案，经过碳十四测定，距今有6600年，误差不超过135年。蚌龙经当时的专家认定，被誉为"中华第一龙"，河南濮阳也由此得到了中华"龙乡"的美称。而由图腾崇拜衍化而来的龙文化，不仅仅包括"舞龙运动"，还应包括龙舟运动等一些水上项目。舞龙运动在中国各地都比较流行，但是在不同的地区却也有着不一样的习俗，对于宁绍地区来讲，河网密布、江南水乡的特殊地理环境衍生了特色的习俗，当地不但有普遍色彩的舞龙民俗，而且也有龙舟竞渡等水上活动。

一、龙文化起源

龙文化在我国有着相当早的历史。《汉书·西域传赞》曾写道，文景之治时期，国富民强，百姓乐足，曾设立酒池肉林招待边疆客人，酒席之间还命人表演舞龙、角抵等活动供客人欣赏。从这里可以知道，早在西汉时期，舞龙已经出现在人们的文化生活当中。唐代诗人柳宗元在担任柳州刺史时，有一年大旱，为安抚百姓，就曾在大龙潭附近祭神求雨，可见祭祀拜神这种迷信活动在古代是被官方认可的，因为它具有稳定社会秩序的功能。由此本章认为，对于龙文化的起源，普遍是从神话传说发起，龙代表神灵、龙王，能带给人间风调雨顺，吉祥平和。于是在发生了灾害或者不为人知的祸难时，人类便进行祭祀祈祷。一旦灵验，便认为是神灵保佑，赐福民间。所以，对于龙文化的图腾崇拜主要来源于神话故事，根本原因是当时的民众无法解释一些自然现象，便推诿给莫须有的神灵，使自己产生神灵崇拜，寄托情感。而龙舟竞渡则是为纪念楚国大夫屈原而开展的一项民间活动，自有可考之处。对龙文化的信仰，反映了人们对于国家富强，百姓幸福生活的向往，龙文化是华夏文化财富中的绚丽一笔。

二、舞龙运动的文化空间

舞龙活动由来已久，它还有"龙舞""耍龙"等名称，舞龙形式不一，形状也不尽相同。根据龙的制作材料可以分为布龙、板凳龙、水龙、纱龙等。智慧的先民可以将各种材料制作成龙形，而且工艺精美，栩栩如生。舞龙时多需要众人配合，少则两人，多达数百。对于舞龙的动作也有相应的要求，不同的龙有不同的舞龙技术。不管如何，都要使舞起来的龙活灵活现，犹如真的穿梭于云雾之中。

舞龙运动自古代发展到现在的舞龙活动，其本身存在的方式便是有"在场""脱域"与"重构"。之所以出现这样的奇妙现象，是由中国特色的体育民族化路径所决定的。舞龙的技术和动作，以及扎龙的制作过程等都是延续了古老的技艺，这样的传承依然保持的是龙文化的本质属性，体现的便是"在场"。而舞龙成为一种运动被引入校园课程，成为一种推广普及并延续下去的体育课，有着标准的教材方案和完整的教学体系，为舞龙文化的发展传播奠定了广大而又良好的基础，从这个方面来讲，这是舞龙运动的"脱域"。而在有些项目受到国家保护，成为非物质文化遗产的同时，国际上的龙舟比赛也开展得如火如荼。这样的一项民间运动能够上升到国际标准，体现出强烈的民族性，这时便是舞龙运动的"重构"，也是舞龙运动发展的最佳之路。

例如位于鄞、奉交界处的大岙村布龙表演活动，就是起源于向金峨老龙求雨并得到甘霖，村民感恩龙王保佑，遂自发组建舞龙队伍穿街表演以示庆贺，大岙村布龙活动进行有百年之余。大岙布龙经过百年的发展演变，形成了舞台、广场多种表演场地，单龙、双龙、四龙多样的表演方式，动作有"老龙出水、回龙身、翻龙肚、四门龙骨、两节摇船、龙门阵、龙打结"等二十多套动作，其阵势变换急、快、灵、巧，难度高且一气呵成，共需时约 20 分钟。可谓极具美学价值和艺术观赏价值。

现今在余姚流行多年的犴舞也是舞龙活动的一种，它起源于古越人民对犴的图腾崇拜。犴舞是以祈神、求神、娱神的思想为宗旨，进行的一种"俏神"的拟态和演绎。犴源于古犴，与龙有些相似，头似狗似狐，身上无鳞，头、身、尾共七节，身长约 15 米。余姚的犴舞经过了三个发展阶段，秦代以前为静态图腾崇拜阶段，秦代属于初动阶段，而有阵有法、可舞可逗的阶段在明代开始崭露头角。余姚犴舞具有流传久远、形象独特、舞技超群等显著的特征。犴舞动作粗犷、场面宏大，其阵法有拉场、吃珠、转身、三跳、进桩、串阵、甩尾、收场八个，其中"三跳"是犴舞一绝。獭犴龙舞是当地民众图腾崇拜的一种方式，他们在出海前进行犴舞，祈求捕鱼期间风平浪静，并能满载而归，这样的一种愿景通过舞龙来表达出来，更加具有人文情怀。犴舞发展到后来形成一种受人喜爱的民俗活动，说明民俗体育的文化空间变化与人们的日常生活习惯密不可分。

流行于绍兴新昌县的板凳龙，是当地的一个传统民俗体育活动。相传古代某一年大旱，龙王不忍百姓受苦，遂私自降雨缓解旱情，此事被玉帝得知，便将龙王剁成一节一节扔向人间。百姓感恩龙王施恩，于是将断掉的龙身绑到板凳上，组成龙形祭奠龙王。后来形成当地民俗活动，经久不衰。现代的板凳龙是在板凳上扎花灯，并在花灯上画上花虫、草木等图案，每条板凳上的图案各不相同。整条龙由百余条板凳组成，头尾分别装饰成龙头和龙尾。到了夜晚，花灯内燃起烛火，远远望去，活似一条上下翻飞的火龙。

板凳龙的起源虽然来自神话传说，实际上是先民对龙文化的崇拜，通过祭祀娱乐表示对神灵的敬畏和感恩，也表示对风调雨顺的农业生活的愿景。流传至现在的板凳龙，融合了体育、绘画、舞蹈、音乐、武术等多种传统文化元素，具有极强的观赏价值和传承意义。文化空间也由以前的祭祀庙会发展成节庆表演，各种活动开幕式表演，甚至是专门的舞台演出。

三、龙舟竞渡的文化空间

《穆天子传》是我国最早记录龙舟的一部书籍，里面说道，"天子乘鸟舟，龙浮于大沼"①。龙舟竞渡起源于对图通的崇拜，汉代以来逐渐发展为纪念屈原的民俗活动，宋代进入宫廷娱乐项目，并逐渐确立规范的竞技规则，后来在各地广泛开展。现代龙舟竞渡运动的发展是从改革开放以后走向高潮的，1985年国家建立了中国龙舟协会。时至今日，已经有了国际龙舟联合会、亚洲龙舟联合会和欧洲龙舟联合会，龙舟运动蓬勃发展。

各地的龙舟竞渡一般都是在端午节，但是绍兴的龙舟因气候原因，从明清以来都是在夏至。明末清初绍兴龙舟竞渡活动传入宁波地区，现今两地水乡民众还喜闻乐见。龙舟队一般由23人组成，各自承担划船、锣鼓、舵手三种角色，划船手人数最多，分坐两边，鼓手擂鼓助威，锣手敲锣鼓劲，舵手撑杆统领。整个阵容分工合理，有条不紊。龙舟竞渡发展到现在，有一整套的战略战术。比赛以鸣炮为号，划手提桨入水拼力划动，长梢手势如排山，船至中途，需要保存体力，以逸待劳。比赛的方式一般有直航和绕折返点两种，其中以绕折返点最能考验长梢手的领导力和团队协作能力。

绍兴水会是由于特殊的地域文化特征限制的结果。绍兴多河湖，古代人民通过河流运输或者出行，久而久之，形成了与陆地别无两样的生产生活，相对于陆地上的迎神赛会而言，绍兴也有着水路的迎神赛会，简称"绍兴水会"。绍兴水会主要有白塔洋黄鳝将军会、青甸湖湖神会、大树港康王会、瓜渚湖娘娘会等，其中尤以农历五月十六黄老相公会规模最大。蒋家溇地处鉴湖之滨，黄老相公会会期长达3天，百姓都把祭祀黄老相公当作"治病驱邪"。水会的供棚多建在河道交汇处的岸边，参与水会的仪仗队伍与陆会相似，唯独船只多些，表演人员就在船头搭建的简易舞台上演出。例如水会上有一个"塘报"环节，报童乘坐龙船，手执令旗，立在船头处表演。等到龙船靠近供棚，报童则开始表演"童子拜观音"以及"鲤鱼跃龙门"等杂耍，惹得围观群众阵阵喝彩。旧时的迎神赛会多有迷信色彩，现今多已被淘汰，只剩下灯会、踩高跷、水火流星等民俗体育项目。

龙舟竞渡本是为纪念先人而产生，到现在依然在端午节具有这样的民俗活动，以表达对先人的缅怀之情，体现了人文情怀是民俗体育变迁的需要。从这个角度来讲，龙舟竞渡依然是"在场"状态，体现的还是它最本质的民俗性。而在国际上开展得轰轰烈烈的划龙舟比赛，既是中国传统文化传播的高度认同，

---

① 郭璞，注.穆天子传［M］.上海：上海古籍出版社，1990：43.

又是民族性的完美体现。从这种意义上来讲，龙舟竞渡运动在通过国际比赛的方式，来传播一种健身运动，而且这种健身运动还得到了国际上的认可，并且有愈演愈烈的趋势。这体现了民俗体育的"重构"状态。正如之前所说，民俗体育只有上升为民族性，与时代相契合成为主流文化，才真正实现了"重构"之路。舞龙运动的地域范围由最初的潭水旁的祭祀以及宗祠里的祈雨，发展到后来的庙会表演，再到全国范围内广泛流行，而今又作为中国的民族传统项目走向国际舞台，代表了中国优秀的传统文化而传播。可以说，舞龙运动经历了"在场""脱域"与"重构"三重状态的发展，完全可以作为其他民俗体育文化空间的"重构"典型。

第八节 舞狮运动的文化空间

一、狮舞运动的起源

狮子，自古被称为祥瑞之兽。关于舞狮的起源，有据可查的有以下两种。第一种是说舞狮源自汉朝。据《汉书·西域传》中所言，乌弋山离这个国家有狮子、犀牛等猛兽，差人暗中调查，才发现都是通过道具装扮而成的百兽，并非真正的动物。通过材料化装成犀牛、狮子模样，这应该是发现最早的狮舞表演。另一种起源之道来自南北朝时期，《宁书·宗悫传》说道，宗悫毛遂自荐要去平定林邑反叛，对战时林邑国驱使无数象军部队，踏死士卒众多。有士兵向宗悫献计，建议用百兽之王狮子来克制象军，宗悫于是命人扮作狮子形状，与象军对峙。大象果然以为是真正的百兽之王到来，吓得四散奔逃，阵型皆乱，林邑于是被平。这里说道在战争中制作出狮子模样来吓退大象，跟诸葛亮七擒孟获所使用的战法有些类似。后来舞狮子由军中传入民间，成为始创，当时称为"太平乐"。由以上事例可以知晓，我国的舞狮运动大约起源于汉末和魏晋之间，甚至更早。

二、狮舞运动的发展现状

祭祀流传到后来，人们在喜获丰收、闲暇之余，感恩神灵的保佑，便在节日组织起来进行庆祝，一方面有感谢之意，另一方面也表达出庆祝丰收、喜好和平的愿望。后来发展到一定程度，便形成了在特定的节日进行固定的舞狮表演，进而演变成民俗活动。因此，各地进行舞狮的寓意是祈福、纳吉、庆收、乐安。随着人们生活水平的提高，对于民俗活动也产生了更好更高的追求，狮舞文化在表演技艺、道具制作、乐器伴奏、剧情演绎等方面有了更加长足的进步与创新。

象山的灵南舞狮，发源于象山泗洲头镇上马岙村的"太平狮子"，据说在清代以前就存在了，具体传承年代已无可考查。灵南舞狮的表演起源于对祖神和其他神灵的敬畏，祈祷保佑一方平安。在这些地域文化中，属梅山舞狮最与众不同。相传梅山舞狮起源于1821年（清朝道光年间），距今已有190余年历史。明清年间，浙东地区海盗猖獗，经常私掠百姓。当时沈家后人在岛上习练"水浒名拳"，遂组织百姓习武抗盗，威震四野。在斗争中为了便于联络，村民们制作了狮子，并染以红色，一旦发现海盗，就以狮子出场为号，齐声呐喊，以壮声势。海盗们因后方没有补给，久攻不下，又惧于狮子这样的不明物，纷纷狼狈逃窜。后来，红毛狮子便成了岛上百姓喜庆娱乐的道具，并亲切地称之为"狮子串"。

现在的灵南舞狮响应国家健身号召，努力传播技艺，发展了一批喜爱和传承的受众，奠定了群众传播基础。而且在科技高速发展的今天，艺人们将动作与新科技进行有效的结合利用，使舞狮运动发展更加活跃。灵南舞狮是一只狮子独舞，头部装有火球，晚上表演喷火技术，场面壮观热闹。灵南舞狮有三个特点：武、活、力。其表演动作与武术、杂技相结合，增强了表演的难度和观赏性，其造型夸张，动作形象，犹如"活狮"一般；整个狮舞过程节奏明快，气氛热烈，动作一气呵成，体现出特有的力度。

位于绍兴诸暨市的草塔镇，是浙江省有名的线狮表演地区。线狮在当地俗称"抖狮子"，因其是用绳子进行牵拉狮身做成扑、翻、跃、滚等动作，遂称为抖。草塔线狮是一项集体育、杂技和木偶技巧于一体的民俗体育项目，清朝年间就已成型，距今已有百年历史。

草塔线狮由1个狮笼、1个线球、5头狮子和若干绳子组成，五头狮子五种颜色，代表五行。舞狮时，逗狮人以武术动作开场，抛球逗狮，抖狮人配合音乐节奏跟随绣球或拉或提，控制五头狮子做出各种形状。动作鲜活，场面热闹，气氛热烈。整个热闹祥和场面寄托了人们对于美好生活的追求和愿望。现代的草塔线狮已不仅仅活跃于节日庙会，它还成了非遗项目，并在中外各大舞台表演,丰富了民众文化生活的同时,也传播了民族传统文化。

三、狮舞运动的文化现象

梅山舞狮自不同于其他地方的舞狮,究其原因,还是历史背景和地域环境所影响使然。明清年间,宁波沿海地区海盗猖獗,危害百姓。浙东海岛上的青年在沈教头的带领下自发组织起来习武抗敌,为壮声势,村民们用竹篾扎成狮子助威,狮毛染成红色,可作为信号联络呼应。所以梅山红狮瞪眼龇牙模样与其他狮子相比,凶狠异常。在后来社会安定平和后,梅山狮子的文化空间也理所当然地朝娱乐庆典方向"脱域",但是在脱域过程中也保留了自己的特色,表演的"四开门"舞法和"狮嘴喷火""狮身前扑、翻滚"等绝招都带有威猛的气势。近些年来,梅山舞狮团队又紧跟时代步伐,创造出了更高难度、更加惊险的"梅花桩飞狮采青"表演,吸引了一大批青年人的眼球,是国内舞狮水平最高代表之一。

当今的狮舞文化越来越能与社会趋势相结合。2007年,由浙江师范大学体育学院骆春燕老师牵头组建的"浙江师范大学舞狮队",是民俗体育项目在校园里的传承与尝试。狮舞运动进入校园,既是文化空间的脱域,又是狮舞文化的传承。校园空间是一个承载新鲜血液的场所,各种民俗体育进入校园空间,可以很好地继承下来,当学生毕业之后走向社会的各个工作岗位,这些民俗体育又得到了传播,这样的良性循环促进了民俗体育更好发展。特别是在当前的全民健身战略实施过程中,民俗体育通过校园空间进行正规的梳理和编辑,再教授给大众人群,既丰富了民众的健身娱乐方式,又提高了民众的健身热情和效率,是促进全民健身发展的一项有利举措。

四、狮舞运动的变革展望

从狮舞文化发展史来看,舞狮运动在历史长河中诞生,具有明显的地域性,随着时代的发展,其也在不断改革自身,与时俱进。所以,这就要求我们在分析的时候,充分考虑地域特征和人文时代精神,使改革创新与社会进步相融合,在继承中求发展。值得说明的是,这种变革不是对西方体育"更高、更快、更强"理念的生搬硬套,同时也不是让传统的舞狮运动简单回归,我们所倡导的变革,是在改革发展的道路上实现狮舞文化空间的与时俱进,是传统与现代、民族性与世界性的统一。狮舞文化发展到今天,代表的不仅仅是一种民俗活动。

在当代全民体育的大计划下，狮舞文化与时代背景相结合，彰显时代特色，既传承了中华民族自强不息、勇敢拼搏的"时代精神"，又丰富了全民体育、运动健康的"强国理念"。

第九节 江南民俗体育的文化空间变迁规律

通过对众多个案的研究分析，江南的民俗体育文化空间在变迁过程中受到多重因素的影响，呈现出"在场""脱域""重构"三种不同的状态，在此将对变迁过程中表现出来的规律进行详细的探讨。

一、区域地理环境是首要条件

独特的区域地理条件是形成当地民俗的首要原因，各地民俗活动的形成与发展，深受当地地形地貌的影响。绍兴地区多水流河网，古代的祭祀、祈福多在水上进行，发展到后来便有了绍兴水会、赛龙舟等民俗体育。浙东地区临海，明清时期海盗滋生，当地民众为除祸患制作红毛狮子来助威，后来这成为舞狮民俗成为庙会项目，可见这些都是地域环境作用下的结果。古代的迎神赛会、绍兴水会是民俗体育的文化空间"脱域"形态，区域地理环境决定了民俗体育文化空间的变迁形式和方向。

江南地处浙江东部，濒临太湖和海洋，特别是绍兴地区，北部平原地区地势低平，河湖密布，交织成网。古代居民多以打鱼捕捞为生，对于当地居民来说，船就是他们的吉祥物，代表一帆风顺。江南百姓在外出捕鱼时总会向龙王或者能代表大海的神灵祈祷，希望出行顺利，风平浪静，满载而归。直到现在，开船人在说话的时候还有"翻船""翻身"等词眼的忌讳。所以，在风调雨顺、庆祝丰收的时候，赛龙舟、划旱船自然成为人们民俗活动中的主角。比较流行的是绍兴夏至时的龙舟竞渡、奉化的布龙、大岙布龙以及纱船。

由此可见，地域性是影响民俗体育变迁的首要条件。俗语有"靠山吃山，靠水吃水"一说，从一个侧面也体现了地理环境对于人们生活方式和日常习俗的重要影响。江南因其特殊的地理特征，造就了独特的民俗体育文化，在未来的发展变迁过程中，地域条件虽然还是一个影响因素，但是随着科技的发展和人们思想观念的革新，地域性对于民俗体育的影响将会逐渐减弱，民俗体育的发展空间会越来越广泛。

二、人文情怀是变迁的需求方向

古代祭祀的原因还是先民对未知世界的无法理解和恐惧，因此希望借"他人"之手来寄托自己的情感。祭祀发展到后来，促进了庙会的蓬勃发展。每逢庙会，总是张灯结彩，喜乐融融，舞龙舞狮盛行，高跷旱船穿梭，鞭炮声、喝彩声生生不息，杂耍班、戏剧班班班流转，男女老少载歌载舞，一派热闹喜庆的场面。庙会的形成是人们心中向往美好生活的结果，古代社会战乱不断，百姓生活饥寒交迫，庙会的祥和热闹场面正是代表了人们对于安定富足的生活的向往，代表了他们内心深处的一种寄托。人们希望借此来表达对于战争、灾害、饥寒的深深厌恶，表达对于快乐、平安、富足的殷切向往。正是存在这种社会原因，庙会才能历经时代变迁而经久不衰，而且越发充满蓬勃的生命力。

浙东地区临海，明朝年间海盗、倭寇盛行，危害百姓。当地居民便在英雄人物的领导下自发组织起来抗敌，习练沈家后人传授的水浒名拳，并扎红毛狮子来呼应助威，这在无形中培养了宁绍地区人民勇敢无畏的精神。当生活安定下来之后，人们回顾英勇杀敌的场面，感念恩人，遂把这种对恩人的感激和祝福融入民俗活动中去，一方面是感叹幸福平安的生活来之不易，另一方面也表达了对英雄的崇拜和感恩。

泗门谢氏祭祀仪式始于明朝正德年间，延续到现在已有五百多年的历史了。古代的祭祖仪式程序复杂，严谨烦琐，而且劳民伤财，苦不堪言。新中国成立后，对封建旧俗进行了移风改制，删繁祛杂，逐渐形成了现代社会的祭祖仪式。正是在这种大背景下，泗门谢氏祭祀仪式的文化空间得到了"重构"，人们将祭祖的仪式进行了修整和规范，主要以祭奠祖先，缅怀先人为主题，删减了一些过于繁杂、带有迷信色彩的流程，让整个祭祀仪式显得庄重严谨，而又突出对谢氏祖先的尊重和思念。来自全国各地的谢氏宗亲专程赶来拜祭，可以看出谢氏门人遍布全国，枝繁叶茂，体现了中华民族这种特有的寻根拜祖的传统思想，也体现了宗族主义的宗亲情感。通过定期的祭祀活动，后人以此来缅怀先辈功绩，对于自身来说，也在无形中树立了荣誉感，传播了爱国爱家的精神，增强了整个家族的凝聚力和向心力，也有助于家乡建设和经济文化的交流，促进了社会和谐。

三、政治因素是变迁的决定力量

民俗体育发展过程中总是受到各种因素的影响,这其中统治者的意志对于民俗体育的发展有着至关重要的影响。中国几千年的文明,形成的上至君王大臣,下至百姓脚夫都心悦诚服地接受的礼教文化,这是庙会这种民俗活动长盛不衰的最大保护者。上古尧舜时代,就已有"贤人治国"的社会理念,到了封建社会,儒家文化把"君权神授、顺天应地"作为整个社会的道德框架,所以但凡军队出兵,必先祭祀;新皇登基,首要祭天,得到上天的默许,便是"天子";国有盛事,举国欢腾。祭祀、庙会代表着上天对国运的眷顾,代表着君王对上天的虔诚,更代表着百姓对君主的臣服。祭祀是古代的头等大事,也关乎着国家、君王、百姓的方方面面。

"文化大革命"时期,民俗体育中许多项目因为带有封建迷信色彩,被当作"四旧"而破除或取缔,那段时期民俗体育的文化空间得到了限制,有的甚至被抹除。改革开放以后,国家要求挖掘民族文化遗产,许多民俗体育才再次得见天日。而且一些优秀的民俗体育成为非物质文化遗产,文化空间得到了"重构",这也是国家极力保护,推动优秀文化传承的利举。

全民健身上升为国家战略以来,大众健身,追求运动健康的呼声越来越响。西方竞技体育在流行传播的同时,中国特色的民俗体育运动也搭上了这趟健身的列车,从而开启了新的发展历程。奉化中学将布龙引入校园课程,以期建立完善的"五龙"教育体系;水浒名拳、四明内家拳都在当地学校有传承基地,通过多种多样的民俗体育运动发展学生体质,提高运动健康水平。这样的举措不仅丰富了校园文化生活,而且也是响应国家号召,贯彻执行党的方针的举动。

四、创新是变迁的内部灵魂

对一个国家来说,创新是兴旺发达的不竭动力。对于民俗体育来讲,也应该是如此。在众多民俗体育项目中,有的民俗体育面对时代的进步墨守成规、故步自封,总是坚持着老套的规矩和理念,逐渐地被历史舞台所抛弃,淡出大众的视野之外。而江南大多数的民俗体育项目,诸如调吊、草塔抖狮子等,都有着与时俱进、开拓创新的情怀理念。它们会根据时代的变化来调整自身,使内容和形式更加贴近民众生活,因此便能在现代社会游刃有余。

宁波自古为沿海城市,清末通商口岸的被迫开放,但也促进了宁波的城市化进程,绍兴因为河网密布而交通发达,庙会发展至今,已不仅仅是在欢庆节日体现的民俗体育活动,人们在欢庆之余,也逐渐形成了贸易往来。可以说,现如今的庙会已经发展成江南进行物资产品交流的商业场所,这是受到了当地商业化元素的影响以及市场化经济的催动,这也是庙会的文化空间的重构状态。

民俗体育的创新,就是文化空间的"重构"。现代社会总是保持着高速度的前进步伐,民俗体育因为其自身的局限性和民俗性,本来就很难跟上脚步,若是再不注重改革创新,必会被时代所抛弃。所以,我们在提倡对民俗体育进行保护的同时,更要注重对文化空间的开发与传承,结合时代特色和民俗体育特征,突破陈旧理念,接受新思想,为民俗体育找寻合适道路,让文化空间得到"重构"。

第十节 武术及民俗体育文化空间发展困境

虽然以江南为代表的整个浙江地区民俗体育发展态势良好,但从全国来看,整个民俗体育的发展状况不容乐观。每年都会有一些民俗体育项目濒临消失,现存的民俗体育项目因缺少传承人,在若干年后也会逐渐流失掉。之所以出现这样的状况,总的来说有内因和外因两个大的方面,内因包括民俗体育自身的发展滞后和传承人的墨守成规,外因则包括社会多元文化的冲击和个别地方政府的不重视。

一、民俗体育自身发展滞后

国际化交流的加强促进了大众审美要求的提高,相对而言,民俗体育的发展与变革有一定的时间滞后,缓慢的发展步伐跟不上大众审美的速度与要求,其文化空间自然受到压制。新时代的高速发展要求有创新精神,这是民俗体育最缺乏的东西。以往的民俗活动中,内容老套,形式单一,规矩众多,往往费时费力还惹人怨声载道。

民俗体育具有模式性,[①] 一种民俗体育经过漫长的历史发展,形成了固定的内容、形式、规则,在进行民俗体育活动时已经具有了一定的模式。例如绍

---

① 苏转平. 试析民俗体育的基本特征. [J] 体育文化导刊,2015,2(2):200.

兴诸暨的跑竹马，它是一种人肩挑着道具做骑马模样的民间舞蹈。跑竹马开始前，会有8面大旗开道，前进途中都要鸣放铁铳，并有敲锣打鼓制造声势，乐曲常以"梅花调"伴奏。表演队伍先到庙宇祠堂处拜祭了祖先，之后便是沿乡进村表演。每行至一处空地，先以锣鼓声吸引观众，之后便由表演者手扬马鞭，身骑竹马，配合着音乐穿梭其中，队形不断变化，有八角阵、剪刀阵、元宝阵等。这样的一种固定的内容、套路和规则，决定了它不能轻易地被改变、被创造。因此，在社会化大生产的时代，民俗体育在发展过程中有着一定的滞后性。

二、民俗体育的传承出现断层

近十年是中国城市化进程高速发展的十年，钢筋、水泥需求量不断增加，一座座楼盘拔地而起，城镇化进程不断加快，新农村建设步伐也在飞速发展。带有浓厚乡土文化的原始村落数量不断减少，大量农村青壮年劳动力涌入城市务工，"村落空心化"① 特征明显，留守在家里的大部分是孩子和老人，留守村庄普遍存在。

民俗体育本身对于时间和空间有着强烈的依赖性。一种民俗体育项目的形成需要一个很长时间的行为积淀和习惯养成，而且每个地方的民俗体育又对区域的选择有着严格的要求，可以说，原始村落是民俗体育的技术发源地和文化载体。② 现代化进程的不断加快，导致原始村落的消失以及青壮年人长时间的远离，民俗体育的传承出现了断层。

另外，一种民俗体育项目的技艺习练需要很长的一段时间，而且习练了这项技艺在短时间内并不能给青年人的生活带来可观的效益或好处，所以，实用主义的思想驱使着青年人将目光转向经济发达的城市，希望依靠现代技能来提升自己的经济实力和地位。这也是民俗体育出现传承断层的另一个原因。

三、个别地方政府部门忽视对民俗体育的拯救和引导

党的方针政策中指出：发展，是党执政兴国的第一要务。但是发展不是单

---

① 李姝莹. 村落空心化下的乡土民俗体育发展 [J]. 当代体育科技，2015（19）：181 - 182，184.
② 艾安丽. 汉水流域湖北段民俗体育文化的变迁——以"三龙文化"为例 [D]. 福州：福建师范大学，2015.

单指经济发展。某些地方政府单纯地以经济发展的速度来决定城市地位的高低，不顾当地实际情况，盲目跟风，大搞经济建设，片面地追求商业利益，从而导致环境污染加剧，破坏了民俗体育的文化空间，危及民众身体健康。政府忽视了对非物质文化遗产的重视与保护，失去了核心竞争力，最终得不偿失。

在现代化进程中，某些民俗体育经过自身的发展，成功转型为竞技项目，或者被纳入非物质文化遗产这把"保护伞"[①]之下，但除此之外，还有许多民俗体育项目无法找寻到合适的道路，逐渐消失殆尽。究其原因，还是缺少政府部门的引导。从管理机制上来讲，大多体育局下并未设立专门负责民俗体育发展的职能机构，更多是归属文化部门管理。民俗体育本身就有体育性，如此与体育有着密切联系的项目却得不到合理的引导，这确实是民俗体育发展中的一大软肋。

四、社会多元文化对民俗体育的强烈冲击

当代多元化社会进程日益加快，通俗小说、互联网影视、电视媒体等，吸引了更多大众的眼球，而相对于表演形式简单的民俗体育来说，没有华丽的外表包装和优秀的科技内涵，其生存空间逐渐被缩小，渐渐淡出人民大众的眼球，被民众所忽视。

例如在20世纪七八十年代，在华北平原地区农村普遍流行的"碰拐""丢方""丢沙包"等民俗体育项目，曾经在那个物质和精神娱乐匮乏的年代风靡一时，活跃于孩子们整个童年时代。孩子们在进行娱乐游戏的同时，也锻炼了体魄，提高了智力，最重要的是丰富了精神文化生活。但是随着时代的进步和科技的发展，现代的孩子们普遍被各种补习班、才艺班所禁锢，家长们对卫生的刻意要求迫使孩子们远离了那些看似危险、脏乱的民俗体育项目。就这样，这些承载着"70后""80后"们满满记忆的民俗体育逐渐淡出了人们的视野，被人们所遗忘掉。

在这个多元化林立的时代，民俗体育的地位岌岌可危。就其文化空间来讲，学校本是一个传承民俗体育的绝佳场所，但是西方竞技体育在学校内的主导地位无法撼动，民俗体育更多是作为一种兴趣选修而开展，并没有建立系统的教

[①] 刘喜山，邓星华.体育非物质文化遗产的传承模式及其变迁[J].体育学刊，2016（1）：35.

育机制。在社会中，民俗体育又被现代的广场舞、健身操所排挤，环顾左右，也就是在春节前后或者庙会上才能见到众多民俗体育的身影，可是现在的年味也在逐渐变淡，真的不知道当科技之风完全覆盖春节之时，民俗体育又将如何立足。

小结

民俗体育的文化空间存在"在场""脱域"和"重构"三种状态，保持原始特征的民俗体育是文化空间的"在场"，在历史发展的进程中地域范围的扩大，表现场所的增加是文化空间的"脱域"，而与时代特征相结合，具有彰显民族精神，传播民族文化功能的民俗体育是文化空间的"重构"。民俗体育的发展最终需要走向"重构"之路。

江南的民俗体育发展状态甚好，许多民俗体育都走向了"重构"之路，为其他地区的民俗体育发展之路提供了借鉴。江南的民俗体育文化空间变迁有着一定的规律可循，具体可以概括为区域地理环境是首要条件；人文情怀是变迁的需求方向；政治环境是变迁的决定力量；创新是变迁的内部灵魂。

在全民健身上升为国家战略的大背景下，民俗体育若想得到快速而长足的发展，必须紧跟时代步伐，真正地与社会意识相结合，达到文化空间的"重构"。只有搭上"全民健身"的这趟列车，民俗体育才能走得更快更远。

民俗体育基本都具有娱乐性，但是若要为全民健身服务，必须突出自己的健身功能，而且民俗体育要更加强调"体育"二字。这就要求民俗体育在改革途中尽可能地发挥其健身娱乐功能，这样使民众在被吸引的同时又能达到健康的目的。例如舞龙舞狮，它因其造型华丽、动作形象深受广大民众的喜爱，若是在教授技艺的时候多宣传它的健身功能，使更多人了解其健身价值，便会更加受欢迎。

对于民俗体育的传承不仅仅是学习其技艺，传承者必须熟知民俗体育本身蕴含的中国文化，而且在通过学习技艺的同时接受这样的文化理念，以此来提高德行或者修养，这便与"体育"的目的不谋而合。民俗体育在未来的发展中，必须通过文化熏陶使学习者达到身与心的同时提高，这是民俗体育发展的最高境界。

民俗体育种类繁多，又与民族传统体育、民间体育有所重叠，要完全分门别类是不现实的，它们之间也没有必要非得泾渭分明、故步自封。浙江的许多地方戏剧在发展过程中始终坚持"兼收并蓄"的理念,从而才有了现在的成就。民俗体育的发展应该效仿地方戏剧的道路,大开方便之门,奉行"拿来主义"。各民俗体育之间充分利用庙会、民族运动会等平台,增加交流,相互学习借鉴,但凡有利于文化空间拓展的,都可以拿来为我所用。在此应该注意,吸收并不是照搬照抄,而是要在结合自身实际情况的同时进行改革或创造。

研究证明,政治因素对于民俗体育的发展有着至关重要的作用,因此,在民俗体育现代发展道路中,政府扮演的角色相当重要。现代社会已不再是"酒香不怕巷子深"的年代,再好的作品也需要包装和宣传,民俗体育要想获得长足发展,就得走出自己的圈子,让更多的人认识、熟知并喜爱,这就需要宣传的手段。政府在此中不是大包大揽,一味地保护。更多的还是需要建立长效机制,合理地引导民俗体育走向可持续发展的道路,并且为全民健身计划而服务。

在本章实地调查途中,感受最大的就是民俗体育缺少新鲜血液。许多民俗体育的传承人都已年迈,而现代的年轻人又不愿意学,由此就造成了青黄不接,传承断层。为了改变这一现状,需要政府、社会、个人共同努力,大力宣扬民俗体育的优秀之处,来获得年轻人的青睐。而且,最为合适的方式就是与学校合作,将民俗体育引入校园课堂,以此来培养更多的受众,为民俗体育的大力传播奠定基础。至于哪些项目适合引入学校,怎么形成体系,这还需要教育部门进行深入调查分析,做出论证,本章在此只能做到抛砖引玉。

一个项目若想得到系统发展,"精英化"培养和"大众化"普及是两种重要的手段,"大众化"的普及为项目的传播提供了广泛的群众基础,有利于数量上的增加,而"精英化"的培养又为项目的发展树立了标杆和榜样,有利于质量上的提升。民俗体育若想促进全民健身,首先要做到"大众化"普及,形成一定的受众人群,这样有了广泛的基础之后,再进行"精英化"培养,引导民众进步的方向。这样一来,民众在达到健身目的的同时,又学到了一定的技能。此种良性循环,将会更加有利于全民健身计划的落实。

参考文献

[1] 付明. 运动干预手段对重庆市中小学生体质健康影响的对比研究[D]. 重庆:西南大学,2013.

[2] 石岩. 体育产业新政背景下中国体育产业发展的机遇与挑战[J]. 体育学刊,2014(6):13-18.

[3] 郭守靖. 浙江武术文化研究 [M]. 北京: 光明日报出版社, 2015: 10.

[4] 陈华文, 等. 浙江民俗史 [M]. 杭州: 杭州出版社, 2008: 6-7.

[5] [34] [48] 涂传飞. 农村民俗体育文化的变迁——江西省南昌县涂村舞龙活动的启示 [D]. 北京: 北京体育大学, 2009.

[6] 中国体育科学学会. 体育科学词典 [M]. 北京: 高等教育出版社, 2000: 31.

[7] 陈红新, 刘小平. 也谈民间体育、民族体育、传统体育、民俗体育概念及其关系——兼与涂传飞等同志商榷 [J]. 体育学刊, 2008 (4): 8-10.

[8] 王铁新, 常乃军. 我国民俗体育研究综述 [J]. 体育文化导刊, 2009 (10): 133.

[9] 马克思, 卡尔. 1857—1858年经济学手稿 (前半部分) [M] //马克思恩格斯全集. 北京: 人民出版社, 1995: 378.

[10] G. W. F. 黑格尔. 自然哲学 [M]. 梁志学, 等译. 北京: 商务印书馆, 1980: 77.

[11] 马丁·海德格尔. 存在与时间 [M]. 北京: 商务印书馆, 2015: 65.

[12] Lefebvre H. The Production of Space [M]. Oxford: Blackwell, 1991: 26, 38.

[13] 张一兵. 社会批判理论纪事 [C] //列斐伏尔. 空间的生产 (第4版). 北京: 中央编译出版社, 2006: 176.

[14] 崔丽华. 传统空间理论的困境及当代"空间转向" [J]. 马克思主义与现实, 2014 (6): 118-123.

[15] C. 拉克洪, W. H. 凯利. 文化: 关于概念和定义的批判性回顾 [M]. 北京: 中华书局, 1952: 14-15.

[16] 王文章. 非物质文化遗产概论 [M]. 北京: 文化艺术出版社, 2006: 4-12.

[17] 爱德蒙·木卡拉. 口头和非物质遗产代表作概要 [R]. 人类口头和非物质遗产抢救与保护国际学术研讨会. 北京: 中国艺术研究院, 2002: 65.

[18] 乌丙安. 《孟姜女传说》口头遗产及其文化空间——国家级非物质文化遗产《孟姜女传说》评述 [C] //山东淄川·中国孟姜女传说学术研讨会论文集. 淄川: 山东民俗学会, 2009: 1-4.

[19][22] 白云驹. 论"文化空间"[J]. 中央民族大学学报（哲学社会科学版）, 2008, 35 (5): 81-88.

[20] 罗萍, 宋天华. 非物质文化遗产视野下峨眉武术保护的若干思考[J]. 中共乐山市委党校学报, 2008, 10 (2): 63-64.

[21] 陈虹. 试谈文化空间的概念与内涵[J]. 文物世界, 2006 (1): 44-46+64.

[22] 吉灿忠. 武术"文化空间"论绎[D]. 上海: 上海体育学院, 2011.

[23] 徐鑫. 旅游村镇的文化空间再造研究[D]. 泉州: 华侨大学, 2012.

[24] 胡丽婷. 现代陶瓷艺术介入文化空间的应用研究[D]. 景德镇: 景德镇陶瓷学院, 2014.

[25] 田冬梅. 非物质文化遗产文化空间保护研究[D]. 济南: 山东大学, 2013.

[26] 吉灿忠, 邱丕相, 吴永杰. 武术"文化空间"释义及其表现特征[J]. 吉林体育学院学院, 2013, 29 (3): 18-23.

[27] 钟海明. 西南少数民族传统体育的文化人类学分析[J]. 黑龙江民族丛刊, 2008 (3): 146-149.

[28] 张新定, 苏春宇, 金德阳. 海南黎族传统体育的起源与特点探析[J]. 新西部（下半月）, 2008 (6): 237-239.

[29] 王俊奇. 也论民间体育、民俗体育、民族体育、传统体育概念及其关系——兼与涂传飞、陈红新等商榷[J]. 体育学刊, 2008 (9): 101-104.

[30] 张森, 李龙. 民俗体育、民间体育、民族体育和传统体育的概念及关系辨析[J]. 搏击（武术科学）, 2013 (2): 88-91.

[31] 丛密林. 民间体育、民俗体育、民族体育和民族传统体育概念辩证[J]. 体育科技文献通报, 2014 (1): 3-5, 37.

[32][38] 朱海燕. 民俗体育文化内涵与特征解读[J]. 才智, 2014 (8): 312-315.

[33] 沈丽玲, 余万予. 民俗体育在学校体育中发展的作用和对策之探析[C]//第七届全国体育科学大会论文摘要汇编（一）. 中国体育科学学会, 2004: 2.

[34] 孟庆宁. 民俗体育的当代价值[J]. 山西高等学校社会科学学报, 2006 (11): 134-135.

[35] 王俊奇. 关于民俗体育的概念与研究存在的问题——兼论建立民俗体育学科的必要性 [J]. 西安体育学院学报, 2007 (2): 16-20.

[36] 柯玲, 邵荣. 中国民俗体育学探略 [J]. 北京体育大学学报, 2008 (6): 760-762.

[37] 徐琳. 论我国民俗体育的地域文化特征与发展 [J]. 成都体育学院学报, 2009, 35 (5): 34-36.

[38] 陈顺宣. 金华斗牛风俗述评 [J]. 民俗研究, 1993 (2): 69-75.

[39] 罗辑. 少数民族武术中"物"的在场、脱域与出场——以贵州少数民族武术为例 [J]. 体育科学, 2014 (3): 72-75.

[40] 刘军, 王海明. 江南良渚文化初探 [J]. 东南文化, 1993 (1): 92-102.

[41] 王士性. 广志绎 [M]. 上海: 中华书局, 1977.

[42] 朱海滨. 近世浙江岁时习俗的区域差异 [J]. 历史地理, 2007 (00): 296-309.

[43] 刘小明. 绍兴民俗体育文化研究 [J]. 赤峰学院学报 (自然科学版), 2011 (7): 147-149.

[44] 刘小明. 论越地民俗体育 [J]. 体育文化导刊, 2013 (8): 113-115.

[45] 吕不韦. 吕氏春秋. [M]. 陆玖, 注译. 上海: 中华书局, 2011: 33.

[46] 李零. 译注. 司马法译注 [M]. 石家庄: 河北人民出版社, 1992 (6): 34.

[47] 徐烈, 丁丽萍. 明清兵家与民间武术研究特征之比较 [J]. 首都体育学院学报, 2015 (1): 17-22.

[48] 康亚峰, 江妍. 浙江省中小学武术课程开展调查研究 [J]. 科学中国人, 2015 (6): 187.

[49] 章士美, 赵泳祥. 中国农林昆虫地理区划 [M]. 北京: 中国农业出版社, 1996: 92-93.

[50] 郑建明. 环境、适应与社会复杂化: 环太湖与宁绍地区史前文化演变 [M]. 上海: 上海人民出版社, 2008: 49.

[51] 陈晓丹. 中国地理博览3 [M]. 北京: 中国戏剧出版社, 2009: 69.

[52] 国家体委武术研究院编纂. 中国武术史 [M]. 北京: 人民体育出版社, 1996: 106.

[53] 徐才等. 武术学概论 [M]. 北京：人民体育出版社，1996：81.

[54] 张军. 国术 [M]. 重庆：重庆出版社，2012：56.

[55] 郭璞，注. 穆天子传 [M]. 上海：上海古籍出版社，1990：43.

[56] 苏转平. 试析民俗体育的基本特征. [J] 体育文化导刊，2015，2 (2)：200.

[57] 李姝莹. 村落空心化下的乡土民俗体育发展 [J]. 当代体育科技，2015 (19)：181-182，184.

[58] 艾安丽. 汉水流域湖北段民俗体育文化的变迁——以"三龙文化"为例 [D]. 福州：福建师范大学，2015.

[59] 刘喜山，邓星华. 体育非物质文化遗产的传承模式及其变迁 [J]. 体育学刊，2016 (1)：35.

第五章

江南武术器械之龙泉剑文化

在历史的演进和时代的变迁中，武术器械的使用价值和蕴含意义也随之发生变化。不同时期、不同区域、不同民族，孕育出的文化也不相同，反映出地域文化的特性。武术器械作为武术的载体同样具有地域武术文化的特性。比如剑，历史悠久，从春秋时期开始一直延续到今天，其演进不仅表现在冶炼技术、形制、剑术上，更是与传统文化相结合渗透在华夏的文明之中；它所具有的含义，早已超出了自身的范围，是兵器史上的璀璨明珠，是统治者的权力象征，是文人墨客的精神寄托等。江南地域武术文化内容深邃，是剑器的发祥地。自古以来，江南铸剑术一直代表着我国最高的铸剑水平，其水网交错的地貌，使剑在这一地区有着独特的历史地位、文化内涵和发展轨迹。

本章主要运用了文献资料法和历史逻辑分析法，对江南地域范围进行界定后，沿着江南地区历史的痕迹开始探索。以剑代表的武术器械文化内涵为主体，辅以剑的起源、铸造、形制、现代意义四个方面进行探讨。将剑文化进行细致的分类，对每一种具体的文化形式进行论证拓展，系统阐述在江南这个特定地域范围内剑文化的内涵。

剑，最初是生活工具，为人们的生活服务；春秋战国时期战争频发，剑的军事地位提升，成为战场击杀的兵器。地域矿产优势和吴越人民长期的学习积累，使吴越铸剑水平领先于其他国家；在材质上青铜器由铁取代，后期又出现了百炼钢、灌钢、中碳钢等铸造技术；铸剑技术的发展，使剑的长度也得以增加，春秋战国时期剑的长度达到600毫米，秦汉时期达到一米。

先秦剑术以吴越地区最为高超，剽悍的民风、卓越的铸剑水平，都为吴越剑术的发展提供了坚实的基础和丰厚的资源。系统而又成熟的剑术技击理论应运而生，至春秋战国时期我国就已经拥有了完整的剑术技击理论和练习方法，拉开了剑术蓬勃发展的序幕。

剑的发展根植于社会环境，从最初的防卫击杀，演变到集健身、自卫、技击、娱乐、艺术多功能于一体，因为剑术在长期的发展过程中，与诗、书、画、舞蹈、戏曲等形成了密切的内在联系，使其蕴含着丰富的艺术符号、文化符号和政治符号，现已成为体育中一种独特的武术器械文化。

有关剑文化的概念，学术界目前还在争论，还没有形成统一的定论。于志均在《中国传统武术史》中提出："剑文化分为三个部分，主要包括剑器本身；剑术，即剑的技击和应用方法；剑与诗词、书画、乐舞等社会文化之间形成的剑文艺。"[1] 张继合在《春秋战国剑文化探析》中认为："剑文化，包括剑、剑器、剑术和剑的理论部分等在社会生活中形成的精神内涵。"[2] 陈宝强《中华剑文化研究》中指出："剑文化是典型的非物质文化遗产，在传承过程中人是主体、剑是文化的载体、剑术为主题。具有综合性、民族性、地域性、模式化、集体性、传承性、传播性、类型化和变异性等属性。"[3] 江南剑文化是在江南这一特定的区域内，剑在起源和发展过程中与社会生活相融合形成的文化内涵，包含了剑的铸造工艺，技击方法，在社会中的价值判断。

弘扬剑文化，对全民健身和武术的发展具有积极意义。推广剑术在全民健身运动中的开展，其丰富的剑术套路，可以满足各年龄层次的健身需求，提高国民身体素质；剑在影视中的运用，对宣传和发扬我国的剑文化起到了巨大的推动作用，增强了中华武术的国际影响力。

第一节 江南武术器械历史发展梳理

武术器械主要是由古代兵器演化而来。兵器是进行战争的重要因素，是克敌制胜的工具，它总是根据战争需要而改进，并伴随着科学发展而发展。人类社会有了战争，就有了为战争服务的兵器。有了兵器，就要有掌握和使用兵器的技艺——武艺。武艺越是精通，越能发挥兵器的性能。因此，武术器械的产生、演变及其艺术发展历程，与军事武艺是息息相关的。

---

[1] 于志钧.中国传统武术史[M].北京：中国人民大学出版社，2006：118.
[2] 张继合.春秋战国剑文化探析[J].搏击武术科学，2010：38.
[3] 陈宝强.中国剑文化研究[D].上海：上海体育学院，2006：6.

原始社会兵器的发展，正如周纬的《中国兵器史稿》中记载，新石器时代之石兵，业已大形进化，非但人工磨制精良，亦且各种兵器均有，如石刀、石刃、石匕首、石斧、石圭、石镰刀、石镞、石铲等器。原始社会向奴隶社会转变时期，掠夺战争日益频繁，规模也逐渐扩大，部落成员在劳动中使用的工具，常常又是随身携带的武器。把渔猎的工具和劳动生产的技能用于作战方面，便逐渐形成了用于作战的兵器和武艺。

夏代仍沿用石制兵器，但有所改进，有了少量青铜兵器。至商代，军队使用青铜兵器已较普遍，而且兵器种类增多，质量大有提高。西周兵器进一步多样化，这个时期长兵有戈、戟、钺、矛、斧等，短兵有刀、剑等。铁兵器始于周代，战国时期已普遍使用。当时有戈、戟、矛、殳、斧、钺、锤、锥、刀、剑、匕首等，并广泛应用于战争中。作战时士兵使用铁斧、铁刀、铁钺、铁矛等兵器用于杀敌。到了汉代大抵完成了铜兵器向铁兵器的过渡，至三国时期，铜兵器已经基本上退出了历史舞台，演变为铁兵器的全盛时期。

隋唐五代时期的铁兵器中，长兵器以矛、枪和长刀为主。短兵器则以刀为主，剑在这时已经失去了实战的价值，成为道士们的法器和民间习武器械。宋元之际有所谓的："十八般武艺"之说，但实际远不止此数。元代兵器精细而实用。到了明代，"十八般武艺"有了具体的内容。清代兵器与明代兵器大同小异，但品种增多了。新中国成立以后，因竞赛的需要人们对武术器械的规格作了具体的规定，对器械制作材料有了明确的要求，对武术水平的提高起了促进作用。

武术器械的发展是由少至多，由劣到优的过程。绝大多数器械脱胎于军事器械，但有很大的创新和发展；少数则直接来自民间生产生活用具。器械的每一次变化，都标志着性能的提高与使用技术的提高。一旦古代兵器从战争中脱颖而出，成了锻炼身体的器械时，它又依附于健身需要而改进，伴随科学、文化的发展而发展，这就是武术器械的发展史。

远古时代人类的祖先为了防身和狩猎，就开始制造和使用木棒、石刀、石斧等一些原始的兵器。原始社会晚期，各氏族、各部落之间因纠纷而引起武力冲突，战争日益增多，规模不断扩大，单纯地利用带着锋刃的生产工具已经不能满足人们的需要，于是人们用石、骨、角、木、竹等材料制成了石制兵器，如石戈、石矛、石斧、石钺等，这些兵器经过选材、打制、磨琢、钻孔用于战争，为青铜兵器的创制开了先河。

第五章 江南武术器械之龙泉剑文化

原始社会人类对生产工具和兵器没有严格的区分，弓箭和棍棒等在作为生产工具的同时也是战争中的武器。"流星锤"就是由原始社会的"绊兽索"演变而来的。原始社会为了狩猎，就在一根很长的木杆上拴一条五六米的绳子，在绳梢拴一个石球，等到野兽逼近时，猛然甩动杆子，石球一跃而出，击中目标后急速旋转将野兽牢牢缠住。后来又演变为"流星索"，随着农业、畜牧业的发展，狩猎经济衰落，运用石球狩猎的现象逐渐匿迹了，这种"流星索"则以"舞流星"的杂技艺术和作为攻击性的武术器械"流星锤"等形式保留下来。

随着生产力的发展，私有制的萌发，战争作为一种独立的社会实践活动，成为经常发生的事情，而且规模越来越大，持续时间越来越长，程度越来越激烈。为了满足这种特殊需要，人与兽斗争的工具逐渐转化为人与人斗争的工具，部分过去的生产工具转化为人们互相残杀的武器。

原始兵器可分为射远兵器：石镞、骨镞、蚌镞等，它们被用来射杀较远距离的野生动物，有时也用来射杀前来抢夺猎物的同类人；格斗兵器：石戈、石矛、石斧、石钺、石刀等，作战时用于钩、刺、劈、砍、斩杀敌人。

公元前21世纪，夏王朝建立，中国开始进入奴隶社会，奴隶主为了建立和巩固自己的统治，建立军队，制造兵器，用于战争。至此，专为战争使用的工具——兵器，便与生产工具相分离而独立存在，其属性也从生产工具和防身武器的结合体演变为在战争中直接用于杀伤敌人的有生力量，以及破坏敌人作战的专用兵器。

夏代仍沿用石制兵器，但有所改进，有了少量青铜兵器。至商代，军队使用青铜兵器已较普遍，而且兵器种类增多，质量大有提高。

商周时期，青铜金属工具的大量使用，带来了生产力的大发展，极大促进了武器的变化与发展，有了长兵、短兵、远射武器、防御武器之分。远射武器有弓、青铜镞为凸脊扁平双翼式的形状，但两翼的夹角较大，翼尾倒刺尖利，增强了其杀伤力。西周兵器进步多样化，长兵有戟、戈、矛等。戈矛主要用于车战，车战时左一人持弓，右一人执戈矛，中间一人驾车，作战时先用弓箭远射，待双方逼近时，主要是长兵在发挥作用。戟是步兵和骑兵最常用的武器，既能直刺、扎挑，又能勾啄，成为战争的利器。

短兵有刀、剑、匕首、钺等，刀由刀头和刀柄组成，薄刃厚脊，刀身较宽，刀尖翘起，刀头较长，背脊常铸有精美花纹。该时期的剑较短，一般介于20到40厘米之间，是北方草原民族特有的武术器械。钺形体薄，刃部宽且成圆弧形，铸造精良，主要作为军权的象征。胄、盾是用来护头和防护身体的武器。这些兵器多为铜质，质地精良坚利。

铜器的出现，标志着人类社会从石制工具时代进入使用金属器具的时代；青铜兵器的使用，使兵器进入了一个全新的历史阶段，并发挥其无比威力。

春秋战国时期是奴隶社会向封建社会的转变时期，诸侯争霸，战争频繁，各国对军事技术的重视，加深了对武术器械的研究。该时期铜矿的开采、矿石的冶炼达到空前的规模，步入铁器时代，兵器的种类和性能发生了新的变化，随着战争规模的扩大，车战向步骑战过渡，军队的武器装备和训练都发生了变化，主要表现为人们对制造兵器所用的青铜材料有了深入的认识和研究，增加了锡的含量，减少了铜的含量，青铜器械的韧性增加，兵器不易折断，利于器械的长久使用，从而提高了青铜兵器制作技术。随着冶金技术的提高，铁兵器应运而生，该时期的兵器是用块炼铁固态渗碳钢锻造，并经过淬火处理后制成的，其坚韧锋利的程度大大超过了青铜器。

铁兵器始于周代，战国时期已普遍使用。由于铁器的坚硬度比铜制品强，又易于铸造，因此，铁兵器逐渐代替了铜兵器，品种更为齐全。据古籍记载以及大量的出土文物表明，当时有"戈、戟、矛、殳、斧、镆、锤、键、刀、剑、匕首"等，并广泛应用于战争中。作战时，士兵衣铁甲，操铁杖，使用铁斧、铁刀、铁钺、铁矛等兵需。到了汉代大抵完成了铜兵器向铁兵器的过渡，至王国时期，铜兵器已经基本上退出了历史舞台，演变为铁兵器的全盛时期。据《典论》记载："魏太子曹丕选楚越良工制铁刀、铁剑、铁匕首，精而炼之，至于百辟。"这种武器质量上的飞跃，势必对使用武器提出更高的要求，从而促进武艺的发展。

公元前221年，秦始皇统一六国后，开创了我国历史上第一个统一的、多民族的封建中央集权国家，为了维护地主阶级的利益，秦收天下之兵，在民间实行禁武的方针，但军中的习武活动仍在开展。汉代是我国封建社会中一个辉煌的时代，政治、经济、文化都一度繁荣昌盛，武术在这一时期也有了很大的发展，汉王朝对军事的依赖，更直接促进了军旅和民间对武术的重视。秦汉三国时期，刀渐而取代了剑在军事舞台上的地位，剑逐渐转移至非军事用途并继续发展。由春秋战国时期的斗剑之风和讲武活动发展而来的格斗比赛和表演活动在汉代非常盛行，出现了斗剑、斗兽、剑对戟、剑对钺、戟对剑、钩等格斗表演。汉代军队长兵中最重要的武器是戟，矛是秦、汉除戟外最常见的长兵。

三国时期，矛大量见于记载，显然已开始取代戟的地位。

汉末以后，戟在实战中逐渐减少，而矛和稍成为骑战中最主要的武器。汉魏以后，刀渐成为战争中最重要武器，汉代大量使用环柄刀且多用于步战中，又因刀为短兵，便于携带，成为人们日常佩带防身之器，且制作愈益精美。《晋书·赫连勃勃载记》："勃勃造百炼刚刀，为龙雀大环。号曰'大夏龙雀'。铭其背曰：古之利器，吴楚堪虞，大夏龙雀，名冠神都。可以怀远可以柔迩。如风靡草，威服九区。'"这就把刀看成与宝剑一样，不仅是武器，而且是英武豪迈的象征，因而成为帝王赏赐臣下或友人间互赠的礼品。

两晋、南北朝佩带刀、剑亦为一种礼仪制度。《晋书·舆服志》："汉制自天子至于百官，无不佩剑。其后，惟朝带剑。晋世始代之以木，贵者犹用玉首，贱者亦用蚌、金银玳瑁为雕饰。"《宋书礼制》："剑者，君子武……自人君至士人，又带剑也。自晋代以来，始以木剑代刀、剑。"可见规定佩刀、剑，也还有尚武之意。但两晋以来，轻武重文，士人多崇尚柔弱文雅，佩剑改为木剑，则纯粹成为一种装饰，尚武精神逐渐消失了。

南北朝时期，武术器械的娱乐性项目亦较多，有刀循表演，马槊表演，刀、剑表演等。另一类武术器械项目为刀、剑、戟等抛掷表演，则近乎杂技项目。此时期的武术表演，与实际武术演练差别不大。武术发展至两晋，已积累了相当丰富的技击经验，把重要的招式动作连贯起来，便于练习记忆，于是出现了某些武术程式和套路。这些武术程式、方法和套路的演练，用于表演给人们观赏，便是武术的技击性与娱乐性的结合。因而当时的表演武术与实用武艺联系是十分紧密的，甚至出现不少借武术表演而暗含杀机的故事。著名的鸿门宴上"项庄舞剑，意在沛公"，便是典型例证。

《晋书》亦记有同类事例：王稜喜好武艺，武士王如本领高超，被王稜收在门下。王如请舞刀助酒为乐，"如于是舞刀为戏，渐来前，稜恶而呵之，不止，遂直前斩稜"。这是借舞剑而行刺的又一例证。表明当时武术表演大都是真刀真枪，与实战演习相似。

武艺与军事技术的发展有着密切的关系。军事的发展，必然促进武艺的发展。但由于六朝人士尚清谈，好玄理以及道、佛儒合流，其影响必然渗透到社会各阶层的生活中去。当时的方士宣扬"修道得仙"，用吞金丹、符水来取代武艺，视剑为具有神秘色彩的法器，甚至把武器也换成象征性的器械。比如，当时就有不少人以木作剑。如《宋书·礼志》载："剑者，君子武备。然自人君至

191

士人又带剑也。自晋以来始以木剑代刃剑。"《晋书·舆服志》又云:"汉制,自天子至百官,无不佩剑,其后惟朝带剑,晋世始代之以木,贵者犹用玉首,贱者亦用蚌、金银、玳瑁为饰。"显然,以木剑代替刀剑,是以装饰为主,但是当其为封建迷信色彩笼罩之后,便出现了仗剑使法吹嘘比真剑还厉害的荒诞无稽之邪说,麻醉了人民,也使剑术神化,人们不再刻苦练武了。其后果就是极大地束缚了武艺的发展,使武艺停滞不前。木刀在宫廷中也作为象征性武器而保留。如《唐书·仪卫志》云:"仪刀,刀以木为之,装以金、铜或银,备议卫之用。"《仪实录》曰:"仪刀自东晋多虞,遂以木代之,以备威仪,即笏刀也。"

唐建立以后,武术器械发生了改变,套路的演练技巧提高,以及集体表演的项目的出现,对武术的发展产生了一定的影响。隋末执行繁重的徭役和兵役,人民痛苦不堪,扶老携幼,手执武器,拼出全家性命与统治者搏斗。隋代,步骑兵的主要兵器是枪,枪成为热门兵器,枪术很快发展起来。

《隋书·礼仪志》载:"一品,玉器剑,佩山玄玉。二品,金装剑,佩水苍玉。三品及开国子男,五等散品名号侯虽四、五品,并银装剑,佩水苍玉,侍中已下;通直郎已上,陪位则象剑。带真剑者,入宗庙及升殿,若在仗内,皆解剑。一品及散郡公,开国公侯伯,皆双佩。二品、三品及开国子男、五等散品号侯,皆只佩。绶亦如之。"从佩剑看,已明显分出严格的等级。有的不会剑,为了宣耀等级,也要佩剑。佩剑之风,非常盛行,对普及剑术在客观上却也起了一定作用。

唐代,作为军事作战的剑逐渐被刀代替,剑逐渐成为一种象征性的武器,虽然对抗性的"斗剑"少了,而作为演练的剑术套路却被人民所掌握,而继续发展。隋唐时代武器"废长兴短",如戟在唐代就只能是仪仗队的装饰品了。当时把列戟作为反映封建等级制度的一个内容,戟的多少代表品位的高低。

武术器械在文学艺术中发展:《太平御览》记载了公孙大娘善舞剑。杜甫回忆六岁时看公孙大娘舞剑惊心动魄的情景时,抚今追昔,感慨万端,遂写下了《观公孙大娘舞剑器行》这一著名诗篇,成了研究唐代武术套路技术的重要史料。书法家张旭看了公孙大娘舞剑器后,草书大为进步。剑术在战场上逐渐消失,在民间却得到发展。以及太极剑在健身方面的发展,说明器械除了在战争的运用,健身、艺术给予器械以生命力。

"废长兴短,以铁代铜",是器械发展之大转折。随着步骑战的发展。战场上较长的戈戟逐渐被淘汰，剑作为军事技术被刀所代替，但作为套路的演练仍发展着。高起的剑木套路技术在唐代是深受欢迎的。舞刀还有音乐伴奏，这对后世套路发展有着重要影响。此外，枪术发展尤快，还有竞技性的枪术比奏。

隋唐五代时期的铁兵器中，长兵器以矛、枪和长刀为主。据《新唐书·李光弼传》记载："光弼有裨将，援矛刺贼，洞马腰，中数人。"这表明唐将善用长矛而且技艺精良。短兵器则以刀为主。剑在这时已经失去了实战的价值，成为道士们的法器利民间习武器械。剑术一直是人们喜爱的武术项目之一，佩剑之风长久不衰。

宋代武艺向多样化发展，剑更锋利了。刀的形制有了进一步改进，刀术的发展更快，刀柄的改变，更便于发挥手腕动作，使之能更灵活翻转，不仅便于攻防，也为发展套路中的各种花法提供了可能性。刀尖及刀刃的变化，促进了刺、扎、挑、点、崩等刀法的发展。长枪在宋代战场上是重要的拼杀武器，由于枪术的发展，出现了很多门派。棍与斧在战争中也是常用的武器，但戈已经在战争中淘汰了。鞭、锏、杵、槌都是便于携带的新型短兵器，这些器械在战争中发挥着极大的作用。宋代的兵器较为庞杂，它对后世民间武术器械的丰富多彩增添了新的一页。兵械形制增多，使用方法多样化，促进了武艺的发展。宋代，人们对兵器的制造非常重视。北宋初年，在东京南、北作坊每年都会制造大量的兵器，而且武器的规格逐渐规范化。元代兵器则精细而实用。

明代十八般武艺开始有具体内容：一弓、二弩、三枪、四刀、五剑、六矛、七盾、八斧、九钺、十戟、十一鞭、十二锏、十三挝、十四殳、十五叉、十六钯、十七锦线套索、十八白打，表明了器械的内容逐渐规范化。明代时棍甚多，但最为有名的是俞公棍。少林僧把棍称为"艺中魁首"，认为"凡武备众器，非无妙用，但身手足法，多不能外乎棍"。说明了棍在战斗中的作用。程冲斗在《长枪说》中说："枪乃艺中之王，以其各器难敌也。"吴殳在《手臂录》中也说："枪是诸器之王。"枪的杀伤力较大，因而成为传统的作战利器，也是民间长期习武的主要项目。所以，茅元仪在《武备志》中也说："阵所实用老。莫若枪也。"说明了枪在作战中的地位。宋以前，中国的武术基本上是以刀、枪、剑、棍、拳分门别类。明代开始，中国武术开始形成流派或门派，即拳法和每一种器械中，有了不同风格、特征与内容的若干派别，或者说每一流派武术中，都有着自己的鲜明独特的拳械方法和内容。

明代的武艺及器械流行范围，似与地域有关。史称："东粤俗习技击，习长牌、砍刀，而新会、东莞之铲强半。河南嵩溪诸县曰毛葫芦兵，长于走山，习短兵。而嵩及卢氏、永宁、灵宝多矿兵，又曰角脑、曰打手。山东有长竿手，习长竿。徐州有箭手，善骑射。"而"井陉有蚂螂手，善运石，远可及百步。闽漳、泉习镖牌，水战为最。泉州永春人善技击"。"延绥、固原多边外土著，善骑射。"说明了不同的区域习练的武术器械也不同，器械本身既有区别，也有流派的区分。

清代的兵器品种增多，形成了不同风格的器械。据《拳事杂记》载，当时练武情况是"作拳势之后，便往来舞蹈，或持竹竿、秫稽、木梃等物，长者以当长枪大戟，短者以当双剑、单刀，各分门路，支撑冲突，势极勇悍，几于勇不可当"。说明了当时器械则因地制宜，因陋就简，用秫稽、木梃等物当器械，长的以代长枪、大戟，短的以代双剑、单刀。不同的器械形成了不同的技术风格。

火器的到来改变了战争的形态，由于火器的大量使用，使得冷兵器在战场上受到了无情的挑战，而逐步被淘汰，随着冷兵器从战场的脱离，武术器械的发展迅速从军队下移到民间，形成了不同风格的器械套路，由原来简单使用的战场格杀工具，编成了各样的套路，成为民众的防身健体的工具，走上了以服务于民众为主体的发展轨道。器械的多式多样，使武术的内容更为多姿多彩。

民国时期，刀、枪、棍、剑，作为第一次全国国术考试的预试表演项目，及格之后才能参加正式考试。民国初，马良发起创编和推广了《中华新武术》，棍术和剑术成为其中的部分内容。

新中国成立后，随着武术训练与竞赛的需要，对刀、枪、棍、剑等常用器械作了具体的规定，对重量、长短、粗细以及器械制作材料都有明确的要求，这大大促进了武术技术水平的提高。

第二节　剑文化研究的目的与意义

武术器械的发展总是伴随着军事、体育以及科学文化的发展而发展。对武术器械的整理与研究，不仅对武术运动和现代体育运动起着积极作用，而且对其他领域，如历史、军事、宗教、戏剧、影视、教育等各界都起到抛砖引玉的作用并产生了一定意义上的影响。

第五章 江南武术器械之龙泉剑文化

剑的发展经历了漫长的过程，从简单到复杂，从萌生到壮大，成为社会文化现象，都与我国社会的发展紧密相连。剑器在武术器械中占有重要地位，一直以来被称为"短兵之祖"，是起源最早的兵器之一。剑术是武术的重要组成部分，剑术形式多样，老少皆宜，习练剑术对强身健体具有非常好的效果。同时剑及剑术本身都具有丰富的文化内涵，是我国传统文化继承中不可或缺的一部分。剑文化具有强大的包容性，在传承过程中，早已融入社会的各个阶层，逐渐超出了武术的意义，成为中国文化传统的符号和象征之一。进一步探析中国传统剑文化所富有的丰富内涵是一项十分有文化意义和现实意义的研究，力求为全民健身浪潮下的体育运动提供参考。

在中国悠久的历史长河中，剑饰演了很多角色，不仅仅是防身护体的主要兵器，还是人们的精神寄托。它可以是权贵者的身份象征，或为文人墨客的侠客情怀，在特定的时间甚至可以化身为政客的形象代言，成为"镇守天下"的象征。剑文化中丰富的内涵，可以满足国内的精神需求也具备了对外推广的条件，弘扬剑文化对武术更好地对外传播有推动作用。

江南剑文化是中国武术文化的重要组成部分，具有丰富的文化底蕴和强烈的民族特色。其辉煌的历史、卓越的工艺、精美的形制和灿烂的文化，都使它成为中国传统文化母体中的一个极具特色的子系统；通过对江南剑文化的研究，将剑文化进行细致的分类，探索在各个历史时期的存在基础、影响和作用。希望能够更加清楚地发掘出其发展的脉络、丰富的形式和蕴藏的文化内涵，为江南武术文化的研究提供素材；探析在当今社会环境中，弘扬剑文化如何满足人们的精神需求、推动全民健身计划的实施和武术对外传播。

武术器械作为武术最形象的器物代表和文化载体，蕴含着丰富的文化内涵，承载着数千年传统文化的传承使命。通过对武术器械收藏品的研究，可以直观地感受历史的气息，了解收藏品蕴含的文化价值，培养人的文化自觉，达到文化传播之效，传承武术历史。通过对江南武术器械的深层次研究，分析不同时代武术器械的特点及演变过程，找出其对经济、政治、文化的价值。这有利于让更多的人了解江南武术器械的历史背景及文化影响，为其他各类器械研究者提供参鉴。

随着国家对武术的推广，武术套路的"高、难、美、新"在不断提高，然而对武术文化底蕴的挖掘则相对滞后。中国剑术在武术中的地位非常突出，在现今全民健身的社会环境下，不仅要发展剑术，其久远的历史渊源、深厚的文化底蕴更需要重视。江南"剑文化"璀璨丰富,有着其独特的发展进程。探析江南剑文化的变迁,通过科学系统地研究江南剑文化的起源、演变、存在的形式、影响范围等,进行全面的论述,将拓宽对江南武术研究新举措及新思路。为中国剑文化、中国传统武术的研究提供一定的理论依据及借鉴作用,对武术文化发掘和传统优秀文化传承都具有重要意义。本章对江南"剑文化"研究是江南武术文化史研究下的子课题,力求全面阐释江南这一特定地域"剑文化"的特征和内涵,为江南武术文化的研究提供理论依据。

研究江南剑文化,还具有一定的现实意义。文化的传承与发展,不仅仅是沿着大的历史脉络来传承,还需要从细节中发现,进行历史研究,更需要从局部汇集到整体,从理论过渡到现实。剑的发展根植于社会环境,从最初的防卫击杀,演变到集健身、自卫、技击、娱乐、艺术多功能于一体,是由于剑术在长期的发展过程中,与诗、书、画、舞蹈、戏曲等形成了密切的内在联系。剑术蕴含着丰富的艺术符号、文化符号和政治符号,现已成为体育中一种独特的人体文化。推动剑术在全民健身中的实施,其丰富的剑术套路,可以满足各年龄层次的健身需求,提高国民身体素质;研究剑文化在社会中的发展,使人们通过习练剑术,感受剑的文化内涵,可以弘扬名族气节,端正社会价值观;将剑文化中的侠义精神与电影、文艺结合起来,可以促进武术的发展和对外传播。

第三节 剑文化研究文献梳理

旷文楠在《辽、金、西夏及元代武术的发展》中谈到了辽金西夏元代时期绚丽多姿的兵械武艺,同时说明了各个时期的器械会相互交融、相互影响。[①] 西夏时期,受汉文化的影响,金属制品兵械冶炼制作品种增多,且当时的器械精良、技艺高超。元朝时期为了巩固统治者的地位曾多次禁止民间私藏武器,因此民间武术器械的表演只能在文艺戏剧中展示,向着表演艺术的方向发展,武术的实战性大大减弱,但其舞台艺术化发展到一个新阶段。

旷文楠在《两晋南北朝武术的娱乐性发展》中指出南北朝时期武术器械的

---

① 旷文楠. 辽、金、西夏及元代武术的发展 [J]. 成都体育学院学报, 1994 (1): 17 - 22.

娱乐性项目较多，主要分为器械演练（刀木盾表演、马槊表演、刀剑表演等）和器械的抛掷表演（刀、剑、戟的抛掷），这种表演近乎杂技。① 两晋时期，武舞进一步发展，武士执剑而舞，同时出现了武术与戏曲的结合，武打戏在舞台上的表演增多。

沈芝萍、郭国进在《论剑的形成及古代剑和剑术的发展与演变》中提出剑大约产生于商代，古人根据刀、戈、矛的尖刃之特长，制造了匕首，并说明了这种由简单的尖、刃合体演变的过程，就有可能是古剑的形成过程。② 研究了西周、春秋战国、西汉、两晋南北朝、隋唐、宋元、明清时期剑的形制变化及其影响因素，同时阐释了剑在各个时期的价值体现。

刘先萍、王震的《十八般武艺历史解读》中提出了任何事物的发展都是新事物产生代替旧事物灭亡的过程，兵器的更替也不例外。③ 兵器的替换都是基于当时社会的发展需要和兵器自身的生命力，是为了顺应社会历史发展潮流。同时向我们阐释了从元末清初到清代以后十八般武艺内容的变化，其内容主要由十七种兵器和徒手拳术组合而成，说明了习武者精通的武术器械很多，可见当时对武术器械的重视程度很高。

周庆杰在《武术暗器文化研究》中阐释了暗器的出现极大地丰富了武术常规器械的种类。④ 主要从暗器的来源、特点、功能以及蕴含的文化来阐述，并引用了"明枪易躲，暗箭难防"谚语进行阐释，说明了当时人们对于武术器械的研究已经上升到了文化层面。

杨建营在《武术分类之辨析》中，对武术器械进行了分类，主要分为器械套路和器械对抗两大类。器械套路可首先划分为软的、硬的，软的、硬的又可分别划分为长的、短的，长的、短的又可划分为单的、双的。器械对抗主要有长兵、短兵和其他形式的器械对抗。⑤

张震宇、郭玉成在《竞技武术比赛器械标准化研究——以刀、剑、棍、枪

---

① 旷文楠．两晋南北朝武术的娱乐性发展［J］．成都体育学院学报，1994（4）：16-19．
② 沈芝萍，郭国进．论剑的形成及古代剑和剑术的发展与演变［J］．浙江体育科学，1998（3）：58-62．
③ 刘先萍，王震．十八般武艺历史解读［J］．体育文化导刊，2008（10）：121-123．
④ 周庆杰．武术暗器文化研究［J］．体育文化导刊，2009（2）：115-119．
⑤ 杨建营．武术分类之辨析［J］．上海体育学院学报，2010，34（6）：64-68．

为重点》中研究了竞技武术比赛器械标准化的意义及其历史沿革。① 说明比赛器械标准化有利于武术国际化传播与推广，保证武术赛事的公平顺利进行，从而推动体育产业发展。

赵秋菊等人在《中国武术器与技的文化现象解析》中阐释了武术器械的演变与发展，由原始社会的石器演变为后来的兵器或生产工具的雏形，由最初应用于军事和生产劳动，到后来在民间的应用与发展，器械的材质、长度、重量也随之发生改变。同时阐释了武术器械的文化现象，武术器文化与技文化的关系，以及武术器械的花法化。因此，对于武术的研究不应仅局限在技术层面上，还要扩大到文化层面上。②

姜喜平、宋平在《我国短兵运动发展探析》中研究了短兵运动的起源以及特点，阐释了短兵运动的发展历程及其影响因素。③ 说明了在武术器械发展过程中短兵运动扮演着重要的角色。

姜霞、黄繁在《中国西部红拳器械形制考察与地域文化特征研究》中提出了器械与地域的关系，阐释了西部地域的自然人文特征塑造了红拳器械形制④。向我们展示了丰富多彩的红拳器械形制，并阐述了影响红拳器械形制变化的因素以及西部地域的文化特性。

周纬在《中国兵器史稿》中共罗列了854件兵器，并将中国的兵器分为三大类，分别是石兵、铜兵和铁兵。⑤ 石兵主要出现在石器时代，原始人类工兵不分，石器即石兵也。角兵、骨兵、蚌兵等是原始人类经常使用的器械。青铜兵器的使用，使兵器进入了一个全新的历史阶段，商代已有勾兵、斧、戚、矛等，到周代已出现了剑、戈、戟、刀、殳、长兵、射远武器和防御武器。铁兵在周末已经兼用，并出现了铁镞、铁矛、铁斧、铁刀、环首铁刀等，汉代铁兵已进入全盛时期。

前人的研究主要包括不同时期器械的演变与发展、特性、形制的变化以及

---

① 张震宇，郭玉成．竞技武术比赛器械标准化研究——以刀、剑、棍、枪为重点［J］．西安体育学院学报，2013，30（4）：439－443.
② 赵秋菊，曹建凤，孙稷禹．中国武术器与技的文化现象解析［J］．沈阳体育学院学报，2014，33（2）：130－134.
③ 姜喜平，宋平．我国短兵运动发展探析［J］．体育文化导刊，2015（3）：172－175.
④ 姜霞，黄繁．中国西部红拳器械形制考察与地域文化特征研究［J］．体育学刊，2018，25（6）：25－30.
⑤ 周纬．中国兵器史稿［M］．天津：百花文艺出版社，2005.

蕴含的文化现象，并对器械进行了分类，研究了器械的发展方向由实战技击性向表演娱乐方向发展。有的学者从某个单独的器械进行研究，阐释其中蕴含的文化现象。但关于地域与器械的联系，以及器械对当时社会价值的研究较少。因此，本章将从江南武术器械的起源与发展进行全面的阐释，并选取江南典型的器械进行深入的研究，阐释器械对当时社会的贡献及其价值影响。其中与本研究较为契合的论文是姜霞、黄繁的《中国西部红拳器械形制考察与地域文化特征研究》，因此具有很强的参考价值。

研究江南剑文化，必须要探究其发展的历史脉络，此方面主要借鉴与史学系列的书籍。主要有司马迁的《史记》，顾德荣的《春秋史》，赵晔的《二十五史吴越春秋》，左丘明的《左传》，颜昌晓的《管子校注》，闻人军的《考工记译注》等，寻找剑文化在历史中的存在形式和历史佐证；阅读武术史方面的书籍有邱丕相教授的《中国武术史》，国家体育总局编纂的《中国武术史》，习云太先生的《中国武术史》，郭志禹教授的《中国武术史简编》，于志钧教授的《中国传统武术史》等，搜索剑在武术史中的地位和作用；剑文化是中国传统武术文化的一部分，研究剑文化必须要将其放到武术文化的大环境中去，在研究的过程中，阅读武术文化方面的书籍有蔡龙云教授的《琴剑楼武术文集》，郭守靖副教授的《浙江武术文化研究》，旷文楠的《中国武术文化概论》，马明达的《重新审视"国术"》，温力《中国武术概论》，为论文提供了写作思路；剑最早作为一种兵器在社会中广为流传，在研究过程中，阅读武器史方面的书籍有钟少异的《龙泉霜雪：古剑的历史相传说》，文物出版社杨泓主编《中国古兵器论丛》，刘旭主编《中国古代兵器图册》，周纬主编的《中国兵器史稿》，人民体育出版社的《中华古今兵械图考》，古籍出版社出版的《青铜时代》《中国古代青铜器》等研究著作，还有当代张继合、王震的《春秋战国剑文化探析》（2010），单锡文等的《论中国剑文化及其现代功用》（2012），陈振勇的《初探峨嵋剑文化的历史渊源与发展》（2008），梁燕玲等的《中国古代剑文化的历史发展研究》（2011），邢金善的《中国传统剑文化考证》（2010），杨泽蒙的《探秘中国剑文化起源》（2008），刘晓臻的《〈吴越春秋〉中的剑文化》（2008），钟少异的《古剑的历史和传说》（2003）等，为梳理剑文化研究文献梳理提供了详实信息。

第四节　江南剑器论

一、剑产生的历史背景

新石器时期，还没有国家的出现，人类社会不断地向前进化，部族的概念日益明显，古人开始研制兵器以便于在战争中取得优势。随着部落之间不断吞并，逐渐形成了黄帝和蚩尤两个大部落，据《史记·黄帝本纪》记载："帝采首山之铜铸剑，以天文古字铭之"，① 又据《管子·地数篇》记载："昔葛天卢之山发而出金，蚩尤受而制之，以为剑、铠……"② 由此可以推知，黄帝与蚩尤作战时代，均已开始制剑为兵，最终黄帝在战争中取得了胜利，此时剑已经逐渐由生活工具转向技击的武器。

经历了尧、舜的统治，禹执政后建立了我国第一个封建王朝——夏朝，"家天下取代了公天下"。夏朝至春秋战国是我国历史上奴隶制社会向封建社会的过渡时期。我国的铜器时代始于夏，1959 年河南偃师二里头文化，出土了大量四千多年前夏朝的青铜器。陶弘景的《古今刀剑录》记载："夏禹子帝启，在位十年，以庚戌八年铸一铜剑……"我国在夏朝时期就已经具备用青铜铸造剑器的基础，但至今没有夏朝青铜剑的出土实物，青铜剑实物的出土，年代都在西周以后，青铜器的应用无法准确地追溯其时间，但目前可以断定在西周时期，古人已经熟练掌握了青铜铸剑技术。青铜器的发明和冶炼技术的提高，使剑的击刺功能得到了很大的发挥，成为战争中的常规武器。《史记·周本纪》记载："乃克射之，三发而后下车，而击之以轻剑……散宜生、太颠、夭皆执剑以卫武王。"由此可见在西周时期剑已经装备于军队之中。

由于殷周实行奴隶制严重阻碍社会生产力发展，直到春秋战国时期，封建制替代奴隶制的社会大变革，治铁技术得以快速发展，为剑的繁荣普及奠定了技术基础。春秋晚期周王朝实力衰落，诸侯争霸，各诸侯之间为了扩大势力展开军备竞赛。当时在中原地区，主要以车战为主，士兵多使用戈、戟、矛、受

---

① 司马迁. 史记 [M]. 北京：中华书局，2011：654.
② 颜昌晓. 管子校注 [M]. 长沙：岳麓书社，1996：577.

等长兵器，强的诸侯国有千乘之国的美誉，此时剑通常作为长兵器之下的辅助武器。《左传·姜子春秋》中有过记述，在车战中，都是用戈作为直接对攻的武器，用戈将敌方勾下战车以后，再用剑进行击杀，称"戈拘其颈，剑承其胸"。而吴、越两国因为境内山川河流交错纵横，多以水战为主，剑成为主要的直接对攻武器。所以吴越的铸剑技术和击剑理论都要领先于中原各国。历史上吴越名剑辈出，在《越绝书·外传记宝剑》中就记载了吴越铸剑师欧冶子、干将的铸剑事迹，及龙渊、泰阿、工布等吴越名剑。在《史记》《拾遗记》《吴越春秋》中均对吴越名剑有相关介绍，早期吴越的好剑之风，对后来剑在华夏大地的发展、普及起到了推动作用。

战国时代，战车衰落，步兵兴起，剑在战争中的作用更加得以发挥，成为当时战斗士兵的标准装备。在剑的材质方面，春秋战国时代虽然有铁质钢剑的出现，但由于冶炼技术的限制，在军队配备中仍然以青铜剑为主。《武备志》中记载："古之言兵者必言剑"[1]，充分说明了剑在中国军事历史上的重要地位。随着冶炼技术的发展，至汉代在铸造工艺上铁质剑取代了青铜剑，剑的长度得以增加，提高了攻击能力。由于汉王朝自建立以来，长期遭受北匈奴的困扰，在经历文景之治后，汉武帝时期大力发展骑兵，以增强对匈奴的作战能力，战场上剑逐渐被利于砍劈的刀取代，但在民间却以蓬勃之势进一步发展。

剑在江南地区的发展有着长期的基础，早在春秋时间吴越人民重剑轻死，有着高超的铸剑技术和完备的击剑理论。剑退出战争舞台后，却因为其悠久的历史，精美的形制，在宫廷和民间广为流传。在传承过程中，剑文化的范畴不断扩大，为社会各阶层所追捧。剑被君王赋予权力的象征，被文人墨客赋予文化的色彩，被一些艺术家当成抒情明志的工具。剑在宫廷、诗词等多个领域中都有体现，《史记·太史公自序》载："非信廉仁勇不能传兵论剑，与道同符，内可以治身，外可以应变，君子比德焉。"[2] 这可以说明，当时的剑文化已经发展到一种精神层面，被当时的文人所追捧。

通过剑的历史背景，可以认为剑最初是作为生活工具为雏形，为人们的生活服务；慢慢演变为部落、国家之间斗争的武器，在兼并战争中成为击杀的工具；退出战场以后，剑自身悠久的文化、精致的造型、便于携带等特点，使其

---

[1] 茅元仪. 武备志 [M]. 北京：中华书局，2006：104.
[2] 司马迁. 史记 [M]. 北京：中华书局，2011：765.

在社会的各个领域深受追捧。并与书画、舞蹈、文化相结合,不断扩大文化内涵,满足了人们的精神需求。

二、出土先秦古剑

剑在我国有悠久的历史,源远流长,最早可以追溯到新石器时代。在出土实物中,有用细长的石薄片嵌入兽骨两侧的"石刃骨剑"①。在山东出土有龙山文化时期的青石剑,形制与匕首相似,有剑柄、剑脊、锋刃,长约200毫米,宽约30毫米。② 这是剑最初的雏形,显然石质剑和骨质剑的发明,是为了方便古人狩猎、切割食物,与恶劣的自然环境相斗争,剑最初扮演着生产生活工具的角色。

我国最早出土的青铜器始于夏朝,夏朝已经具备了铸造青铜剑的条件,但现今没有实物出土。现藏于南京博物馆,江苏邳县大墩子遗址出土的一柄玉石质地的商代短剑,剑长210毫米,剑刃锋利,制作精美,可用于自卫防身。用剑作为陪葬品在我国先秦时代南方墓葬中屡见不鲜,正是因为古代江南地区人们对剑器的喜爱,使得一部分青铜剑在黄土中保存下来;2014年江苏高邮市发现商周时代的青铜古剑,剑的构造分为剑身和剑茎两个部分,长26厘米,造型精致,顶端有小孔,可以用作装饰和自卫防身。商周距今3000多年,青铜剑也是发于此时,受当时铸造工艺的限制,此时期的剑长度相对较短,相当于现代的匕首。

春秋战国时期,随着战争的需要,剑成为近身格斗的主要兵器。铸剑技术进一步发展,此时剑的长度也得以增加。改革开放后,我国陆续出土先秦古剑,其中最耀眼瞩目的是1965年出土的越王勾践剑。越王勾践剑是在楚国墓葬中发现,剑长557毫米,宽46毫米,柄长84毫米,重875克。有中脊,两从刃锋利,前锋曲弧内凹,剑身经过硫化处理,增加血槽,提高了兵器的杀伤力。该剑虽然在地下掩埋两千多年,依然锋利无比。在出土时曾一剑划破百张宣纸,惊艳一时。后曾在海内外展出,代表了中国古代高超的铸造工艺。与越王勾践剑一起出土的还有一柄宝剑,形制和铸造工艺与勾践剑相似,剑上镶嵌有蓝色琉璃及绿宝石,至今保存完好,经鉴定属于战国时期的吴越宝剑。

---

① 蔡龙云. 琴剑楼武术文集 [M]. 北京:人民体育出版社,2007:215.
② 孙敬明. 先秦时期潍溜流域的兵器 [N]. 中国文物报,1989-06-23.

与越王勾践剑同时期的还有吴王剑，吴王剑剑身宽阔，剑首向外翻卷作圆饼形，内为空心。剑身铸有10个字的铭文："攻吴王夫差自作其元用。"越王勾践剑和吴王剑距今两千五百多年，仍然保持锋利，光洁如新；我国至今一共发现了九柄越王州句剑，其中有一柄用复合金属技术铸造。剑体上都铸有"越王州句自作用剑"的文字。州句是勾践之孙，在越国消灭吴国后，越国实力大增，向北与中原各国争霸。根据州句剑出土的数量和铸造技术判断，很有可能越王州句曾命人成批量铸造刻带有自己名字的剑器。

越国最后被楚国所灭，楚国吸收了吴越的铸剑技术和重剑的风气，在许多的楚国墓葬中，都用剑器作为陪葬品。现收藏于洛阳龙门博物馆的楚国青铜剑，斜从厚格式，附剑鞘，剑身宽长厚重，剑身布满菱形纹饰，造型优美，整个剑身采用曲线设计，由剑柄处向前逐渐变窄。更加值得一提的是剑鞘至今保存完整，由两块薄木片黏合而成，并在鞘外等距离缠缚丝线，外面涂有黑漆，这是研究春秋时期剑鞘珍贵的标本。

1976年，长沙长杨六十五号墓出土一柄春秋晚期的铁质钢剑，也是我国考古发现的第一柄铁质剑。因在长杨出土命名为长杨剑，长杨剑属于短剑，剑长384毫米，茎长78毫米，身长306毫米。[①] 虽然在形质上与青铜剑相似，但铸造工艺上是一个巨大的跨越，说明我国在春秋晚期就已经掌握了冶铁技术。新中国建立后出土的古剑信息，见表5-1。

表5-1　出土先秦吴越剑列举[②]

出土时间	出土地点	出土件数	长度（cm）	所属	资料来源
1959	安徽淮南蔡家岗	1	36.4	诸樊	郭沫若：《跋江陵与寿县出土铜器群》（《考古》1963年第4期）
1964	山西原平峙峪	1	50.7	阖闾	《集成》11620、戴遵德：《原平峙峪出土的东周铜器》（《文物》1972年第4期）

[①] 于志钧.中国传统武术史[M].北京：中国人民大学出版社，2006：237
[②] 杨彦鹏.战国秦汉剑的凡俗化研究[D].兰州：西北师范大学，2014：4.

续表

出土时间	出土地点	出土件数	长度（cm）	所属	资料来源
1965	湖北江陵望山	1	56.6	勾践	《集成》11621、《湖北江陵三座楚墓出土大批重要文物》（《文物》1966年第5期）
1973	湖北江陵滕	1	56.2	朱句	《集成》11625、《湖北江陵滕店一号墓发掘简报》（《文物》1973年第9期）
1974	安徽庐江	1	54（稍残）	阖闾	《集成》11636、马道阔《安徽庐江发现吴王光剑》（《文物》1986年第2期）
1976	湖北襄阳蔡坡	1	37（残）	夫差	《集成》11637、《襄阳蔡坡十二号墓出土吴王夫差剑》（《文物》1976年第11期）
1976	河南辉县	1	59.1	夫差	《集成》11639、崔墨林《河南辉县发现《吴王夫差铜剑》》（《文物》1976年第11期）
1977	湖南益阳赫山庙	1	58	朱句	《集成》11631
1978	安徽南陵	1	50	阖闾	《集成》16666、刘平生《安徽南陵县发现吴王光剑》（《文物》1982年第5期）
1979	河南淮阳平粮台	1			《集成》11649、李学勤《东周与秦代文明》，上海人民出版社2007年11月版122页
1983	山东沂水	1	33（残）		《集成》11665
1985	山西榆社三角	1	45.2		晋华：《山西榆社出土一件吴王发剑》（《文物》1990年第2期）
1987	安徽安庆	1	64	盲姑	曹锦炎：《新见越王兵器及其相关问题》（《文物》2000年第1期）

在历史的长河中，很多史书上记载的先秦宝剑已经消失踪迹，但随着考古工作的推进和研究技术的不断发展，相信我们能够逐渐了解古人的智慧。先秦时期铸剑工艺高超，剑注重战场击杀，锋利无比，而且在剑身纹饰造型上各有风格，是上层人士的重要配饰。这一时期出现了名剑众多，如"越王八剑""定光剑""干将""莫邪"等，也由此出现了很多铸剑、相剑、剑术的故事。如"庄子说剑""越女论剑"等。《庄子》外篇中关于古人对宝剑的喜爱有这样的描述："柙而藏之，不敢用也，宝之至也。"[1] 此时也出现了一批铸剑名师，干将、莫邪、欧冶子等吴越工匠，都被奉为铸剑师祖。剑的广泛使用也使相剑行业应运而生，此时出现的薛烛、风湖子和鲁国的季孙子等相剑名家，都具有深厚的造剑知识和丰富的相剑经验。《阖闾内传第四·阖闾三年》有对风胡子相剑有这样的记载：楚昭王醒来后发现床前无故出现一柄宝剑，楚昭王觉得奇怪，便命人找来风胡子，询问宝剑的出处，风湖子观看宝剑的纹饰后说："此谓湛卢之剑。……故去无道以就有道。今吴王无道，杀君谋楚，故湛卢入楚。"[2] 由文章可以看出此时的相剑之术已经非常高超，不仅可以通过剑的外部观察剑的材质，还能探究宝剑内在的本质，通过对剑的观察达到预测事物发展方向的境界。

现出土的先秦古剑，大多在历史的变迁中锈迹斑斑，但仍旧闪烁着古人的智慧，闪烁着江南剑文化的历史和辉煌。不仅是研究标本，更是宝贵的民族文化遗产。加强对出土先秦古剑的研究，能够更好地去挖掘古人的冶炼技术，对研究武术文化具有积极作用。

三、古代江南剑器

古代江南地区吴、越两国的铸剑水平，一直领先于北方诸国。吴国的都城在今苏州，苏州的虎丘园林据考证就是吴王阖闾的墓地所在，相传吴王夫差曾以三千利剑作为阖闾的陪葬品，秦王统一六国后为了得到干将所铸的利剑，曾派军队进行挖掘。在虎丘的东南方就是虎丘剑池，据说是吴国铸剑之所，剑池旁的试剑石，好似在向世人展示昔日吴国铸剑的辉煌。浙江龙泉在春秋战国时期属于越国，相传铸剑师欧冶子曾在此开山铸剑，几千年来龙泉宝剑一直是人们追求的利器，现今龙泉依旧有许多铸剑师，龙泉剑也远销海内外。《考工记》

---

[1] 郭庆藩. 新编诸子集成[M]. 北京：中华书局，2002：544.
[2] 赵晔. 二十五史吴越春秋[M]. 济南：齐鲁书社，2000：46.

载:"吴粤之剑,迁乎其地而弗能为良,地气然也。"① 也说明了吴越地域内有丰富的资源,是铸剑的绝佳之所。加之优异的制剑传统工艺,使吴越宝剑流传千古。在《淮南子》称赞:"夫宋画吴冶……尧、舜之圣不能及。"② 认为吴国的铸剑技术是天下一绝。史书中关于春秋战国时期吴越宝剑的记载,见表5-2:

表5-2 史籍和传说中的吴越宝剑③

剑名	异写	别称	属主	出处
干将		吴干	吴王阖闾	《荀子·性恶》《战国策·赵策三》《吕氏春秋·疑似》
莫邪	镆铘 镆邪 莫耶		吴王阖闾	《太平御览》卷三四四引《墨子》《荀子·性恶》《庄子·大宗师》《庄子·庚桑楚》《淮南子·说山训》《说文》《广雅·释器》《盐铁论·论勇》
鉅阙	巨阙		越王允常 吴王阖闾	《荀子·性恶》《新序·干事》《太平御览》卷三四三引《吴越春秋》
辟闾			吴王阖闾	《荀子·性恶》《新序·干事》
时耗			吴王阖闾	《越绝书·外地·吴地传》
纯钧	淳均 淳钧 淳钩 纯钩 醇钩		越王允常	《淮南子·览冥训》《淮南子·齐俗训》《淮南子·修务训》《广雅·释器》《太平御览》卷三四三引《吴越春秋》
湛卢			越王允常 吴王阖闾	《太平御览》卷三四三引《吴越春秋》《吴越春秋·阖闾内传》
豪曹		盘(盘)郢	越王允常 吴王阖闾	《太平御览》卷三四三引《吴越春秋》《吴越春秋·阖闾内传》
鱼肠	鱼腹		越王允常 吴王阖闾	《淮南子·修务训》《太平御览》卷三四三引《吴越春秋》《吴越春秋·阖闾内传》

---

① 闻人军. 考工记[M]. 上海:上海古籍出版社,2008:44.
② 张双棣. 淮南子校释[M]. 北京:北京大学出版社,2013:96.
③ 钟少异. 古剑的历史和传说[M]. 北京:生活·读书·新知三联书店,2003:47.

续表

剑名	异写	别称	属主	出处
属镂	独鹿 属娄 属鹿 属卢		吴王夫差	《左传·哀公十一年》《史记·吴太伯世家》《荀子·成相》《古文苑》卷四扬雄《太玄赋》《吴越春秋·勾践伐吴外传》《广雅·释器》
步光		越王允常 越王勾践 吴王夫差		《史记·仲尼弟子列传》
干队	干遂 干隧			《广雅·释器》《吕氏春秋·之分》《淮南子·道应训》

通过图表可以看出，古代江南名剑多为吴越两国君王所有，在《越绝书》中载："昔者越王勾践有宝剑五，闻于天下。"①《荀子·性恶》记说："阖闾之干将、莫邪、巨阙、辟闾，此皆古之良剑也。"② 吴越两国以利剑闻名于春秋战国时期，两国的君主寻名匠为自己铸造利剑自然是合乎常理，干将、莫邪就是为楚王所铸的剑，欧冶子曾奉越王之命到江南寻地铸剑，史书记载吴王阖闾和越王允常都是十分爱剑之人。有关干将和莫邪剑的记载和传说众多，《吴越春秋·阖闾内传》记载："干将者，吴人也，与欧冶子同师，俱能为剑。……阳曰干将，阴曰莫邪。"③ 铸成后鲁国季孙访问吴国时看到莫邪剑就预见"剑成而吴霸"，可见剑在当时的影响力；与干将同时期的欧冶子也是我国古代铸剑名师，现今很多匠人奉他为始祖，相传欧冶子在铸剑时，"赤堇之山破而出锡，若耶之溪涸而出铜……一曰湛庐，二曰纯钧，三曰胜邪，四曰鱼肠，五曰巨阙"。被誉为"五金之英"的湛卢剑，历代都对它推崇备至。关于湛卢剑的神奇传说，在汉袁康的《越绝书》、东晋的《拾遗记》以及明末冯梦龙的《东周列国志》等古籍均有记载。湛卢可以"出之有神、服之有威，可以折冲拒敌"。杜甫有"朝士兼戎服，君王按湛卢"的诗句，湛卢已经成为古代利剑的代表。钜阙剑，因能"穿铜釜，绝铁粝，胥中决如粢米，故曰巨阙"。剑坚硬无比有"天下至尊"

---

① 袁康，吴平辑. 越绝书全译[M]. 贵阳：贵州人民出版社，2016：264.
② 王先谦. 荀子集解[M]. 济南：山东友谊书社，1988：291.
③ 赵晔. 二十五史吴越春秋[M]. 济南：齐鲁书社，2000：78.

的称号。鱼肠剑属短剑，《越绝书·外传·记宝剑》载：阖闾以鱼肠之剑刺吴王僚，鱼肠刺穿了吴王僚的三层铠甲，将吴王刺死，足见剑的锋利。鱼肠剑属于钢剑，在春秋战国时期自然领先于青铜剑器。与青铜器相比，铁器更容易腐蚀，所以至今都没有出土到完整的元代以前的铁剑。诸如此类的记载众多，由于江南众多名剑都消逝在历史的长河里，我们只有借助少许的出土实物和史书资料来了解。

四、当代剑器

当代的龙泉剑是在吸收古代江南铸剑术的基础上发展而来的，至今已有两千多年的历史。相传在春秋时期楚王请铸剑名师欧冶子铸造利剑，以争夺霸主，欧冶子走遍名山大川四处寻找适合铸剑的地方，寻找到龙泉秦溪山麓，发现山境内有丰蕴的铸剑材料，除了矿属以外，还有适合打磨宝剑的石头，因打磨出来的宝剑会闪闪发亮，故称为"亮石"。对此《周礼·考工记》有记载："吴粤（越）之金、锡，此材之美者也。"[1] 山内有七眼泉水，呈北斗七星排布，寒气逼人，利于淬火能增强剑的刚度。铁英、"亮石"、寒泉是铸造宝剑的三大必备条件，因此龙泉属于铸剑的绝佳之所，欧冶子遂在此定居铸剑，开启了龙泉铸剑的历史。臧励和主编的《中国名人大辞典》内有对描写："欧冶子善铸剑，越王聘之作五剑。"其中湛卢、鱼肠、巨阙在史文中均有记载。这些都是古代的名剑，此后龙泉名剑辈出，被统称为龙渊剑，至唐代因避唐高宗李渊名讳，改名为龙泉，一直沿用至今。

在冷兵器纵横战场的年代，龙泉剑是封建王朝统治者追求的利器。是侠士剑客生命的依托，又是文人墨客抒情咏志的对象。三国时，曹植就有"美玉生磬石、宝剑出龙渊"的诗句。可见在三国时期龙泉剑就已经代表我国铸剑的最高水平，被世人所追崇；到唐代更成了文人墨客的配饰，唐代"诗仙"李白有"宁知草间人，腰下有龙泉"的诗句；一直延续到今天，龙泉剑已经渗透在社会之中，成了中国传统工艺的代表，经常作为赠品送给建交国家和外国友人，龙泉宝剑的锻制技艺列为国家级非物质文化遗产名录。

龙泉剑几千年来一直代表我国的铸剑工艺，除了浙江得天独厚的地理条件外，还依靠历代匠人对铸造工艺的精益求精、改革创新。唐朝诗人郭震深感龙

---

[1] 郑玄注. 周礼注疏［M］. 上海：上海古籍出版社，2010：1527.

泉宝剑铸造工艺精湛，在其诗《宝剑篇》中有"君不见昆吾铁冶飞炎烟，红光紫气俱赫然……虽复尘埋无所用，犹能夜夜气冲天"之语这首诗从铸造流程、工艺、特色、作用等多个方面生动地描写了龙泉宝剑的艺术特色，可见在唐代，龙泉剑就已经有了十分成熟的铸造体系，以锋利、坚固、纹饰精美闻名于世；在机器化生产普遍性的今天，龙泉宝剑仍然沿袭传统手工工艺制作，在制作上采用千锤百炼的手工热锻、冷锻方法，宝剑从原料到铸成一共需要经历三百多道工序，反复的加工保证了每一柄剑的质量。在剑鞘的制作和设计上，根据剑的主体和制作思想来设计，造型优美又独具韵味。同时与现代科技相结合，在继承发扬中国传统文化的同时，根植于社会主义精神文明建设浪潮，改利刃为精制，弃击杀而崇健身。

当代剑器在形制上已经趋于定型，分为剑首、剑柄、剑匣、剑身和剑鞘。剑长短不一，根据定制者的身高要求来铸造，多用为健身表演。为增加表演效果，改绳套为剑穗，剑重量较轻，剑身柔韧性好，能够击刺出声音。在剑身设计上去掉了血槽，剑刃多不开锋，剑身韧度较好；虽然当代剑已经失去了防身自卫、击刺杀敌的意义，但依然有着多方面的用途和功能。剑以其精美的形制具有极高的观赏性，高超的铸造艺术使剑具有很大的收藏价值。我国古代就有很多文人墨客、君王将领收藏宝剑，《庄子》中有描绘："夫有干越之剑者，押而藏之，不敢用也，宝之至也"[1]，足见古人对宝剑的喜爱；剑文化与道教文化相结合，剑被赋予了神话的色彩，成为驱邪逐怪的工具，现在我国很多地方的民宅中都挂有"镇宅"宝剑；当代剑器数量最多，使用最广的当属用于剑术表演和健身，表演剑简单大气，现代武术教程中已经对剑的长短和重量做了详细的规定。太极剑等武术套路的编创和推广，使剑成为当代最高雅的健身器械之一；我国古代剑器经常充当权杖和地位的象征，当代剑器也常常被赋予象征意义，比如军队中的指挥剑，首脑用剑、礼品剑等。2008年北京奥运会的指定国际礼品就是棠溪宝剑，[2] 这与剑文化中的传统地位是密不可分的；中国传统剑文化仍然以其独特的魅力影响着新世纪的人们，中国宝剑在亚洲剑系中已形成一道独特的文化，正在以高昂的姿态走向世界。

---

[1] 陈鼓应. 庄子今注今译 [M]. 北京：中华书局，1983：415.
[2] 让棠溪剑文化光耀神州 [N]. 天中晚报，2005-11-25 (03).

五、剑器材质论

商代中期，中原青铜冶炼技术传入吴国，吴越地理相依，交往频繁，所以青铜冶炼技术也很快传入越国。因地域矿产优势和吴越人民长期的学习积累，吴越铸剑技术很快达到当时的领先水平。顾颉刚在《吴越兵器》中认为，我国古代剑是在春秋时期发源于吴越。① 战争的频发和社会的发展也推动了兵器的研制，早期吴越的铸剑术以青铜为主要材料，青铜器相比原本的木材石器已经有了很大的进步。具体表现在具有较强的战场击杀能力，剑的合金冶铸、形制、外镀花纹、淬炼等方面在当时都已达到相当高的工艺水平。

吴越铸剑理论上，《荀子》载："形范正，金锡美，工治巧，活齐得，剖型而莫邪已。"② 分别从铸造的流程、材质的选择、铸造的工艺、熔铸的火候以及后期的加工打磨五个方面进行了归纳。《考工记》载："天有时，地有气，材有美，工有巧。合此四者，然后可以为良。"③ 这是从天时、节气、材质、锻造四个基本条件，归纳铸造剑的基本原则。

吴越地区在先秦时期乃是重要的铜、锡开采冶炼场所，郭沫若先生《青铜时代》中证明了江淮流域下游是春秋战国时代铜和锡的产地。④ 聪慧的吴越人民，利用铜和锡各自的特质，制造出了兼具硬度和韧度的剑，为吴越剑文化的繁荣奠定了物质基础。吴越铸剑采用两种铜、锡含量不同合金制造而成，这种复合剑的材料以铜为主，通过控制锡量的混入情况，达到同时兼顾硬度和韧性两个方面的要求，青铜的机械性能取决于合金的成分和组织。⑤ 一般情况下含锡量较高的长剑，硬度好但韧性差，使用时容易折断。而含锡量较低的铜剑，韧性好而硬度差，不适用于战场砍杀。早期的工匠们很好地利用了这一点，通过将剑的不同部位采用含锡量迥异的材料铸造，在砍杀频繁的刃部使用含锡量多的原料，使其有较大的强度和硬度。在容易折断的脊部采用含锡量少的铜，使其有较好的塑性，最后铸接成一个整体。通过两者合理结合制出的青铜剑刚

---

① 顾颉刚．吴越兵器[M]．北京：中华书局，1963：164．
② 陈鼓应．庄子今注今译[M]．北京：中华书局，1983：399．
③ 闻人军．考工记[M]．上海：上海古籍出版社，2008：55．
④ 郭沫若．青铜时代[M]．北京：人民出版社，1954：367．
⑤ 廉海萍，谭德睿．东周青铜复合剑制作技术研究[J]．文物保护与考古科学，2002（12）：328．

柔并济，使用性能得到较大的改进和提高。1965年湖北楚墓出土的越王勾践剑，经检测研究，在制作工艺上就是典型的复合剑。剑脊铜的含量较多，韧性好，不易折断；刃部锡的含量多，硬度大，便于刺杀。高超的铸造技术，也使越王勾践剑成为吴越宝剑的代表。

我国最早使用铁铸造剑器使用的是生铁。江苏省六合县程桥镇东周墓出土的铁条和铁丸，经过鉴定其年代在春秋晚期，这可以证明在春秋晚期吴越地区就已经掌握了冶铁技术。在《左传》昭公二十九年中记述了最早有关铁的记录。根据不完全的统计，已出土的战国初期的32件铁器中，就有20件是生铁铸件。[1] 足以说明生铁铸造在春秋时期已经开始使用。

生铁质脆坚硬的特点，使我国春秋时期的工匠们面临了将生铁柔化的难题，古人们运用铸铁件的可锻化热处理和对铸铁进行脱碳处理两种方法，对铁进行柔化。处理后的柔化铁，在韧度上强于生铁，钢铁柔化技术对于促进我国古代社会生产力的发展，兵器的演进，有着不可忽视的作用。湖南长沙出土的战国铁镭，铸作精细，保存完好，几乎全未锈蚀，是一件罕见的古代铁器，经鉴定使用的就是钢铁柔化技术。

战国中后期，在封建制替代了奴隶制的社会背景下，由于社会大变革和战争的需要，社会生产规模和生产技术得以快速的扩大和发展。这一时期也创造出了渗碳制钢技术。较成铁太软、铸铁柔化强度弱和耐冲击差，渗碳制钢技术使剑在强度和韧度上都得以快速的提升。西汉刘胜墓出土的佩剑、钢剑和书刀，都是用渗碳制钢技术铸造。[2] 汉代鼓风技术的发明，提高了燃烧效率，促进了锻造冶炼技术的提高，从汉代遗留下来的画像上可以大概看出石锻铁鼓风机的构造，汉代鼓风机分为水排、步冶、马排三种，分别用水力、人力、畜力作为动力。鼓风技术的提高，也推动了我国古代钢铁冶炼技术的又一大发明，脱碳制钢技术。东汉《太平经》中载："使工师击治石，求其中铁，烧治之，使成水，乃后使良工万锻之，乃成莫邪。"虽然没有记载具体制作工艺，但明确说明了将生铁锻炼成熟铁。河南巩县铁生沟汉代冶铁遗址残存炒炼熟铁的地炉、河南方城也曾发现六座汉代地炉式炒钢炉，[3] 都是我国汉代就已经掌握脱碳制钢

---

[1] 华觉明. 中国古代钢铁冶炼技术 [J]. 金属学报, 1976 (3): 8.
[2] 李众. 中国封建社会前期钢铁冶炼技术发展的探讨 [J]. 考古学报, 1975 (2): 1.
[3] 赵国璧. 河南巩县铁生沟汉代冶铁遗址的发掘 [J]. 考古, 1960 (5): 11.

技术应用的证明。

到东汉时期，出现了"百炼钢"技术，这种技术是通过反复的锻打，使组织更加均匀细化，性能显著提高。东汉《论衡·率性篇》载："试取东下直一金之剑，更熟锻炼，足其火，齐其话，犹千金之剑也。"说的就是"百炼钢"的锻造流程。三国曹王所著《典论》载："选兹良金，命彼国工，精而炼之，至于百辟，以为三剑。"可见在东汉时期"百炼钢"就已经被运用，影响深远；史书上对东汉时期出现的"百炼钢"技术有详细的记载。[①] 北宋《梦溪笔谈》中也记述了"百炼钢"的锻造过程。一直到清末，我国始终沿用这种工艺。清代魏源《海国图志》载："至熟铁则不可铸而但可打造，其打造之法……"其中说的就是"百炼钢"，可见"百炼钢"在我国铸造历史上的深远影响，在冷兵器对抗的时代，代表着中国刀剑工艺的最高水准。与百炼钢锻造工艺相像的"花纹钢"是我国宝剑铸造的艺术特色，就是通过将不同的铁质放在一起熔炼，反复锻打去除杂质。由于不同铁质的成分有差异，在融合后会在钢的表面形成不同的纹路，古人会根据纹路的走向判定剑器的好坏，这属于我国独有的铸造工艺。

在古人的不断创造下，元代后衍生了我国独有的制钢技术——灌钢，制作原理是在高温下将熔融生铁渗淋、灌注和擦人熟铁块或片的表层，利用碳原子的扩散，降低生铁含碳量，提高熟铁含碳量，再经锻打成钢。利用"灌钢术"打造的钢，在韧度和硬度上都有较大的提升，是制作兵器的绝佳材料。《北史》载："怀文造宿铁刀，其法烧生铁精，以重柔挺，数宿则成刚。"这也是最早关于灌钢技术制作方法的记载，灌钢技术一直到近代都被广泛使用，直到剑的军事符号弱化，被中碳钢取代；现代剑的铸造多用中碳钢，通过淬火工艺，使宝剑剑身柔韧而又弹性，以达到刚柔并济的工艺特色，符合健身锻炼的要求，也避免了受伤的可能性。长久以来我国铸剑术和冶铁技术的发展相辅相成，冶铁技术的繁荣为铸剑选材提供了沃土，兵器的研制推动了冶铁术的发展。在我国历史的长河中，江南剑器已经留下了浓厚的一笔。

六、剑形论

在远古社会，人们用石器和兽骨制作成剑的雏形，方便生活和狩猎。夏朝人开始运用青铜制器，在西周早中期的铸剑术处于萌芽阶段，剑的形制比较简

---

① 刑金善. 中国传统剑文化考论 [J]. 南方文物, 2010 (3): 7.

单,没有统一的规格,剑长300毫米左右,剑身还没有血槽和脊,主要用于随身携带和防身自卫。青铜质脆,为了加强剑的对抗性,商周时期青铜剑长度较短、宽厚笨重。广西出土的云纹扁茎青铜匕首,长度仅为309毫米,也证实了商周时期用青铜铸造短剑。铸剑工艺经历了不断的尝试、演进后,到了春秋早期之际,江南铸剑术趋于成熟,已经形成了自己独特的风格和制作规范,春秋初期以车战为主,此时剑在战场上的地位低于同期的长戟,应用方式主要为近身格斗,吴越地区以水战为主,在船舟上挟剑对战更为方便。由于铸造工艺提高,此时的剑器长度增加到400毫米以上,剑首统一为圆盘形,剑身前部开始铸成凹弧线形,由剑柄向剑尖铸剑变窄,同时增加凸脊增强剑的抗震性能。

到达春秋中后期,江南剑的制作和青铜冶炼达到巅峰,具体表现在剑的长度得以进一步增加,1965年在湖北江陵望山一号墓出土的越王勾践剑,剑长达到了557毫米,同时期的越王州句剑长591毫米,在剑的纹饰和镶嵌工艺上也非常精良。此时的剑器不仅实用性强,而且非常美观,有很高的收藏价值。吴越铸剑中的剑首同心圆、菱形纹饰、青铜复合剑被考古界称为"吴越青铜兵器三绝"。战国后期,冶铁技术得到发展,发明了锻造和渗碳的制钢(碳素钢)技术,铜合金也更加精良,兵器由铜制变为钢制。相比青铜的易断,钢铁坚硬而有韧性,使兵器更锋利而不易折断,增加了剑的长度同时使兵器制作得更加轻便灵活,拓宽了兵器的使用方法。同时在剑身加上血槽,以增加剑的杀伤力。

《史记·刺客列传》对荆轲刺秦王有这样一段记载:秦王"拔剑,剑长,操其室。时惶恐,剑尖,故不可立拔"。群臣提醒:"王负剑!负剑,遂拔以击荆轲,断其右股。"[①] 以及《文选·吴都赋》注:"秦零凌令上书曰:'陛下以神武,扶揄长剑以自救。'"[②] 都可以成为当时长剑的佐证。通过荆轲刺秦王我们可以看出当时长剑和短剑并存,剑器的发展呈现出多样化的趋势。荆轲之所以选择短剑行刺,其原因在于短兵容易隐藏,能够出其不意攻其不备。秦王佩戴长剑,可见长剑在当时的社会应用性强,是主要的防身武器。秦国在崤山以西之外,今陕西大部,山西、甘肃、河南部分,距吴越之地较远,相信各国在铸剑工艺及形制上都有自己的特点,不能以偏概全、一概而论。

与青铜剑相比,铁制剑无疑是更为先进的冷兵器,铁的出现,摆脱了青铜

---

① 司马迁. 史记 [M]. 北京:中华书局,2011:567.
② 萧统. 文选 [M]. 上海:上海古籍出版社,1986:22.

铸造原有的束缚，剑的长度进一步增加，形状上也发生了重大变革。汉代，剑的长度超过一米，剑刃由弧曲伸成平直，在剑身与柄之间加了一个横出的护手；为了方便长剑的操作，将剑柄包木，加粗；剑首改圆盘为扁形或圆环。① 剑形发展到明清时期就趋于定型，形制和结构与现代剑器基本无异，长度在一米左右。现代剑在形制上分为剑柄、剑身和剑鞘三个部分，剑柄包括茎、格、首、缑、缰、穗，剑身包括锋、脊、从、锷、腊。现代武术竞赛已经对剑器长度做了明确的规定，1991年武术竞赛规则规定剑的长度为运动员反手直臂垂肘持剑时，剑尖不得低于本人耳上端。② 1996年武术竞赛规则规定将剑分为8个型号，对剑的长度、重量做了更加细致的规定。③ 在规定条件允许下，参赛运动员可以根据个人情况来选定剑的长度和重量，促进了剑术竞赛发展的规范化。

第五节　江南剑术论略

一、从《越女论剑》透视先秦剑术

周王朝的分封制在春秋初期土崩瓦解，周天子反而要依附于强大的诸侯，各诸侯国为了扩大势力开始了频繁的兼并战争。仅鲁史《春秋》中记载的兼并战争就多达480余次，此时的大国主要有晋、秦、齐、燕、楚、吴、越。吴越两国相互攻伐，是积怨很深的两个政权，但自古以来两地语言相通，习俗相同，交往频繁。《吕氏春秋》记载："夫吴之与越也，接土邻境，习俗同，言语通，我得其地能处之。"④ 吴王阖闾在今天的苏州建立都城，任用伍子胥和孙武攻破楚国都城，为其儿子吴王夫差成为春秋五霸之一打下基础。阖闾的儿子夫差不顾国家连年征战空虚，与齐国和晋国争霸成功，但却忽视了边界上的越国，并令伍子胥自杀，被越王勾践乘虚而入。战国早期，公元前473年，夫差兵败而

---

① 于志钧. 中国传统武术史［M］. 北京：中国人民大学出版社，2006.92.
② 中华人民共和国国家体育运动委员会审定. 1991武术套路竞赛规则［M］. 北京：人民体育出版社，1991：57.
③ 中华人民共和国国家体育运动委员会审定. 1996武术套路竞赛规则［M］. 北京：人民体育出版社，1996：134.
④ 韩格平. 吕氏春秋［M］. 哈尔滨：黑龙江出版社，2003：452.

逃，被围困在余杭山（今天苏州南阳山），向勾践求和，勾践不准，夫差自杀，吴国被越国所灭，在吞并了吴国的土地之后，越国实力大增，成为南方大国，称霸一时。越王北上与当时中原国家会盟，雄视江淮地区，勾践也被称为春秋五霸之一。至战国时期，越国被楚国所灭，南方吴越文明就此被楚国取代，楚国也成为战国时期疆域最广的国家。楚国汲取了当时吴越的铸剑之术，以利剑闻名于七国之中，此时的剑术发展是战争的需要。《淮南子·氾论》载："古之兵，弓剑而已矣，槽矛无击，侑戟无刺。"对剑器的使用早已有了认识。

"越女论剑"记载于《吴越春秋·勾践阴谋外传》，讲述在春秋时期，越国有女子善于剑术，越王勾践在败于吴王夫差后，立志图强，差人去询问越女剑法的奥妙。具体内容为："其道甚微而易，其意甚幽而深……布形气候，与神俱往。杳之若日，偏如腾虎。追形逐日，光若仿佛。呼吸往来，不及法禁。纵横顺逆，直复不闻。斯道者，一人当百，百人当万。王欲试之，其验即见。"[1] 越女论剑的主要技击思想以"阴阳理论"为指导。关于阴阳的解释，《易传》记载："始分阴阳，迭用柔刚"，这是一种对立统一的观点。《系辞》载："一阴一阳之谓道"，认为每个事物都处于运动变化之中并有着自己的发展规律，是一种螺旋式的上升。[2] 由此我们可以看出，先秦剑术与先秦传统文化相结合，不但要求攻守兼备，后发制人，高度概括了技击方法；在指导思想上运用阴阳变化的规律，并将思想运用到手战之中。本章不讨论"越女论剑"是否属于真实历史事件，但从越女论剑可以透视出吴越当时剑术盛行，且技术高超，有一定的理论和实践基础。

《吴越春秋》是由汉代的赵晔编著，是研究先秦剑术的重要史学资料。《中国武术史》认为："越女论剑所记载的剑术理论，带着几分神秘色彩与夸张笔调，但其总的精神阐明剑术的基本原理，强调先静后动，静中求动，动静结合。用阴阳开合来进退攻守，即高度灵活敏捷，而又从容镇静，从而高度概括了斗剑经验。"[3] 同时期的剑术理论《庄子·说剑》中有这样的描述："夫为剑者，示之以虚，开之以利，后之以发，先之以至。"[4] 认为剑术要讲求虚实的变换，

---

[1] 赵晔. 吴越春秋[M]. 南京：江苏古籍出版社，1999：148-149.
[2] 温力. 中国武术概论[M]. 北京：人民体育出版社，2005：97.
[3] 国家体委武术研究院编纂. 中国武术史[M]. 北京：人民体育出版社，1977：37-38.
[4] 庄周. 庄子[M]. 北京：中国纺织出版社，2007：363.

后发制人，与《越女论剑》有异曲同工之妙。

先秦剑术以吴越地区最为高超，吴越地区河流交错，多以近身水战为主，加以剽悍的民风、卓越的铸剑水平，都为吴越剑术的发展提供了坚实的基础和丰厚的资源。"越女论剑"以女性为题材，可以说明先秦时期吴越地区剑术盛行，男女都参与练习，否则赵晔也不会凭空用女性题材。吴越地区对剑的崇拜，也推动了剑术的发展。《越绝书》中记载了一段晋国和郑国围攻楚国，楚王携泰阿剑作战的故事，文中将剑赋予了神秘的力量，也增添了人们对宝剑和剑术的向往；先秦剑术高超，已经有了完整丰富的技击理论，同时已经开始将剑术与传统文化相结合，剑术的影响力已经超越了自身范围。

二、从《汉书》中《剑道》三十八篇发掘秦汉剑道

《汉书·艺文志》记载，有《剑道》三十八篇，虽然到现今都已经失传了，但我们然后可以从其他史书资料去佐证它。秦王朝统一六国之前，为了与中原各国争夺霸主，积极发展军事武艺，此时的战争已经由车战转为步兵战，剑是近身格斗的主要武器，楚国因兼并了越国吸收了吴越的铸剑术和剑法，实力大增。秦国因担心楚之利剑，不敢轻易发动战争。《史记·范雎蔡泽列传》中秦昭王对秦相范雎描述楚国铁剑的性能说："吾闻楚之铁剑利而倡优拙，夫铁剑利则士勇。"[1] 可以证实先秦时期剑器在战争中的重要地位；秦国在经历商鞅变法后，逐渐强大起来，同时派遣人员去吴越之地学习铸剑和剑法，在冷兵器为主要对战工具的战争时代，高超的铸剑术和技击方法是每个诸侯国所觊觎的。

来自同一时期的《庄子·说剑》是一个预言故事，内容大致为："赵文王喜爱剑术，经常召集剑客比剑，死伤无数。庄子受太子所托去劝服文王，以三乘剑术理论说服，文王放弃观看击剑比赛。"由《庄子·说剑》可以得出结论：第一，当时剑术非常盛行，受统治阶级追捧，民众练习者众多。第二，剑术水平高超，已经有了击剑的理论总结和评价标准，里面记载了三乘剑术，是当时剑术水平的总结文献，对后来剑术的发展影响深远，后世论剑术的高低，都常以上、中、下三乘表示。先秦剑术的盛行，与当时社会的战争动乱背景，有直接的关系，此时的剑术的主要功能是击杀，为战争服务。

秦王朝通过战争兼并六国以后，建立了统一的中央集权国家。为了防止民

---

[1] 司马迁. 史记[M]. 北京：中华书局，2011：1608.

众反叛，巩固自己的统治地位，秦王朝下令禁止民间习武练剑，烧毁相关的武术文献。这是对中国秦汉时期剑术发展，乃至整个中华文化的重大打击。《过秦论》载："收天下之兵，聚之咸阳，销锋铸鐻，以为金人十二，以弱天下之民。"秦王朝并没有统治太长时间，到秦二世时起义军揭竿为旗、折木为兵，最终取得了胜利，在经历五年的楚汉之争后，建立了汉王朝。

汉代，剑是主要贴身防卫的工具，从天子到平民都有佩剑的习惯，梁代陶弘景《古今刀剑录》中记载了汉高祖刘邦曾得一柄铁剑名为赤霄的宝剑。同时剑术也具有很高的水平，文人武士皆喜欢斗剑，以示兼备之才。[①] 此时的剑术还具有"舞练"交流的功能，"剑舞"已经作为舞蹈形式出现在外交场合。最好的佐证便是鸿门宴中的"项庄舞剑"，说的是楚汉之争时，楚霸王项羽宴请刘邦，席间项羽麾下将领项庄，以舞剑为名刺杀刘邦，最后以失败告终。可见在秦朝以前就有这种"舞剑"娱乐的习俗，并且为大家所认可，否则谋士众多的楚军阵营也不会企图借此机会刺杀刘邦。三国时期吕蒙的宴会上，吴国将领凌统、甘宁表演了"刀舞"，可见宴会舞剑在当时是非常流行的。剑舞的形式至汉朝正式引入宫廷，在大型规模的百戏演出中，就编排了剑舞节目。在《汉书·艺文志》杂赋十二家篇幅及列有《杂鼓琴剑戏赋》十三篇中均有体现，此时的剑舞演练已经有了理论总结，剑术在战争中的技击格斗和宴会上"舞练"两种形式，在汉代都是十分流行的。

汉朝自建立起就受到匈奴的侵略袭扰，动荡的社会环境也推动了剑术在民间的发展。汉代名谚说："吴王好剑客，民人多剑瘢。"[②] 由此可以看出汉代对吴越剑术的崇尚。《汉书》载："司马相如少时好读书，学击剑。"东方朔"年十三学书，（年）十五学击剑"。这里的击剑可能是一种剑术活动，可以看出汉代少年习剑已经成了社会普遍的文化现象；习剑风气的盛行，也推动了剑术的发展。西汉文学家刘向《说苑》载："鲁石公剑，迫则能应，感则能动；炫目无穷，变无形象；复柔委从，如影如响。"在这篇著作中首次提出了"迫则能应，感则能动"，意思是感受对方剑术的变化，从而做出反应；汉代的张仲、雷被、司马相如、曹丕等都是剑术高手。魏文帝曹丕《典论·自序》语："余幼学击剑，阅师多矣……余与论剑良久，酒酣耳热，方食甘蔗，便以为杖，下殿数交，

---

① 关明新. 龙泉宝剑——中国宝剑文化的承载者［J］. 文艺争鸣，2010（4）：3.
② 赵晔. 后汉书［M］. 北京：中华书局，1965：833.

三中其臂，左右大笑。"① 显示了曹丕精湛的剑术技艺。这些史学资料充分印证了汉代剑术高超水平和击剑之风的盛行。

《剑道》三十八篇，是对秦汉时期剑术的一个理论总结。透过《剑道》三十八篇，我们可以看出秦汉剑道德蓬勃发展，从统治阶级到平民百姓，从金戈战场到宫廷内院，无不闪烁着剑术的光彩，此时的剑术也为后世剑术的升华奠定了基础。

三、从"公孙大娘舞剑器"透视唐代剑术的功能演变

唐代是我国历史上经济繁重，政治开明的朝代，其文化的包容性、开放性推动了剑术的发展，使剑术突破自身领域，与社会文化相结合。唐代设立的"教坊""梨园"，就是专门培养表演艺术家的机构，宫廷剑舞文化的发展，推动了剑舞文化在民间传播。"张旭草书受公孙大娘舞剑器的影响"说的是唐代书法家张旭在看到公孙大娘舞剑后，得其神韵，练就了"狂草"书法，在《新唐书·李白传附张旭》载："旭自言：始见公主担夫争道，又闻鼓吹，而得笔法意，观倡公孙舞剑器，得其神。"唐代大诗人杜甫在观看了公孙大娘《剑器》舞数年后，写下了《观公孙大娘弟子舞剑器行》，其中有部分是对剑舞的描写，具体内容为："昔有佳人公孙氏，一舞剑器动四方……临颖美人在白帝，妙舞此曲神扬扬。"② 诗中难免有一些夸张的成分，但也能看出公孙大娘的剑术高超，让"诗圣"和"草圣"都深受渲染。

公孙大娘的剑术与舞蹈相结合，使剑术的功能在原有技击原理的基础上，升华为一种表演艺术。据《列子·说符》载："宋有兰子者……弄七剑迭而跃之，五剑常在空中。"可见早在唐代以前就有剑舞的形式，公孙大娘应是对其之前剑舞技术的继承和创新，才达到了出神入化的境界；这种掷剑的剑舞，后来也一直受人喜爱。明代唐顺之《武编》载："选诸军勇士数百人，教以舞剑，皆能掷剑空中。"《文献通考》记载："太宗选军中勇士教以剑舞，皆能掷剑凌空，绕身承接。"可见这种掷剑术，对后来剑术表演技艺和套路的发展，具有很大的影响，在现今的武术套路中，也有所体现。由于剑舞在社会中迅速发展，自宋

---

① 田余庆，等. 三国志今译 [M]. 郑州：中州古籍出版社，1991：675.
② 蘅塘退士. 唐诗三百首 [M]. 上海：中华书局，1959.

代以后击剑之风逐渐为剑舞所代替。① 无独有偶，在宋代《图画见闻录》中记载了一段，唐代画家吴道子，受将军裴旻舞剑影响，提笔如神，顷刻之间就完成了画作的故事。可以看出，书剑之间也可以互相传神；同时剑术已经成为文人墨客抒情咏志的对象，唐代很多文人墨客会剑术，在诗词中咏剑的也不胜枚举，如唐代诗人李白的《与韩荆州书》、郭震的《古剑篇》、贾岛的《剑客》等，都利用剑器或剑术为题材，抒发情感；《新唐书·李白传》载："文宗时，诏以白诗歌、裴旻剑舞、张旭草书为'三绝'。"② 可见剑舞在唐代高雅的社会地位。唐代剑也成了重要的装饰品，佩剑之风盛行，社会各阶层的人们都喜爱佩剑彰显尚武英姿，同时剑与本土道教相结合，成了"镇邪压凶之器"神圣之物，给剑器披上了一层神秘的色彩。

唐代剑术的功能演变是多方面的，剑术与舞蹈相结合，成了统治阶级和上层人士观赏娱乐的艺术；剑术与书法、画相结合，激发了画家、书法家创作的源泉和灵感；剑术与诗、歌相结合，成了文人墨客、琴士歌者情感寄托的媒介；剑器与道教相结合，成了道士手中的重要法器；剑成了配饰，是身份的象征；剑术成了文化，在多元素的凝结下，完成了艺术升华。

第六节　江南剑文化内涵论

一、剑谱剑经论

剑术自诞生以来就深受我国古代帝王将相和普通民众的喜爱，在古人的不断总结之下，至春秋战国时期我国就已经拥有了完整的剑术技击理论和练习方法。春秋时期的剑术理论文献《庄子·说剑》记载了"夫为剑者，示之以虚，开之以利，后之以发，现之以至"这一理论，被后世剑术家视为经典。文中论述了三乘剑术理论，分别是天子之剑、诸侯之剑、庶人之剑，将剑术与时政相结合，区分了剑术的高低，对后来剑术理论的发展具有重要的影响；此时的另一篇剑术理论《吴越春秋·勾践阴谋外传》载："道有门户，亦有阴阳。"文中

---

① 国家体委武术研究院. 中国武术教程[M]. 北京：人民体育出版社，2004：316-317.
② 欧阳修，等. 新唐书[M]. 上海：中华书局，2000：453.

借越女之口，系统全面地提出剑术的阴阳技击理论，将剑术与传统文化相结合；《吴越春秋·阖闾内转》中描述了一段春秋时期"要离杀庆忌"的故事，因为双方实力有较大的差距，最后"要离"通过借助风的力量，成功完成了刺杀的任务。讲述了击剑要以智取不可力敌，也是首次有文献记载借助外在的力增强剑术杀伤力。此时也涌现出许多剑术大家，《史记·日者列传》载："齐张仲、曲城侯以善击刺学用剑，立名天下。"借此，剑术又被后人称为"曲城之学"。

在经历了秦朝的打击之后，汉朝剑术发展迎来新的高峰。汉代铁剑彻底淘汰青铜剑，剑的长度增加，重量却减轻了，搏击空间的增大和更加灵活的剑器，使剑术在技击方法上跨越了青铜剑的"纵横之术"，得到了空前的发展。《剑道》三十八篇虽然没有流传下来，但也可以说明当时剑术理论的繁荣；西汉文学家刘向的《说苑》，是汉代剑术理论的经典之作，对当时的剑术水平进行了精辟的概述；三国时期的《论衡·别通》载："剑伎之家，斗战必胜，得曲城越女之学。两敌相遇，一巧一拙，其必胜者，有术之家也。"可以看出，春秋时期的剑术崇拜对后来剑术的发展具有深远的影响，剑术的高低已有明显界定。此时的剑术追求技击实战，用于自卫杀敌。

唐宋时期，社会经济发达，政治开放，剑术也成了文人墨客追求的高雅之术，此时的剑术发展成为剑舞，追求华丽的表演效果。唐代的众多诗词之中都有对剑术的描写。明代深受倭寇的袭扰，社会动荡不安，剑术从唐宋时期的华而不实，转为技击实战，此时也出现了众多针对倭寇的刀法的剑术理论。明代抗倭名将戚继光在浙江义乌招兵抗击倭寇，研习对抗倭寇的技击方法，曾有"君俱学剑者，报国有新盟"的诗句，所著《纪效新书》对倭寇的日本刀和技击方法做了总结，说明了我国传统兵器的劣势。戚继光说："凡比较武艺，务要俱照示学习实敌真本事，真可对搏打者。"在对倭寇的抗击中，我国将领对武术的花法排斥，注重真实的战场实用；明代何良臣著《阵纪》中记载日本刀的使用方法，认为日本刀的攻击方式简单，但实用性很强，难以防御。文中也暗含了中国武术要减少多余的花势，增强实战对抗性的。并对剑术有这样的描述："剑用则有术也，法有剑经，术有剑侠。"对剑术的技击水平和历史地位都做了充分的肯定。明代剑术家郑若曾在此基础上著剑经《江南经略》，新添"边势厚背短身"的技击方法，被合称为"使剑之家六"，剑术得以进一步发展。明代茅元仪《武备志》载："古之言兵者，必言剑。今不用与阵，以失其传也。余博搜海外，始得之。"茅元仪搜得了朝鲜剑势法，是一种双手剑法，因为双手上在战场上会相互干扰，所以没有得以推广，书载有的古剑诀十四句，并有详细注解，可以证实在当时已经有了剑术的武术套路。双手剑并非没有得到发展，江南地区由木兰拳演变而来的木兰剑就分为单剑和双剑两种演练方式。

清代统治政权在很长的一段时间里对我国民间传统武术实行打压的政策，这是导致清代拳术发展迅猛而器械相对滞后的主要原因。清代武术家吴殳，研习枪术三十年，著有《手臂录》，书中也对茅元仪的双手剑法进行了提及，晚年学剑，认为"剑器轻清，其用大与刀异"。① 在所作《剑诀》和《后剑诀》中论述了自己的击剑理论；清代宋仔凤著有《剑法真传》一书，但此时的剑术已经不具备春秋战国、汉代时期的实战击杀，转向套路化，成为从属武术流派的一个武术种属，比如由八卦掌演化而来的八卦剑，太极拳为基础编的太极剑等。

新中国成立后，我国对传统剑术进行了统计。国家体委武术研究院1991年出版的《中国武术拳械录》里归纳剑术有九十多种。② 剑术的技击方法和演练形式都得到了很大的提高。如剑术的技击方法有刺、云、绞、洗、挑、挂、捞、撩、斩、抹、格、削等有二三十种之多，加上演练中各种技术要求，已形成了一个现代完整的剑术训练体系。著名武术家蔡龙云先生在其所著《剑术》中认为："剑术内涵丰富，运动形式可以分为对练、单练以及集体演练三类。按体式分类可以分为工、行、绵、醉四种。"③ 在此基础上又可以区分为单剑、双剑，长穗剑、短穗剑等。当代剑术的蓬勃发展，为人们习练提供了多重的选择，适合男女老少各阶层人学习与锻炼。

二、剑的权杖论

中国剑起源于生产狩猎，发扬于战争击杀，文明于社会生活。最初剑器是防身自卫的短兵，不论是将领还是文士都有佩剑的习惯，社会生活中逐渐出现了通过佩剑而体现社会地位的风气。《春秋繁露·卷六制服象第十四》一书载，"剑之在左，青龙之象也。"④ 我国古代一直将左边视为尊贵的象征，龙是中华民族的图腾，将剑和龙联系在一起，可见剑的社会地位是非常高的。李君元在

---

① 吴殳. 手臂录 [M]. 太原：山西科学技术出版社，2006：329.
② 徐才，等. 中国武术拳械录 [M]. 北京：人民体育出版社，1993：590-593.
③ 蔡龙云. 剑术 [M]. 南昌：江西人民出版社，1983：185.
④ 张世亮，钟肇鹏，周桂钿. 春秋繁露 [M]. 上海：中华书局，2002：85.

《天子剑赋》中言："天生神物，圣君用之"，认为所谓名剑的归属是君主统治天下的象征，意即君权神授。《春秋左传正义》曰："车马、旌旗、衣服、刀剑，无不皆有法度。"① 可见在春秋时期佩戴剑器就已经有了一定的规范及要求。《史记·秦始皇本纪卷六》载，"己酉，王冠，带剑。"② 此时佩剑作为一种成人礼。在"荆轲刺秦王"的故事中，秦王作为当时秦国的主宰，随身携剑，但前来朝见的大臣和使者都不许佩剑进殿。所以燕国太子丹才想出让荆轲藏剑于图中，借指点地图的借口刺杀秦王，此时佩剑已经成为一种地位的象征。在湖北江楚墓出土的春秋时期的越王勾践剑，上面篆刻"越王鸠浅自用剑"，后来出土的吴王剑也有文字篆刻，可以看出剑在当时的具有非常高的社会地位。在《左传·哀公十一年》中记载，春秋时期，吴王夫差在打败齐军之后，对作战的将领鲁叔孙赐予宝剑，并勉之曰："奉尔君事，敬无废命。"此时的夫差赐剑属于军事授权行为，而所赐的剑器也不是用于战场厮杀，而是用作统领三军的权杖，使得所赐的宝剑等同于千军万马的指挥权。

汉代以后，剑在战场上逐渐被利于砍杀的刀所取代，此时士兵多佩刀，只有少数将领才会佩剑彰显身份。但剑开始在宫廷兴起，《晋书》中云："汉制，自天子至于百官，无不佩剑，其后惟朝带剑。"③ 汉代形成了一套严格的佩剑制度，使剑器成为一种权力的象征出现在军队和朝堂之中。西晋时，朝官上殿所佩带的剑，改为木制品，成为纯粹的装饰品，或者成为配有玉佩饰的身份标识。④ 至隋唐时期，剑更是由于其精美的形制和悠久的文化备受推崇。唐代《初学记·武部·剑》记载："古者天子二十而冠，带剑；诸侯三十而冠，带剑；大夫四十而冠，带剑隶人不得冠，庶人有事得带剑，无事不得带剑。"可见在唐朝时期，社会已经将佩戴剑作为一种高贵的象征，此时出现的"尚方宝剑"文化，将剑的权杖推上顶峰。"尚方宝剑"作为一种权力象征，是统治者将自己的权力授予给执剑人，从而代替统治者发号施令，能够起到"上打昏君、下诛奸臣"的作用。明代刘基在其诗《赠周宗道六十四韵》中对"尚方宝剑"的运用描述道："先封尚方剑，按法斩奸贼。"可见此时持有的"尚方宝剑"官员，具

---

① 杜预. 十三经注疏·春秋左传正义［M］. 北京：北京大学出版社，2010：106.
② 司马迁. 史记［M］. 北京：中华书局，2011：662.
③ 杨泽蒙. 探秘中国剑文化起源［J］. 鄂尔多斯文化，2008（3）：6.
④ 房玄龄. 晋书［M］. 北京：中华书局，1974：296.

有先斩后奏的绝对权力。① 同时剑作为权杖的象征，经常出现在各种重大的仪式上，史书对唐玄宗泰山举行祭天仪式时有这样的记载："皇帝衮冕龙衣，腰挂鹿卢玉具剑。"如此重大的仪式都皇帝佩剑，证明剑已经成为一种尊贵的象征融入古人的价值观中；"尚方宝剑"作为一个权杖为统治阶级服务，进一步提高了剑在社会中的地位，将剑的权杖象征体现得淋漓尽致，也对后来剑文化的发展起到了重要的影响。

剑器与宗教相结合，被人们赋予了"降妖除魔"的特殊能力。在唐代画家吴道子的作品《天神》和《八十七神仙》画卷中，天神们均持长剑，剑柄有"缰"套在手腕上。五代南唐画家顾闳中的《钟馗出猎》中，人物也是手持长剑。宋代张胜温绘制的千手观音，剑也成为众多法器之一。此时的剑已经被蒙上了一层神圣的色彩，剑的用途也被拓展，成为道家的重要法器，民间用为"镇宅宝剑"等。本章将剑的权杖分为三个方面，首先是剑成为区分社会地位的装饰，成为上层社会人士的标配。其次是剑被统治阶级赋予了一定的意义，成为权力的象征。再次是剑文化与宗教文化相结合，成为"斩妖辟邪"的法器。

剑器之所以能够成为权杖的象征，本章认为主要取决于两个方面。首先是剑器本身精美的形制和高超的工艺，符合了人们的审美要求。我国剑器自春秋时期就自成一脉，在形制、规范上就有了固有的规格，同时与其他优质材料相结合。三门峡虢国墓出土的玉柄铁芯铜质剑，在剑柄处加上玉器，迎合了我国古代"谦谦公子，温文如玉"的传统文化，相比昂贵的玉器，更普遍的是用优质木材做剑柄；在剑器上雕刻图案或文字，出土的春秋战国时期青铜剑上多半有菱形图案，显然这些图案是为了美化剑器。诸如此类，在剑器上雕刻花纹、文字也屡见不鲜。龙泉宝剑的特色主要工艺花纹钢，就是通过高超的锻造技术，使剑刃上出现流线型的纹路，与剑浑然相成，十分精美。

其次是剑在悠久的历史中形成中国传统剑文化。龙是我国华夏社会的图腾，是我国古代人民根据蛇与走兽的原型想象出来的生物，对龙的崇拜源于对蛇和走兽的生命活力的崇拜。在中国的古代社会，剑与龙常被认为是能相互转化的，剑在无形之中就已经区别于其他兵器成为神圣之物。古代君王自命为"真龙天子"，使民众认为是天命所归，从而放弃反抗统治，所以古代只有帝王才可以身穿龙袍。剑被古人视为龙的化身，所以各代君王都会铸造名剑，作为宣示自己

---

① 戴国斌. 剑的文化传记［J］. 体育与科学，2009，30（5）：11-14.

身份地位的神圣象征。在《古今刀剑录》中对古代君王的佩剑多有记载，比如殷太甲的"定光"剑、周简王的"骏"剑、秦始皇的"定秦剑"、汉高祖的"赤霄"等；历史上剑也成为古代君王代替自身镇守天下的象征，比如周昭王"铸五剑，各投五岳"、汉武帝"铸八剑，五岳皆埋之"等，"尚方宝剑"文化也是由此逐渐演变而来。剑作为权杖的应用一直延续到近代，民国时期南京国民政府颁布《陆军服制条例》中有："陆军官佐着军常服时，束武装带，带领章，佩短剑。"[1]

三、剑的符号论

在历史的发展中，剑在用途、外形和锻造材质上都发展了很大的变化，同时剑与政治、文化、社会环境等方面相结合，蕴藏了丰富的内涵。从符号学的角度对剑文化进行阐释，能够更加清晰地概括剑文化所涉及的范围，是十分有意义的。雅克布森说：能指必然可感知，所指必然可翻译。赵毅衡在所著《符号学导论》中将符号解释为被携带意义的感知，意义是一个符号可以被另一个符号解释的潜力。任何意义活动必然是符号过程，符号不仅是意义表达的载体，也是意义表达的条件。江南剑文化是江南古代工匠、武士和文人在制剑、舞剑和佩剑的过程中逐渐形成的一道独特文化现象，在它的演进中，包含了很多方向的符号。

早在夏朝时期我国就有了剑雏形的应用，春秋战国时期动荡不安的社会环境和冶炼技术的发展，为研发和制造兵器提供了社会环境。公元前541年魏舒提出的"毁车为行"以及周公元前302年赵武灵王"胡服骑射"的实行，使车战衰落，而步骑兵兴起，为了适应战争的需要，剑进入战场之中，由此成为出没战场的军事符号。吴越地区水网交错纵横，剑成为战场上士兵直接对攻的兵器。《吴越春秋》对剑作为武器使用的多次记载亦可论证。剑除了用于军事外，还是防守自卫的利器，《墨子校注》记载："古者圣王为猛禽狡兽暴人害民，于是教民以兵行，日带剑，为刺则入，击则断，旁击而不折，此剑之利也。"[2] 成为军事符号一直延续到汉代，汉王朝长期遭受西北匈奴的袭扰，为了抵御匈奴，

---

[1] 国民政府. 陆军服制条例二十五年一月二十日国民政府公告[J]. 海军公报，1936(80)：342.

[2] 吴毓江. 墨子校注[M]. 孙启治，点校. 中华书局，1993：255.

汉王朝大力发展骑兵,利于马上砍杀的刀取代剑成为骑兵的标配武器。

剑器淡出军队后仍在社会中广受欢迎,剑术也与舞蹈艺术相结合,形成了剑舞,成为可给人们提供娱乐欣赏的艺术符号。剑舞在我国有着悠久的历史,一直延续到今天仍然绽放光彩。《孔子家语》曰:"子路戎服见孔子,拔剑而舞之,曰:古之君子以剑自卫乎?"可见早在春秋战国时期,就有了剑舞的形式。鸿门宴中的"项庄舞剑"是秦汉时期剑舞发展于正式外交场合最典型的例子。唐代公孙大娘和裴旻是剑舞技术高超代表,杜甫、张旭和吴道子等诗人书画家都深受剑舞的影响。剑成为艺术符号,迎合了人们对美的欣赏和追求,现今剑术套路众多,剑的艺术符号仍在流传。

在历史的长河中,剑器还曾是象征身份的权力符号,我国从西周时候起就有了佩剑的习俗,最初在贵族阶段流行,平民阶层不许佩剑,春秋战国时期,剑成了士兵的标配,此时剑器又成了重要的装饰品,人们可以通过佩戴剑器的好坏,看出身份的高低。至隋唐时期已经有了一定的规范,《隋书礼仪志》中记载:"一品,玉器剑,佩山玄玉。二品,金装剑,佩水苍玉。"将剑象征身份的权力符号体现得淋漓尽致的是"尚方宝剑"制度,皇帝将权力下放至持剑人的手中,此时的剑器就是王权的象征,能够代替君王行使权力。

剑文化能够从春秋战国时期流传至今,仍然为人们所向往,其中重要的一点在于剑文化中蕴涵着中国人侠义文化的理想气质,代表着社会中正义崇高的人格符号。剑最初作为配饰,因其形制优美,具有极高的收藏和艺术价值,深受侠客及文人的青睐。仗剑远游,佩剑而行成为侠客的追求,文人墨客更是喜爱以剑自比,抒情咏志,通过在对剑的描述中完成了自己对于文化精神和理想人格的想象。屈原在《离骚》中有"带长铗之陆离兮,冠切云之崔嵬",他通过剑来抒发自己高洁的爱国情操。唐代李白的《塞下曲》中有"愿将腰下剑,直为斩楼兰"的诗句,《临江王节士歌》:"安得倚天剑,跨海斩长鲸",还有陆游"少携一剑行天下",辛弃疾"醉里挑灯看剑",近代秋瑾的"夜夜龙泉壁上吟",鲁迅以"戛剑生"自号,等等,这些都是这种侠义精神的延续。都充分彰显了华夏儿女饱含侠肝义胆、关心国家安危的思绪。剑所代表的正义崇高的人格符号,这种不屈不挠、励精图治的精神,在代代的相传中,已经成了一种文化、一种风气,融入民族精神中,到今天仍然影响着人们。

第七节　剑文化的现代价值

改革开放后，我国经济快速发展，人均收入水平不断攀升，习总书记也提出了在2020年全面建成小康社会的宏伟目标。但环境问题日益严峻，生活质量提高的同时，国民体质却呈现出下降趋势。1995年6月20日国务院发布《全民健身计划纲要》，由国家体委负责组织实施，是为了更广泛地开展群众性体育活动，增强人民体质。在现代文明生活下，脑力劳动取代了体力劳动，加之老龄化的趋势加强，提高我国国民身体素质已经成了重要话题。社会中也出现了诸如"广场舞""夜跑"等新形式的锻炼浪潮，但也引发了"广场舞扰民"等一些问题，健康、安全，以及与社会主义新风尚相契合的锻炼方式成了人们的需要。

武术是中国传统的健身锻炼方式，剑术是武术的重要组成部分，其内容丰富，形式多样，练习剑术不仅能使人强身健体，还能给人带来美的享受。根据其练习形式有单剑、双剑，可以单独练习，也可以两个人对练。现代剑术套路繁多，风格迥异，太极剑舒展大方、刚柔相济；竞技套路剑走轻灵、龙飞凤舞。人们可以根据自己的运动水平、风格爱好选择不同的剑术进行练习；同时在剑的选择上也非常灵活，我国从汉朝开始，剑已经成为人们重要的配饰，历经千年的发展，现代铸剑工艺十分精湛，形制优美、款式多样，还可以通过网络进行定制。

优美的剑术和精美的剑器给人以美的享受，剑术水平具有较明显的层次性，锻炼者反复练习可以日日精进。对于众多初学者可以练习初级剑法，动作简单、功架舒展、神形兼备，能够锻炼人的灵敏、协调等能力，亦可陶冶情操舒缓压力；对于老龄人口，太极剑是不二选择，太极剑动作绵柔缓慢，动作与呼吸相结合，属于有氧运动，加之舒缓的音乐，能够调节情感，舒缓焦虑，同时可以提高手脚的灵活性、协调性，增强手臂力量，现在大量实践和研究证明，太极剑具有独特的健身和医疗康复功能；对于拥有较强运动能力的人群，可以练习有较大难度的竞技套路；剑术套路因其丰富的内容，具有广泛的实用性，适合各年龄阶段人群长期练习。

江南"剑文化"与我国传统的侠义文化相结合，蕴涵着正义崇高的价值判断，"每个民族都有自己的英雄，这些英雄已成为民族性格的化身"①，"剑文化"已经成了民族性格，从最初吴越之民的好剑轻死，剑客的行侠仗义，到励精图治、坚忍不拔的意志品质，"剑文化"一直在潜移默化地影响着人们；习练剑法、感受剑文化，通过身体运动，弘扬中国优秀传统文化。将"剑文化"中正直高尚的价值判断和理想气质，将"剑文化"与社会主义核心价值观相契合，融入现代社会生活中，展现剑术高雅的同时，提高人们的生活品位，端正价值判断。文明精神、强健体魄，将"剑文化"融入全民健身的之中，势必将推动我国全民健身更好、更快地发展。同时，剑术和"剑文化"中都富有很强的哲理性，属于具有民族文化特色的运动项目。习练剑术时，秉承中国传统的"天人合一"哲学思想，内外兼修。将自身的身体运动与周围季节、时辰、时令等外在环境联系起来，对身体的健康和心灵的调节都具有事半功倍的效果。

现今武术协会和学校已经成了剑术推广的主要渠道，在学校推广剑术教育具有重要意义，练习剑术能发展和提高学生的速度、灵敏和柔韧素质，激发学生对传统武术的兴趣，学生通过练习剑法学习传统"剑文化"优秀品质，达到学生审美能力和身体素质的双重提高，这对于弘扬和传承民族优秀传统文化，振奋民族精神，提高学生身体素质和心理健康水平都具有重要作用；现代武术协会通过举办武术竞赛、武术节等活动，在多方面向社会推广中国传统武术，社会是剑术发展的沃土，将剑术和"剑文化"融入社会生活中，才能让中国传统文化保持发展的源泉和动力。

1952年，我国成立了"中央人民政府体育运动委员会"，确定了"发展体育运动，增强人民体质"的指导思想，指导社会体育稳健发展。在国家的扶持和指引下，武术迎来新的腾飞，1958年9月组建了中国武术协会，起草了《武术竞赛规则》，标志着我国竞技武术比赛步入了现代竞技体育的轨道，剑术就是武术比赛的项目之一。历经60年的发展后，武术已经形成了完善的竞赛体系，包括全运会武术套路、全国武术套路团体赛，全国武术套路冠军赛等赛事，促进了武术走向竞技体育也推广了武术在社会中的发展；2008年北京奥运会在我国成功举办，促进了我国体育项目和相关产业的进一步发展，武术成功被列为奥运会的表演项目，将我国的传统人文精神注入国际竞技的大平台。剑文化包容性的特质使其在传承过程中不断注入新的内涵，与时代发展相统一。无论从

---

① 朱存明. 灵感思维与原始文化［M］. 上海：学林出版社，1995：278.

文化史、兵器史、工艺美术史、科技史，还是从考古学、民俗学等角度考虑，江南剑文化都具有很高的参考研究价值。

剑文化是我国传统武术文化的一部分，将剑文化融入建设社会主义道德风尚中，对更好地发展我国传统武术文化有着重要意义。剑文化的中的侠义思想已经是武术思想的重要代表，成为众多武侠小说的题材，如古龙的《三少爷的剑》、梁羽生的《七剑下天山》、金庸的《书剑恩仇录》等。在众多武侠电影中剑是主要的格斗兵器，如《霸王别姬》中的双剑舞，梅兰芳、叶圣兰等戏曲名家将传统剑舞艺术，在舞台上大放异彩。夺得第73届奥斯卡4项大奖的《卧虎藏龙》，里面的故事情节围绕着一柄"青冥宝剑"而展开。剑在影视中的运用，对宣传和发扬我国的剑文化起到了巨大的推动作用，增强了中华武术的国际影响力。

江南剑文化是我国优秀传统文化，剑起源于社会生活，剑文化的发展也要根植于社会生活中去。将剑文化与人民日常生活联系起来，可以丰富人们的锻炼方式，满足群众的精神需求，为全民健身和武术发展推波助力。剑文化推广于社会，为剑文化的发展提供了坚实的基础，使剑文化与时俱进，不断绽放光彩！

江南自古以来就是人杰地灵，名剑辈出之地。沿着历史的脉络，江南剑器在我国兵器史中的地位无出其右。江南承载的剑文化，有独具特色的文化气息和十分丰富的内涵，在几千年的发展中，剑文化传承有序、不断演变，早已渗透到社会的各个阶层之中，影响着人们的价值观念。

春秋战国时期战争频发，吴越因其水陆相间的地理特征，剑成为船上直接对攻的武器，凸显了吴越地区剑的军事地位。丰富的矿产资源、精湛的铸剑技术，为大量铸造剑器奠定了基础。加之剑器造型优美、便于携带等因素，促进了剑在民间的传播。由此吴越好剑之风盛行，其民多"重剑轻死"。系统而又成熟的剑术技击理论应运而生，拉开了江南剑文化蓬勃发展的序幕。

江南剑器在形制上也历经了许多变化，主要表现在剑器不断增长，西周时期剑长为200至300毫米，至春秋战国时期达到600毫米，秦汉时期剑的长度达到了一米。剑器长度不断增加的重要原因在于冶炼技术不断成熟，材质上青铜器由铁取代，后期又出现了百炼钢、灌钢、中碳钢技术。汉朝多骑兵作战，利于砍杀的刀取代了剑的军事地位，但剑在宫廷和民间依然蓬勃发展。

江南剑文化在传承中堆积了很多的符号色彩，剑器一直是高雅的代表，是身份和地位的象征,是君王的权杖。剑与舞蹈艺术相结合形成剑舞,与宗教思想相结合成了驱魔辟邪的神器,与侠义文化相结合形成了独特的精神内涵。

现阶段我国正施行全民健身计划,丰富的剑术满足了各类人群的健身需求,江南剑文化中蕴含的理想气质和坚忍不拔的意志品质亦可以充实当代人的精神需求;剑文化是武术文化的组成部分,剑术竞赛的蓬勃发展以及剑文化在电影中的展现,对武术更好地迈向世界具有重要的推动作用。

参考文献

[1] 于志钧. 中国传统武术史 [M]. 北京:中国人民大学出版社,2006:118.

[2] 张继合. 春秋战国剑文化探析 [J]. 搏击武术科学,2010,7 (10):38.

[3] 陈宝强. 中国剑文化研究 [D]. 上海:上海体育学院,2006:6.

[4] 司马迁. 史记 [M]. 北京:中华书局,2011:654.

[5] 颜昌晓. 管子校注 [M]. 长沙:岳麓书社,1996:577.

[6] 茅元仪. 武备志 [M]. 北京:中华书局,2006:104.

[7] 司马迁. 史记 [M]. 北京:中华书局,2011:765.

[8] 蔡龙云. 琴剑楼武术文集 [M]. 北京:人民体育出版社,2007:215.

[9] 孙敬明. 先秦时期潍淄流域的兵器 [N]. 中国文物报,1989-06-23.

[10] 杨彦鹏. 战国秦汉剑的凡俗化研究 [D]. 兰州:西北师范大学,2014:4.

[11] 于志钧. 中国传统武术史 [M]. 北京:中国人民大学出版社,2006:237.

[12] 郭庆藩. 新编诸子集成 [M]. 北京:中华书局,2002:544.

[13] 赵晔. 二十五史吴越春秋. [M]. 济南:齐鲁书社,2000:46.

[14] 闻人军. 考工记 [M]. 上海:上海古籍出版社,2008:44.

[15] 张双棣. 淮南子校释 [M]. 北京:北京大学出版社,2013:96.

[16] 钟少异. 古剑的历史和传说 [M]. 北京:生活·读书·新知三联书店,2003:47.

[17] 袁康,吴平. 越绝书全译 [M]. 贵州:贵州人民出版社,

2016：264.

[18] 王先谦. 荀子集解 [M]. 山东：山东友谊书社，1988：291.

[19] 赵晔. 二十五史吴越春秋 [M]. 济南：齐鲁书社，2000：78.

[20] 郑玄. 周礼注疏 [M]. 上海：上海古籍出版社，2010：1527.

[21] 陈鼓应. 庄子今注今译 [M]. 北京：中华书局，1983：415.

[22] 让棠溪剑文化光耀神州 [N]. 天中晚报，2005-11-25（03版）.

[23] 顾颉刚. 吴越兵器 [M]. 北京：中华书局，1963：164.

[24] 陈鼓应. 庄子今注今译 [M]. 北京：中华书局，1983：399.

[25] 闻人军. 考工记 [M]. 上海：上海古籍出版社，2008：55.

[26] 郭沫若. 青铜时代 [M]. 北京：人民出版社，1954：367.

[27] 廉海萍，谭德睿. 东周青铜复合剑制作技术研究 [J]. 文物保护与考古科学，2002（12）：328.

[28] 华觉明. 中国古代钢铁冶炼技术 [J]. 金属学报，1976（3）：8.

[29] 李众. 中国封建社会前期钢铁冶炼技术发展的探讨 [J]. 考古学报，1975（2）：1.

[30] 赵国壁. 河南巩县铁生沟汉代冶铁遗址的发掘 [J]. 考古，1960（5）：11.

[31] 刑金善. 中国传统剑文化考论 [J]. 南方文物，2010（3）：7.

[32] 司马迁. 史记 [M]. 北京：中华书局，2011：567.

[33] 萧统. 文选 [M]. 上海：上海古籍出版社，1986：22.

[34] 于志钧. 中国传统武术史 [M]. 北京：中国人民大学出版社，2006.92.

[35] 中华人民共和国国家体育运动委员会. 1991武术套路竞赛规则 [M]. 北京：人民体育出版社，1991：57.

[36] 中华人民共和国国家体育运动委员会. 1996武术套路竞赛规则 [M]. 北京：人民体育出版社，1996：134.

[37] 韩格平. 吕氏春秋 [M]. 哈尔滨：黑龙江出版社，2003：452.

[38] 赵烨. 吴越春秋 [M]. 南京：江苏古籍出版社，1999：148-149.

[39] 温力. 中国武术概论 [M]. 北京：人民体育出版社，2005：97.

[40] 国家体委武术研究院. 中国武术史 [M]. 北京：人民体育出版社，1977：37-38.

［41］庄周．庄子［M］．北京：中国纺织出版社，2007：363.

［42］司马迁．史记［M］．北京：中华书局，2011：1608.

［43］关明新．龙泉宝剑——中国宝剑文化的承载者［J］．文艺争鸣，2010（4）：3.

［44］赵晔．后汉书［M］．北京：中华书局，1965：833.

［45］田余庆，等．三国志今译［M］．郑州：中州古籍出版社，1991：675.

［46］蘅塘退士．唐诗三百首［M］．上海：中华书局，1959.

［47］国家体委武术研究院．中国武术教程［M］．北京：人民体育出版社，2004：316-317.

［48］欧阳修，等．新唐书［M］．上海：中华书局，2000：453.

［49］吴殳．手臂录［M］．太原：山西科学技术出版社，2006：329.

［50］徐才，等．中国武术拳械录［M］．北京：人民体育出版社，1993：590-593.

［51］蔡龙云．剑术［M］．南昌：江西人民出版社，1983：185.

［52］张世亮，钟肇鹏，周桂钿．春秋繁露［M］．上海：中华书局，2002：85.

［53］杜预．十三经注疏·春秋左传正义［M］．北京：北京大学出版社，2010：106.

［54］司马迁．史记［M］．北京：中华书局，2011：662.

［55］杨泽蒙．探秘中国剑文化起源［J］．鄂尔多斯文化，2008，（3）6.

［56］房玄龄．晋书［M］．北京：中华书局，1974：296.

［57］戴国斌．剑的文化传记［J］．体育与科学，2009，30（5）：11-14

［58］国民政府．陆军服制条例二十五年一月二十日国民政府公告［J］．海军公报，1936（80）：342.

［59］吴毓江．墨子校注［M］．孙启治，点校．北京：中华书局，1993：255.

［60］朱存明．灵感思维与原始文化［M］．上海：学林出版社，1995：278.

第六章

武术典籍《拳经》之武术技术变迁论

武术古籍资料有戚继光著《纪效新书》、吴殳著《手臂录》（1678）、苌乃周（1724—1783）著《苌氏武技全书》、张孔昭述曹焕斗注《拳经拳法备要》（1784）等。明代戚继光所著十八卷本《纪效新书》，自序中提及"纪效"，所以明非空口耳空言；"新书"所以明其出于法，合时措之宜也。[①] 是书为实战经验所积累的成果，书中卷十四拳经拳三十二势，为四百四十年来习武术者所冀望解析的谜底。[②]

《纪效新书》旧刻本（本衙藏版），经核阅发现其中（拳经）的探马势右手明显成握拳状，与其他版本不同，且符合明代唐顺之（1507—1560）《武编》论"拳"文中"左手如钻钱，右手如弄琴，前脚如山，后腿如撑，前手如龙变化，后手如虎靠山。左右不离，前后方钩，入眼不睫，见鎗速进，钩连密莫犯莫敌"[③]之要诀，与研究者所习八极拳中的探马掌所使用的掌法完全不同，实为"势名"同，而"拳势"不同矣！但其拳势却与八极拳之八大势中降龙势相接近。

戚氏于四百年前即破除武术门派的藩篱，在《纪效新书》拳经云：

> 古今拳家，宋太祖有三十二势长拳，又有六步拳、猴拳、囮拳，名势各有所称，而实大同小异。至今之温家七十二行拳、三十六合锁、二十四弃探马、八闪番十二短，此亦善之善者也。吕红八下虽刚，未及绵张短打。山东李半天之腿，鹰爪王之拿，千跌张之跌，张伯敬之打，少林寺之棍与青田棍法相兼，杨氏鎗法与巴子拳棍，皆今之有名者。虽各有所长，各传有上而无

---

① [明] 戚继光. 纪效新书 [M]. 曹文明, 吕颖慧校释. 北京：中华书局, 2001, 自序：2.
② 郑少康. 纪效新书拳经考 [D]. 上海：上海体育学院, 2007.
③ [明] 唐顺之. 武编二 [M] // 四库全书珍本. 四集. 台北：台湾商务印书馆, 1960：47.

下，有下而无上，就可取胜于人，此不过偏于一隅。若以各家拳法兼而习之，正如常山蛇阵法，击首则尾应，击尾则首应，击其身而首尾相应，此谓上下周全，无有不胜。大抵拳、棍、刀、鎗、钗、钯、戟、弓矢、钩镰、挨牌之类，莫不先由拳法活动其身手，其拳也武艺之源。①

在16世纪中叶，即能将当时有名拳法搜罗，并各家"兼而习之"，融入兵法，去芜存菁，使其上下周全，以启后学。并云："既得艺，必试敌"，注重拳法之体用兼备。现今，"武术是以攻防技击为主要技术内容、以套路演练和搏斗对抗为运动形式、注重内外兼修的民族传统体育项目"②。但还是未能跳脱门派的框架。未来武术在现代化、科学化、国际化的趋势下，要在保有自己民族的特色下能与世界体育接轨，应再次重视并启动戚氏早已推出破除门户之见，遇敌致胜变化无穷，微妙莫测的武艺之源了。就拳法的技术文化视角，讨论《纪效新书》拳经的内涵，透析其"捷要"及探考戚氏拳法对后世武术上的影响与贡献。

《纪效新书》拳经中有"故择其拳之善者三十二势，势势相承，遇敌制变化无穷，微妙莫测"。其中"势势相承"一词，"承"字在康熙字典中释："承，止也，《诗鲁颂》则莫我敢承。疏：无有于我者我敢御止之者"，按承字有阻止、抵御之意。拳谱云："势为守，属阴，主静；招为攻，属阳，主动。"③ 明唐顺之《武编》云："拳有势者，所以为变化也。横邪（斜）侧面起立走伏皆有墙户，可以守，可以攻，故谓之势，拳有定势，而用时则无定势。然当其用也，变无定势而实不失势，故谓之把势。"④ 综上而言，势为定势之意，势与势间以招法来接合，即行著⑤，势势相承意即各拳势间行著招法承接其间变化妙无穷⑥。

戚氏《纪效新书》拳经撷取当时各名家之所长，兼而取之，融会成上下周全、实用致敌之拳。戚氏打破千百年来门户之见，精缩拳法，成就拳法之捷要。但其拳诀难解，拳势难悟，是书徒流传四百多年，有哪些拳派受其影响？影响的深度

---

① ［明］戚继光.纪效新书［M］.曹文明，吕颖慧，校释.北京：中华书局，2001：227-230.
② 邱丕相等.中国武术教程上册［M］.北京：人民体育出版社，2004：4.
③ 郭志禹.武术文哲子集——基本理论与思维的探新［D］.上海：上海体育学院，2003：47.
④ ［明］唐顺之.武编二［M］//四库全书珍本.四集.台北：台湾商务印书馆，1960：44.
⑤ ［明］唐顺之.武编二［M］//四库全书珍本.四集.台北：台湾商务印书馆，1960：45.
⑥ ［明］唐顺之论拳："逼近用短打，远开则用长拳行着"。同上注45.

如何？仅势名的借用，或仅拳势的吸取，或已渗透于拳套中？归纳拳势之攻防核心理论，今后应该如何善用戚氏的武艺理念来提升现代人的胆气，以及散打的技击技巧，使中华武术得与世界技击武术运动接轨，并成为世界武术真正的前缘。

戚继光著《纪效新书》将拳经列入兵书中，完备兵书中武艺体系。首将拳法列入兵书中，为唐顺之《武编》开始，但《武编》于万历四十六年（1618）与后金兴战之际，才交付武林出版家徐象橒刻印。按实际出版印行，以戚氏《纪效新书》于嘉靖四十年（1561）印行，应列为第一。唐顺之《武编·拳》仅文字叙述，对现代人除了难以句读之外，在文义的理解上还是有极大困难点。《纪效新书》拳经"绘之以势，注之以诀，以启后学"，对后世武术的发展留下了不可磨灭的贡献。在中国武术史上，除在已出土的石刻、壁画上有相扑图、角抵图外，在书籍上绘之以势、注之以诀、印行出版者首推《纪效新书》，经过几百年后仍可依拳势诀、拳势图而启发得艺。自《纪效新书》以后，武籍兵书如程宗猷《单刀法选》《长枪法选》、程子颐的《武备要略》、茅元仪《武备志》、清吴殳《手臂录》、张孔昭《拳帖》、周乃苃《苌氏武技书》，等等，均绘之以图、注之以诀，以启后学。开此先河者戚氏对拳法流传的贡献极为重大。

从明末崇祯年间程子颐所辑《武备要略》中长拳说，虽然其参考书之原始底本为西谛板《纪效新书》，有三十二个拳势，但其二十四势中有二十二势势名或内容同于拳经，但实质部分内容易已经开始变异，重大改变的有高四平：左右短进退如风；探马势：接短拳当以劈砍；拗单鞭：剪步冲拳；中四平：拳势图成中四平顺步捶；兽头势：成虎抱头势；下插势：下插成掌，亦钩脚锁臂；伏虎势：但来凑；鬼蹴脚：取人后脚；朝阳手：偷步进弹他一脚；当头炮势：拳势图成直打上；旗鼓势：拳势图双手曲握；一霎步：拳势图后手成立拳。小结十二势中一势改变势名外，十一势有所变异，加上新创的低看势、直行虎势，共有十三拳势完全偏离《纪效新书》拳经拳势，也就是仅十一势符合《纪效新书》拳经拳势之原义。但偏离的结果并未使拳势更为绝妙，按本研究探讨，程子颐对《纪效新书》拳经拳势未能完全理解所致，如鬼蹴脚成为取人后脚。赵光裕校《邵陵拳势歌》隐喻拳经拳势诀之内容，是在用于提醒已习练者，而后人在诸多材料中比对梳理出头绪是相当困难的工作。明末诸多兵书将拳法列入，方能留下珍贵武术材料，使后世武术能延续发展，也让武术研究有相当的支撑材料。

《纪效新书》始列拳法于兵书，完备兵艺体系。拳经能广罗当时拳之善者三十二势，绘之以势、注之以诀，留给后人无价的武术文化珍贵遗产。几百年来武术界对其内容不断探究，依个人的武术修为而有不同深浅的解读，每次深思均有美好的回应，更佳成果逐渐显现。在思考与试敌之下，武术的流传发展才会长存和无限的进步。在明末的战乱中，人们的思维是有限的，从程子颐的二十四势长拳就可一见端倪，但留下的文字图说资料是宝贵的，可让后人再次求证。

明清两代军中以冷兵器为主，直至清道光庚子二十年（1840）鸦片战争，才为西方的船坚炮利所惊醒，大批进口洋枪、洋炮，成立新式火器装备军队。光绪二十七年（1901）清廷宣布废除选拔军事人才的武举制，武术总体上退出军事的范畴。[1] 武术开始真正走入民间。

清军入关后，清以"弧矢定天下"重骑射，兵艺以长枪、藤扁刀之类，并严禁民间武术。人民在阶级矛盾和民族的矛盾交织，反清秘密组织在各地蔓延，反清志士以习拳武，积蓄武装力量，明朝军中武艺开始流布民间。清初的黄百家《内家拳法》究其师承即军中武艺，其行著部分如六路中佑神通臂最为高为高四平；斗门深锁为懒扎衣；仙人立起朝天势为拗单鞭，撒出抱月不相饶为指当势，扬鞭左右人难及为一霎步；煞掘冲掳为中四平；乱抽麻燕抬腮为雁翅中剪劈推红；应敌打法色名有为拳经中部分拳势。张孔昭《拳帖》中拳法，本研究在分析拳经时有十四个拳势引证，迷节六节中迷拳披揭为拗单鞭；迷拳戏珠为旗鼓势加双劈；黄龙抱蟾为鬼蹴脚补前扫转上红拳穿心肘；其他火焰攒心、到骑龙梅花步、雀地龙一上一卸一补著，张孔昭《拳帖》除了内含相当多的《纪效新书》拳经拳势外，并已经再进一步归纳整理，如走盘闩法、用肩法、一片临场、后手定舵等拳法论点，对后世拳法理论的发展影响更为深远。

清黄百家《王征南先生传》中提及天下太平弃武习文之经过："当是时，西南既靖、东南亦平，四海晏如，此真挽强二石，不若一丁之时。家大人见余跅弛放纵，恐逐流为年少狭邪之徒，将使学为科举之文。"[2] 在康熙、雍正、乾隆年间，民间武术家纷纷整理武术，著作相关书籍，诸如黄百家《内家拳法》、吴殳《手臂录》、张孔昭《拳帖》、曹焕斗《张孔昭拳经》、王宗岳《太极拳论》《阴符枪谱》、苌乃周《苌氏武技书》等，许多的重要的武术理论均在这个时期出现。如吴殳对明代至清初流传的石家枪法、马家枪法、沙家枪法、杨家枪法、峨嵋枪法、梦绿

---

[1] 国家体委武术研究院. 中国武术史 [M]. 北京：人民体育出版社，2004：283.
[2] [清] 黄百家. 昭代丛书别集 [M] // 丛书集成续编79册，子部. 上海：上海书店出版社，1994：201-203.

堂枪法、程宗猷枪法等多家枪法进行注释与辨析，总结枪法诀要。① 张孔昭用走盘闩法、用肩法等开始归纳拳法。苌乃周的三尖照论、中气论、行气论等，其中"精神合一气力乃成"和王宗岳的虚领顶劲，气沉丹田，逐渐将内练的理论融入武术中。民间的宗教和秘密结社盛行，大都是武术团体，雍正五年（1927）曾下令"著各省督抚，转饬地方官，将拳棒一事，严于禁止，如有仍前自号教师及投师学习者，即行拿究"。雍正五年山西泽州"张进斗正法案"中翟斌如、焦明山等都是白莲教首领兼拳棒教师②。民间宗教和秘密结社暗中发展，民间武术活动迅速蔓延发展，使习拳弄棒的现象更为广泛。民间武术开始门派化、理论化、内修化，为了获取更多的养分，丰富门派的内涵，纷纷从中医、道家、佛家、戏剧、杂耍、神话等领域吸取理论或技法，以阴阳、五行、八卦、经络、丹道、宗教等理论来诠释武术，使武术技击本质被外在的神秘面纱所包覆，要见到武术真正的本质逐渐困难。武术逐渐与导引气功结合，民间武术已成多种锻炼方式，是具有强健身体、自卫御敌、表演娱乐多种作用的体育活动。③

嘉庆以后，封建社会逐渐腐败，各地教派林立。嘉庆七年（1802）教匪之乱；嘉庆十八年（1813）河南、直隶、山东八卦教起义，促使军中武艺再兴，《纪效新书》重刻盛行。嘉庆九年（1804）虞山张海鹏重刻照旷阁藏板《纪效新书》、道光十年（1830）安康张鹏翂来鹿堂藏板《纪效新书》、京都藏板《纪效新书》。道光二十年（1840）鸦片战争，英军所到之处都遇到群众的抵抗，武术成为群众同敌人作战的主要手段，也促进广东各地武术的传习与交流。重印《纪效新书》有道光二十年山东布经历署板藏、道光二十一年虎林西宗氏校刊板、道光二十三年京都琉璃厂文贵堂藏板等，冀望能从抗倭的经验中找出对付外族的方法。鸦片战争后，输入大批洋枪、洋炮，用新式炮火训练军队，冷兵器开始退出军队。

道光三十年（1850）太平天国借宗教与练武术起义，至同治三年（1864）为曾国荃所破共十五年。当时湘军、淮军已没有弓箭，但近战时仍用枪、刀。而太平军主要武器为冷兵器，太平军在发展中不断吸收各民族武艺高强者，并有女子从军，勇健胜过男子。间接促使武术扩大传习范围，进行大规模的交流与传播。

---

① 明代枪均书为鎗，清代后书为枪，朝鲜《武艺图谱通志》考明代鎗字为误，木伤盗为枪，鎗为钟声、酒器也。
② 林伯原. 中国武术史 [M]. 台北：五洲出版社，1996：352.
③ 张纯本，崔乐泉. 中国武术史 [M]. 台北：文津出版社，2001：280.

咸丰至同治七年（1868）间，捻子流布鲁、皖、苏、楚、豫各省，后为李鸿章等所平，战事共十八年。捻子习武以枪、刀为主，其中不少善拳者，有"矛杆摧折者，徒手争先，裹创而前"①。官府为平灭捻子重刻《纪效新书》有湖南邵阳知府绍绶名的本衙藏板，其他版本有咸丰三年文成堂板、慎德堂板《纪效新书》。

光绪二十六年（1900）鲁抚敏贤卸任调任晋，入觐时，言义和团乃扶清灭洋，并造作咒语，谓可避洋人之枪炮子弹，孝钦后及宗室重臣多信之，召入为团练，号为义民。自此横行京、津间，焚教堂，戕教士，掘铁路，毁电线，凡物洋式者均毁之。后召甘军董福祥率部与之合，同时下令攻使馆向各国宣战，引发八国联军。义和团各就村落，练习拳棒，杂以神怪，将武术蒙上神秘色彩。虽然造就武术扩大的发展，但对武术的本质却产生负面的影响。义和团失败后，举国上下莫不知武术无用的呼声中，光绪二十七年（1901）清廷下令废止武科，武术彻底结束军中武艺的历史，武术传承默默走进民间。

晚清期间，反侵略的民族战争和各族人民的奋起，众多拳械迅速在民间传播。由农村进入都市，民间武术名师辈出，拳派林立。武术脱离军事战斗列阵、单纯技击目的的制约，民间武术的发展范围逐渐扩大，除自卫防身外，也加强了强身保健、修身养性、审美娱乐等多种功能。学习武术可以谋生，如充当卫士、走镖或设镖局、捕快、开场设徒。武术家纷纷集中于政经中心，如咸丰二年（1852）杨露禅赴北京授拳。同治四年（1865）董海川到北京授八卦掌。光绪二十年（1894）大枪刘德宽与八卦掌程廷华、行意拳家李存义在北京结盟，倡议八卦掌、行意拳、太极拳为友好门户，相互交流拳技，互授子弟。光绪二十六年（1900）民间武社纷纷成立。光绪二十七年（1902），马良在山西陆军学堂以所编"拳脚科""摔角科"授课，武术开始进入学堂。光绪三十三年（1907）浙江台州耀梓体育学堂将拳术列入课程中。光绪三十四年（1908），中国体操学校和中国女子体操学校开设拳术课；重庆体育学堂开"拳勇""刺刀"课。宣统元年（1909）霍元甲在上海创办"精武体操学校"，武术由民间的私授开始走入学制中。②

拳法为初学入艺之门，学拳后习棍、刀、枪、钗、钯、剑、戟、弓矢、钩镰、挨牌之类武艺，以预于大战。冷兵器退出军中后，刀、枪、钗等技艺也逐渐没落，

---

① ［清］王定安. 求阙斋弟子记［M］//续修四库全书. 史部第551册. 上海：上海古籍出版社，2002：337.

② 林伯原. 中国武术史［M］. 台北：五洲出版社，1996：514-517.

茅元仪《武备志》提及："古之剑可施于战斗，故唐太宗有剑士千人，今其法不传，断简残编中有诀歌，不详其境。"又言"古之言兵者，必言剑，今不用于阵，已失其传也"①。兵艺不用于阵将逐渐失传。晚清拳法遂成武术的主流，各武术流派大部分以拳来命名，如形意拳、太极拳、八极拳、螳螂拳。各流派大都源起于清初，与明亡军中武艺流向民间论述相符。有些流派以枪创拳如形意拳②，或拳法与枪棍不可分如八极拳，以军中武艺为主的传统还继续保留。《纪效新书》拳经虽绘之以图、注之以诀，但其中拳势行著，还是令人难以理解。从清初的一些拳种可看出拳经拳法仍隐藏在其中，虽然势名不同，但行著类同，如螳螂拳中力劈拳中有拳经埋伏势、金鸡独立、探马、指当势、下插势、拈肘势、中四平、一条鞭、顺弯肘、拗弯肘、井栏四平、朝阳手、抛架子等不同势名的行著；在八极拳中有雀地龙（下式击裆捶）、倒插势（反撩阴）、旗鼓势（圈抱势），到骑龙（左右拦捶）、兽头势（左横打迎面掌）、丘刘势（落步掌）；在劈挂拳中有一霎步（左右扬鞭）、跨虎势（采抓砍抱）。上列虽然势名不同，但行著上有极大相似性，有些行著已被变革而融入拳种特点中，"一术之传，未有经久而不歧异"。按这些拳种来源均与山东有地缘关系，螳螂拳盛传于山东莱阳、烟台一带；八极拳、劈挂拳之始祖吴钟，本山东海丰人（今山东无棣县），遵师嘱传回沧州孟村。③ 明代山东胶东半岛，从明戚继光两代提督成就的激励下，习武从军者或习武设场教拳者极多，拳经中拳法已渗入各类拳法中。

　　明末陈王廷承袭祖传技，在山东称名手，曾任乡兵守备。④ 有陈王廷吸收《纪效新书》拳经三十二势的二十九势基础上创造了陈式太极拳之说。⑤ 河南温县所传习拳中有"太祖下南塘拳"⑥；古钞本明末清初周全撰《通臂拳谱》与其父习"太祖东关行拳及南唐（塘）二十四腿跌打之法"⑦。周全在明末崇祯年间与其父

---

① [明]茅元仪. 武备志[M]//四库禁毁书丛刊. 子部, 第24册. 北京：北京出版社, 1999：183, 425.
② 郑应博. 形意拳古拳辑录[M]. 国术学术研究参考丛书. 台北：行政院体委会编印, 1999：116.
③ 康戈武. 中国武术实用大全[M]. 北京：中国今日出版社, 1991：210.
④ 康戈武. 中国武术实用大全[M]. 北京：中国今日出版社, 1991：182.
⑤ 郭志禹, 谢建平. 中国武术史简编[M]. 上海：上海体育学院, 2004：32.
⑥ 唐豪. 中国武艺图籍考[M]. 陈氏拳械谱. 上海：国术协进会, 1940.
⑦ [清]周全. 通臂拳谱[M]. 藏：上海图书馆, 清抄本书, 共四卷.

习太祖拳，南塘二十四腿跌打之法。南塘即戚继光别号[1]，按太祖下南塘为武术传承由宋太祖一脉往下传到戚继光，明末清初南塘二十四腿跌打之法应流传于民间。但周全云："拳法虽美矣，犹未尽善"，故另习他法。按太极拳中势名与拳经相同，部分定势拳势同拳经中拳势图，但行著上有所差异，如懒扎衣、金鸡独立（着重独立非抢背卧）、高探马、兽头势、雀地龙、七星、跨虎、单鞭、指当捶、摆脚跌叉（拳势同鬼蹴脚）、前招后招（拳势同一霎步）。这表示拳经的流传，有的尚保留原有拳法，有的徒以年代遥远，治技者擅加增删，年复一年，致失庐山真面目矣。《纪效新书》拳经拳法的变化无穷，也促使中国武术在习武者不断的思悟与试敌下，而茁壮开花结果，如太极拳试敌演化成推手，由小面积的打击改进成大面积的推击，避免试敌时受较重之打击而伤害，就是一种技术与修养层次的提升。但《纪效新书》拳经中拳法也在保守不轻传观念与自主篡改的意念中逐渐湮灭而流失。

鸦片战争震撼了沉睡的中国，西学东渐，土洋之争的碰撞开始角力，仿洋改制、全盘西化、中西并存的思潮开始交锋，体育关系到强国强种民族的盛衰，《中华新武术》在土洋之争中诞生，在1914年，马良发起编辑《中华新武术》，由不同流派武术名家，打破门户之见取材传统武术动作，借鉴兵式体操的教学方式编辑而成，教育部审定《摔角》《拳脚》两科教材。1918年马良主编《中华新武术》，由商务印书馆出版。1919年《中华新武术》列为全国学校正式体操教材。[2]《中华新武术》以简单的基本动作入门，配合口令团练方法教学，对武术的教学影响至今。1928年3月在南京，纽永建、蔡元培、孔祥熙、何应钦、于右任、张之江等发起成立中央国术馆，并发表宣言，张之江任馆长，确定"国术"一词。自兹以后各省仿行，中国武术统一定名，尊称为国术，国术为完美最易普及的体育，也就是我们救国的重要工作。[3] 1928年中央国术馆在南京举办第一届国术考试。1931年，国民政府教育部公布《高级中学普通科、初级中学体育课程标准》有国术与角力内容。1932年中央国术体育传习所在南京成立。1933年举办第二届国术考试。1935年十月武术被列为第六届全国运动会男女竞赛项目。1936年教育部布

---

[1] 戚继光，字敬元，号南塘，晚号孟诸。拳三十二势传至后已成二十四势佚失八势。
[2] 林伯原. 中国武术史[M]. 台北：五洲出版社，1996：517-519.
[3] 吴文忠. 中国武术的评价及其改进与发展的基本途径[J]. 国民体育季刊，1969，1(2)：6-9.

《暂行大学体育程大纲》内有国术一项。八月中国武术代表团参加德国柏林第十一届奥运运动会表演，大受欢迎。① 民国期间从破除门户之见的《中华新武术》，成立中央国术馆培养各级学校国术师资，将国术纳入各级学校课程标准中，使武术开始进入学术殿堂，武术逐步脱离旧有游场对决走向竞技运动。在民间也纷纷成立国术研究社团，对武术的汇集交流整理及优秀民间武术家受聘大学任教，对武术的扎根传承有一定的贡献力度。

民国时期武术杂志、武术著作如雨后春笋，有上海精武体育会《精武杂志》、上海中华武术会《武术》、南京国术馆编辑《国术周刊》、北平国术馆《体育月刊》、上海国术馆《国术声月刊》、孙福全《八卦拳学》《八卦剑学》《形意述真》、宋更新《国术略论》、姜容樵《形意母拳》《八卦掌法阐宗》《青萍剑》《昆吾剑》、唐豪《少林武当考》、陈鑫《陈式太极拳图说》、徐震《太极拳考信录》《苌氏武技全书》、唐豪《中国武术图籍考》、邓德达《擒拿》、吴志清《太极拳源流》、温敬铭《短兵术》、张文广《摔角》、金一明《武当三十二势长拳》《武当拳术秘诀》《中国技击精华》、李先五《太极拳》、庐景贵《曹氏八卦拳谱》、尊我斋主人《少林拳术秘诀》、薛颠《形意拳术讲义》《象形拳真诠》、阎德华《少林破壁》、金恩忠《国术名人录》，等等，近年这些书籍海峡两岸纷纷影印再版。这些书籍为文常引用《纪效新书》拳经主文，但仅金一明所著《武当三十二势长拳》论及拳经拳势诀，该书以串接拳势以亮拳势图势为主，对拳势诀内容行著并未实质探讨。这时期武术研究风气极盛，但对《纪效新书》拳经并无特别可供参考之研究论著发表。

拳法为武艺之源，武艺随时代的变迁，如兵器的改进或火器的发达，某些兵技今不用于阵，已失其传也。戚氏首创将武艺绘之以图、注之以诀，使明武艺虽年代遥远，但仍存下许多可探究的资料。明代的兵艺，从唐顺之、戚继光开始将拳法列入武备之中。并从明末程子颐《武备要略》长拳说探考出《纪效新书》拳经拳三十二势，到程子颐已经有所变革。

清入关，武艺流布民间，康乾期间民间武术著作开始蓬勃发展，中医、道家、佛家、戏剧、杂耍、神话等领域的理论或技法开始渗入武术中，以阴阳、五行、八卦、经络、丹道、宗教等理论，无限上纲来诠释武术，使武术技击本质被外在的神秘面纱所包覆，要见到真正的本质逐渐困难。民间武术开始门派化、理论化、

---

① 林伯原. 中国武术史[M]. 台北：五洲出版社, 1996: 520-528.

内修化。教匪之乱,也间接炒热习武风气,民间武术的发展范围逐渐扩大,除自卫防身外,也加强了强身保健、修身养性、审美娱乐的多种功能。鸦片战争后西学东渐,新军成立,武术传承真正走入民间。学习武术可以谋生,如充当卫士、走镖或设镖局、捕快、开场设徒,武术家纷纷集中于政经中心。原本地域性武术得以交流,学习内容得以扩大,如形意拳、太极拳、八卦掌的互授弟子。民间武术社纷纷成立,武举制废除后,武学堂成立,开始有"拳脚科"等进入学堂;学校也开始设"拳术课"。创于清初一些拳派与山东有地域关系的如螳螂拳、八极拳、劈挂拳、太极拳等,从其部分拳法内容分析发现这些拳法渊源与《纪效新书》拳经或明代兵艺有一定的关系。

参考文献

一、工具书类

[1] 三民书局新辞典编纂委员会. 新辞典[M]. 台北:三民书局:1991:修订版.

[2] 广文编译所. 重校宋本广韵[M]. 台北:广文书局,1969.

[3] 古代汉语词典编写组. 古代汉语词典[M]. 北京:商务印书馆,1998.

[4] 王琼珊,编. 说文解字[M]. 许慎,撰,段玉裁,注. 台北:广文书局,1969.

[5] 吴澄渊. 新编中国书法大字典[M]. 北京:世界图书出版公司北京公司,2001.

[6] 徐复,等. 古汉语大词典[M]. 上海:上海辞书出版社,2006.

[7] 袁珂. 中国神话传说词典[M]. 上海:上海辞典出版社,1985.

[8] 康熙字典[M]. 北京:中华书局,1984.

[9] 杨武,鲁生,晓剑,李茂. 简明武术辞典[M]. 哈尔滨:黑龙江人民出版社,1986.

[10] 熊钝生. 辞海[M]. 上、中、下三册. 台北:台湾中华书局,1980.

二、文化学和社会学类

[1] 上海中医学院,浙江医学院. 医古文[M]. 上海:上海科学技术出版社,1978.

[2] 王力. 汉语语音[M]//国学入门丛书. 北京:中华书局,2004.

[3] 王天昌. 汉语语音学研究[M]. 台北:国语日报出版部,1974.

[4] 王天有. 中国古代官制. 台北：台湾商务印书馆, 2004.

[5] 孔令纪, 等. 中国历代官制 [M]. 济南：齐鲁书社, 2005.

[6] 北京图书馆. 西谛书目 [M]. 北京：文物出版社, 1963.

[7] 齐佩瑢. 训诂学概论 [M]. 国学入门丛书. 北京：中华书局, 2004.

[8] 余照春. 增广诗韵集成 [M]. 台北：华联出版社, 1972.

[9] 吴丈蜀. 读诗常识 [M]. 台北：国文天地杂志社, 1990.

[10] 吴福助. 国学方法论文集 [M]. 台北：文史哲出版社, 1984.

[11] 李致忠. 中国古代书籍史话 [M]. 台北：台湾商务印书馆, 1995.

[12] 李致忠. 古书版本学概论 [M]. 北京：北京图书馆出版社, 2003.

[13] 林尹. 训估学概要 [M]. 台北：正中书局, 1972.

[14] 林焘, 耿振生. 音韵学概要 [M]. 北京：商务印书馆, 2004.

[15] 陈飞龙. 抱朴子外篇今注今译 [M]. 台北：台湾商务印书馆, 2002.

[16] 胡安顺. 音韵学通论 [M]. 北京：中华书局, 2003.

[17] 唐作藩. 汉语音韵学常识 [M]. 上海：上海教育出版社, 2005.

[18] 袁方. 社会研究方法教程 [M]. 北京：北京大学出版社, 2004.

[19] 杨家骆. 春秋三传（下）[M]. 台北：世界书局, 1981.

[20] 张舜徽. 中国古代史籍校读法 [M]. 昆明：云南人民出版社, 2004.

[21] 郭齐家. 中国古代考试制度 [M]. 台北：台湾商务印书馆, 2002.

[22] 顾俊. 读书指导（二）[M]. 台北：木铎出版社, 1987.

[23] 黄仁宇. 万历十五年 [M]. 北京：生活·读书·新知三联书店, 2004.

[24] 焦树安. 中国古代藏书史话 [M]. 台北：台湾商务印书馆, 1995.

[25] 谭慧生. 历代伟人传记 [M]. 台北：百成书店, 1975.

[26] 锺露生. 国语语音学 [M]. 台北：语文出版社, 1972.

[27] 地方志人物传记资料丛刊 [M]. 华北卷. 第五十册. 北京：北京图书馆出版社, 2002.

[28] 佚名. 黄帝内经（下册）[M]. 北京：中国文史出版社, 2002.

[29] [晋] 陈寿. 三国志 [M]. 长春：时代文艺出版社, 2001.

[30] [东晋] 葛洪. 抱朴子 [M]. 上海涵芬楼借江南图书馆藏明鲁藩刊刊本. 藏：台中图书馆.

[31] [宋] 吴自牧. 梦粱录 [M]. 北京：中国商业出版社, 1982.

[32] [元] 伊世珍. 琅嬛记 [M]. 台北：新文丰出版社, 1984.

［33］［元］施耐庵．水浒传［M］．罗贯中纂修，金圣叹批，缪天华校订．台北：三民书局，1976．

［34］［明］王圻，王思义．三才图会（中册）［M］．上海：上海古籍出版社，1985．

［35］［明］王圻．续文献通考［M］．北京：现代出版社，1986．

［36］［明］谢肇淛．五杂组［M］//续修四库全书，1130册，子部，杂家类．上海：上海古籍出版社，1995．

［37］［明］谢肇淛，周光培．五杂组［M］//历代笔记小说集成．第廿九册，明代笔记小说．石家庄：河北教育出版社，1994．

［38］［清］王定安．求阙斋弟子记（卷十二）［M］//续修四库全书，第551册．上海：上海古籍出版社，2002．

［39］［清］陈梦雷．古今图书集成（第四八册）［M］．台北：鼎文出版社，1985．

［40］［清］张廷玉．明史［M］．台北：洪氏出版社，1975．

［41］［清］黄文琛．湖南省邵阳县志［M］//中国地方志丛书，华中地方，第300号．台北：成文出版社影印，1975．

［42］［清］曹秉仁，等修，万经纂．雍正宁波府志［M］//中国地方志集成，浙江县志辑1．上海：上海书店，1993．

［43］［清］程瑶田．书势五事［M］//丛书集成续编，第十一册．台北：新文丰出版公司，1991．

［44］方超英．明代名人传［M］．美国：哥伦比亚大学出版社，1976．（Goodrich, Luther Carrington & Fang, Chao-ying. Dictionary of Ming Biography, 1368–1644, Ming tai ming jen chuan, Columbia university, U S A. 1976.）

三、武术类

［1］人民体育出版社．太极拳全书［M］．北京：人民体育出版社，1988．

［2］马兴国．古拳谱阐释［M］．太原：山西科学技术出版社，2003．

［3］马兴国．古拳谱阐释续编［M］．太原：山西科学技术出版社，2004．

［4］马明达．武学探真［M］．台北：逸文出版有限公司，2003．

［5］卫笑堂．实用螳螂拳［M］．台北：华联出版社，1974．

［6］卫笑堂．实用螳螂拳续集［M］．台北：华联出版社，1974．

［7］万籁生．武术汇宗［M］．台北：台湾商务印书馆，1982．

[8] 王志财. 纪效新书拳经三十二势之探讨 [R]. 2005.

[9] 王兆春. 中国古代兵器 [M]. 台北: 台湾商务印书馆, 1999.

[10] 不肖生. 拳术 [M]. 台北: 华联出版社, 1983.

[11] 白俊雄. 国术兵器杂谈 [M]. 台北: 华联出版社, 1987.

[12] 中国兵书集成编辑部. 武编 [M] //中国兵书集成十三册. 北京: 人民解放军出版社, 1989.

[13] 刘云樵. 八极拳 [M]. 台北: 众文图书公司, 1985.

[14] 汉乔伊. 武艺中的禅 [M]. 郑振煌, 译. 台北: 慧炬出版社, 2002.

[15] 丘瑞琅. 技击性运动概论及其制胜原理之研究 [D]. 上海: 上海体育学院, 2001.

[16] 民族传统体育理论研究中心. 武术文论 [M]. 北京: 人民体育出版社, 2003.

[17] 同晰纲, 马继业. 抗倭名将戚继光 [M]. 济南: 山东文艺出版社, 2004.

[18] 任海. 中国古代武术 [M]. 台北: 台湾商务印书馆, 1993.

[19] 朱愚仑. 岭南武术丛谈 [M]. 台北: 华联出版社, 1983.

[20] 孙福全. 八卦拳学 [M]. 中国传统武术丛书. 北京: 中国书店, 1990.

[21] 沈寿. 太极拳文集 [M]. 北京: 人民体育出版社, 2004.

[22] 吴文忠. 中国武术的评价及其改进与发展的基本途径 [J]. 国民体育季刊. 台北, 1969.

[23] 吴图南. 国术太极拳 [M]. 古拳谱第二辑. 太原: 山西科学技术出版社, 2001.

[24] 李子鸣. 梁派八卦掌（老八掌） [M]. 裴锡荣, 整理. 台北: 大展出版社, 2003.

[25] 李先五. 太极拳 [M]. 中国传统武术丛书. 北京: 中国书店, 1990.

[26] 李英昂. 二十四连环腿法 [M]. 高雄: 大众书局, 1973.

[27] 余志超. 少林遇上武当: 中国武术的境界 [M]. 台北: 究竟出版社, 2004.

[28] 宋更新. 国术略论 [M]. 台北: 华联出版社, 1975.

[29] 庐景贵. 曹氏八卦掌谱 [M] //中国传统武术丛书. 北京: 中国书店, 1990.

[30] 季昭华. 季氏八极拳 [M]. 台北：甲府文化出版有限公司, 2002.

[31] 陈绩甫. 陈氏太极拳汇宗 [M] // 中国传统武术丛书. 北京：中国书店, 1990.

[32] 陈鑫. 陈氏太极拳图说 [M] // 古拳谱第三辑. 太原：山西科学技术出版社, 2005.

[33] 林伯原. 中国武术史 [M]. 台北：五洲出版社, 1996.

[34] 金一明. 中国技击精华 [M] // 古拳谱系列武术丛书. 太原：山西科学技术出版社, 2003.

[35] 金一明. 武当三十二势长拳 [M]. 台北：华联出版社, 1984.

[36] 金一明. 武当拳术秘诀 [M] // 中国传统武术丛书. 北京：中国书店, 1990.

[37] 金一明. 练功秘诀 [M] // 古拳谱第三辑. 太原：山西科学技术出版社, 2003.

[38] 金恩忠. 国术名人录 [M] // 古拳谱系列武术丛书. 太原：山西科学技术出版社, 2000.

[39] 周伟良. 行健放歌——传统武术训练理论的文化诠释 [M]. 兰州：甘肃文化出版社, 2005.

[40] 范中义. 戚继光评传 [M] // 中国思想家评传丛书. 南京：南京大学出版社, 2004.

[41] 国家体委武术研究院. 中国武术史 [M]. 北京：人民体育出版社, 2004.

[42] 国家体育总局健身气功管理中心. 健身气功 [M]. 北京：人民体育出版社, 2003.

[43] 邱丕相, 等. 中国武术教程 [M]. 北京：人民体育出版社, 2004.

[44] 邱丕相. 武海泛舟 [M]. 2000.

[45] 武坛杂志第一、二卷合订本 [J]. 台北：武坛杂志社, 1971, 1973.

[46] 郑少康. 从佑神通臂最为高论武术基本功捅臂 [J]. 北京体育大学学报, 2005, 28, 增刊.

[47] 姜容樵. 形意母拳 [M] // 古拳谱第三辑. 太原：山西科学技术出版社, 2003.

[48] 张纯本, 崔乐泉. 中国武术史 [M]. 台北：文津出版社, 2001.

[49] 康戈武. 中国武术实用大全 [M]. 北京：今日中国出版社, 1991.

[50] [德] 奥根·赫立格尔. 射艺中的禅 [M]. 顾法严, 译. 台北：慧炬出版社, 2003.

[51] 徐畏三, 口述, 金倜生, 笔记. 擒拿法真传秘诀 [M] //中国传统武术丛书. 北京：中国书店, 1990.

[52] 唐豪. 内家拳 [M]. 上海：中国武术学会, 1935.

[53] 唐豪. 王宗岳太极拳经 [M] //王宗岳阴符枪谱, 上海：中国武术学会, 1936.

[54] 唐豪. 王宗岳阴符枪谱 [M]. 上海：中国武术学会, 1936.

[55] 唐豪. 戚继光拳经 [M]. 上海：上海国术馆, 1936.

[56] 唐豪, 顾留馨. 太极拳研究 [M]. 北京：人民体育出版社, 1992.

[57] 唐豪. 中国武艺图籍考 [M] //陈氏拳械谱. 上海：国术协进会, 1940.

[58] 黄水华. 中国古代兵制 [M]. 台北：台湾商务印书馆, 2005.

[59] 郭志禹. 武术文哲史子集——基本理论与思维的探新 [M]. 上海：上海体育学院, 2003.

[60] 郭志禹, 谢建平. 中国武术史简编 [M]. 上海：上海体育学院, 2004.

[61] 郭瑞祥, 王华锋. 劈挂拳 [M]. 北京：北京体育学院出版社, 1992.

[62] 程大力. 少林武术通考 [D]. 上海：上海体育学院, 2000.

[63] 彭卫国. 中华武术谚语 [M]. 北京：电子工业出版社, 1988.

[64] 尊我斋主人. 少林拳术秘诀 [M] //中国传统武术丛书. 北京：中国书店, 1990.

[65] 温力. 中国武术概论 [M]. 北京：人民体育出版社, 2005.

[66] [齐] 孙武, 曹操, 等注. 孙子十家注 [M] //诸子集成. 上海：上海书店, 1986.

[67] [明] 沈一贯. 搏者张松溪传 [M] //四库禁毁书丛刊, 集部176册. 北京：北京出版社, 2000.

[68] [明] 何良臣. 阵纪 [M] //清李锡龄辑惜阴轩丛书, 兵书集成, 第二十五册. 北京：解放军出版社, 1994.

[69] [明] 茅元仪. 武备志 [M] //四库禁毁书丛刊, 子部第二十四册. 北京：北京出版社, 1999.

<<< 第六章 武术典籍《拳经》之武术技术变迁论

[70]［明］赵光裕.新镌武经标题正义注释［M］.北京图书馆藏，万历十六年刊本，北京图书馆藏书.

[71]［明］赵光裕.新镌武经标题正义［M］//故宫珍本丛书，第352册，子部，兵家，影印本.海口：海南出版社，2001.

[72]［明］郑若曾.江南经略［M］//景印文渊阁四库全书，子部，728册.台北：台湾商务印书店，1986.

[73]［明］郑若曾，中国兵书集成编辑部.筹海图编［M］//中国兵书集成十五册，北京：解放军出版社，1989.

[74]［明］唐顺之.武编［M］//四库全书珍本四集，台北：台湾商务印书馆，1960.

[75]［明］唐顺之，中国兵书集成编辑部.武编［M］//中国兵书集成十三册.北京：解放军出版社，1989.

[76]［明］程子颐.武备要略［M］//四库禁毁书丛刊，子28.北京：北京出版社，1999.

[77]［明］程宗猷.长鎗法选［M］.传抄本.

[78]［明］黄宗羲.王征南墓志铭［M］//四部丛刊初编集部.上海：商务印书馆，卷六.

[79]［明］戚纪光.止止堂集［M］.王熹，校释.北京：中华书局，2001.

[80]［明］戚纪光.纪效新书［M］.十四卷本.万历三十二年（1604）孙成泰刻本.

[81]［明］戚纪光.纪效新书［M］.张海鹏，若云，校订.台北：五洲出版社，2000.

[82]［明］戚纪光.纪效新书［M］.隆庆版，藏：上海市立图书馆.

[83]［明］戚纪光.纪效新书［M］.明万历年间，西谛书目，藏：北京图书馆.

[84]［明］戚纪光.纪效新书［M］.周世选，序，岭南书林江殿卿重刻，明万历23年（1595），藏：上海市立图书馆.

[85]［明］戚纪光.纪效新书［M］//景印文渊阁四库全书，子部34兵家类，第728册.台北：台湾商务印书店，1986.

[86]［明］戚纪光.纪效新书［M］//嘉靖间传钞四库全书本.

[87]［明］戚纪光.纪效新书［M］//照旷阁藏版，清学津讨源丛书，清嘉

247

庆甲子9年（1804），藏：山东大学.

[88]［明］戚纪光.纪效新书［M］.照旷阁藏版,清嘉庆甲子9年（1804），藏：山东省图书馆.

[89]［明］戚纪光.纪效新书［M］.来鹿堂藏版,清道光庚寅10年（1830），藏：山东师大.

[90]［明］戚纪光.纪效新书［M］.京都藏版,清道光庚寅10年（1830），藏：山东省图书馆.

[91]［明］戚纪光.纪效新书［M］.板藏山东布经历署,清道光庚子20年（1840），藏：山东省图书馆.

[92]［明］戚纪光.纪效新书［M］.虎林西宗氏校刊本,清道光辛丑21年（1841），藏：华东师大.

[93]［明］戚纪光.纪效新书［M］.京都琉璃厂文贵堂藏版,清道光癸卯23年（1843），藏：复旦大学,山东师大.

[94]［明］戚纪光.纪效新书［M］.文成堂刻本,清咸丰三年（1853），藏：山东省图书馆.

[95]［明］戚纪光.纪效新书［M］.慎德堂刻本,清咸丰三年（1853），藏：山东大学,徐州师大.

[96]［明］戚纪光.纪效新书［M］.本衙藏版,清咸丰2至6年（1852—1856），藏：山东省图书馆,宁波市图书馆.

[97]［明］戚纪光.纪效新书［M］.上海醉经楼石印本,清光绪二十一年（1895），藏：山东省图书馆.

[98]［明］戚纪光.戚氏武艺全书［M］.李英昂,整理.台北：华联出版社,1986.

[99]［明］戚纪光.纪效新书［M］.马明达,点校.十八卷本.北京：中华书局,1988.

[100]［明］戚纪光.纪效新书［M］.曹文明,吕颖慧,校释.十八卷本.北京：中华书局,2001.

[101]［明］戚纪光.纪效新书［M］.范中义,校释.十四卷本.北京：中华书局,2001.

[102]［明］戚纪光.练兵实纪［M］.丘心田,校释.北京：中华书局,2001.

<<< 第六章 武术典籍《拳经》之武术技术变迁论

[103] [明] 戚纪光. 戚少保奏议 [M]. 张德信, 校释. 北京: 中华书局, 2001.

[104] [明] 戚祚国. 戚少保年谱耆编 [M]. 高扬文, 陶琦, 主编. 北京: 中华书局, 2003.

[105] [清] 佚名. 少林真传一卷 [M]//钞本一册, 藏书上海图书馆, 书号467353.

[106] [清] 吴殳. 沧尘子手臂录 [M]//故宫珍本丛书, 第360册, 子部, 兵家, 影印本. 海口: 海南出版社, 2001.

[107] [清] 吴殳. 手臂录 [M]. 手抄本. 台北: 华联出版社, 1970.

[108] [清] 吴殳. 中国枪法真传——增订手臂录 [M]. 孙国中, 增订点校. 北京: 北京师范大学出版社, 1989.

[109] [清] 周全. 通臂拳谱 [M]. 清抄本书, 共四卷, 藏: 上海某图书馆.

[110] [清] 陈梦雷. 古今图书集成 [M]. 第48册, 博物汇编艺术典第八百十卷拳搏部. 台北: 鼎文出版社, 1978.

[111] [清] 苌乃周, 著, 徐震, 整理. 苌氏武技全书 [M]. 台北: 华联出版社, 1969.

[112] [清] 张孔昭. 拳帖 [M]. 传抄本, 藏: 上海某图书馆.

[113] [清] 张孔昭. 拳经拳法备要二卷 [M]. 曹焕斗, 注, 罗振常, 序. 上海: 蟬隐庐印行, 1936.

[114] [清] 张孔昭. 少林正宗拳经 [M]. 孙国中, 整理. 北京: 北京师范大学出版社, 1984.

[115] [清] 张孔昭. 拳经拳法备要 [M]. 曹焕斗, 注. 蟬隐庐版. 台北: 逸文出版有限公司, 2000.

[116] [清] 黄百家. 内家拳法 [M]//[清] 张潮, 杨俊吉, 沈楙惠, 等纂. 昭代丛书, 全四册. 上海: 上海古籍出版社, 1990.

[117] [清] 黄百家. 昭代丛书别集 [M]. 卷二十四, 世楷堂传板, 丛书集成续编79册子部. 上海: 上海书店出版社, 1994.

[118] [清] 曹焕斗. 伤科 [M]. 传抄本, 藏: 上海某图书馆.

[119] [朝鲜] 李德懋, 朴齐家. 御定武艺图谱通志 [M]. 韩国: 东文选, 1790.

[120] 郑少康. 纪效新书拳经考 [D]. 上海: 上海体育学院, 2007.